郎朗
是这样练成

刘元举◎著

上海科学技术文献出版社

图书在版编目（CIP）数据

郎朗是这样练成 / 刘元举著．—上海：上海科学技术文献出版社，2012.8
ISBN 978-7-5439-5527-1

Ⅰ．①郎…　Ⅱ．①刘…　Ⅲ．①郎朗—生平事迹　Ⅳ．①K825.76

中国版本图书馆CIP数据核字（2012）第201244号

责任编辑：张　树　李　莺
装帧设计：许　菲
封面摄影：张虹影

郎朗是这样练成
刘元举　著
*
上海科学技术文献出版社出版发行
（上海市长乐路746号　邮政编码200040）
全国新华书店经销
昆山市亭林印刷有限责任公司印刷
*
开本740×970　1/16　印张20.25　字数310 000
2012年8月第1版　2012年8月第1次印刷
ISBN 978-7-5439-5527-1
定价：45.00元（含DVD光盘）
http://www.sstlp.com

目　录

自 序

这几年来，我一直客居在南方。这里没有四季变化，到处是绿树芳草，到处是花香鸟语，植物的表情丰富得令我惊异，完全不同于东北所度过的那么多个冷嗖嗖的冬季。

在南方的春天里，我处在一种闲适的心境，于是，我就特别喜欢将自己埋入一个由钢琴发出声音的古典沙层里，就像小时候在河滩躺下，用那种晒热的沙土将自己全身覆盖起来，惬意得很。

我喜欢边听音乐边看书。书看得很杂，但看得仔细的是一本《最后的浪漫主义者：弗拉基米尔·霍洛维茨传》。本来我并不看好中国人编著的外国名人传记，但是，这部书静下心来阅读，竟大不相同。

霍洛维茨出生于钢琴之家，父母姐姐全会弹琴，而且曾经都比他弹得好。他到了11岁时才开始真正弹琴。但是，他因为斯克里亚宾，因为他的老师布鲁门·费尔，他的天才被迅速点燃。他的老师布鲁门·费尔是安东·鲁宾斯坦的助手。因而，他得天独厚，不仅从柴可夫斯基和拉赫玛尼诺夫那里继承了燃烧的浪漫艺术真谛，他也深得安东·鲁宾斯坦之精神。因而，他的杰出是自然的事情。

我听的音乐有CD也有DVD。其中听得最多的是傅聪自己筛选出的随着他那部书一起到达读者手中的13首钢琴曲，还有郎朗的“拉二”和“门一”等。现在的光盘太多了，买了那么多，其中有许多是没有工夫听的，只能那么放着。而有的只要听一遍，就再也不想听了。极少有听了一遍还不腻、还想听的光盘，而百听不厌的光盘就更是不可思议了。而我想说的是，傅聪的这张盘就是我百听不厌的声音。我感觉他很深沉地在倾诉着，有感怀，有哀伤，还有悲悯。似乎还有许多东西，我还不能一下子都清楚地梳理出来。

我经常在看在听的还有一部《黄金时代的钢琴家》。这真是一部经典。片中囊括了黄金时代的钢琴大师，最有意味的是1903年。这一年，有三位震惊世界的钢琴天才得以诞生。他们是阿劳、塞尔金、霍洛维茨。

这三位大师的出生地不同，但是他们都有着清晰的传承路线，都是深深得益于名师指点。生于智利奇廉的阿劳，自称是贝多芬的传人。他幼年就到柏林深造。如果探究他的老师的话，应该从贝多芬算起。贝多芬教过车尔尼，车尔尼教过李斯特，李斯特是马丁·克劳泽的老师，而阿劳的老师正是马丁·克劳泽。这种传承，极其正宗，原汁原味，因而造就了伟大的阿劳。

再看塞尔金，那个充满激情的老人，弹琴时口中热烈地咏唱着，嘴唇与键盘一同颤抖。不必去看他敏捷的触键过程，只需弄清楚他那光亮神晕的头顶与一圈华发是如何清清爽爽划出分界的，便会得出他的高贵的指数。他的天才也是来自伟大的传承。他生于奥地利，被喻作是德国严谨正统而荣耀的终极阐释者。他受到克拉拉·舒曼的影响，还有汉斯·范·毕罗布与勃拉姆斯的塑造。因而，他的演奏具有深刻的洞察力。

说到霍洛维茨，就有更多的亲切感。最早知道这位钢琴伟人是在1989年。我在另外一部写钢琴的书《中国钢琴梦》中真实记载了我见识这位大师的具体经过。那是在中央音乐学院的钢琴教授李其芳的家中。

那时候，还很少有光盘，有的只是录像带。那种又大又显得厚重的录像带在李其芳的操作下，令我一睹了什么叫钢琴，什么叫钢琴家风采。那盒录像带就是记载了霍洛维茨流亡六十年之后，第一次回到他的故乡俄罗斯的情景。他弹的错音挺多，每弹错一个，李其芳就笑着指出来，她是高兴而赞美的笑，她说，只有霍洛维茨才可以弹错音。

当这种笨重的录像带变成轻质的DVD光盘发行时，这位浪漫派大师早已告别了人间。而在我客居南方一隅的春天里，再一次目睹了霍洛维茨回到故乡的那种动人的演出场面，还有他像个孩子一样触景生情地欢乐着，感伤着。于是，我联想到头一次在李其芳家看到录像带时的情景。就是说，录像带上的他还活着，而DVD上的他，却已作古。一个钢琴伟人的生命过程，是两个记录他演奏的版本的转换，叹息！

1903年应该定为钢琴年的。这一年，德彪西与拉威尔正致力于钢琴创造的崭新音色中。而更令人振奋的是，人类首次成功飞向天际，因此，到处都是兴奋与希冀。这是一个想飞的年代，也是一个能飞的年代。这一年凸显出一个辉煌的钢琴世纪的端倪。

到了世纪末，1989年，被称作钢琴伟人的霍洛维茨谢世，1991年，阿劳和塞尔金离去，人们为之痛惜的是，随着这些大师的相继离去，钢琴失去了与浪漫派的最后联系。

然而，传承关系却并未随着大师们的离去而中辍。霍洛维茨虽然远去，但是，他的学生还在。他那为数极少的学生中，有一位就在柯蒂斯音乐学院致力于钢琴教学。他是俄裔犹太人，是美国犹太学会的副会长。他以自己对于钢琴的挚爱与忠诚，满腔热情地教出了来自世界各地的钢琴学子。而到了1997年，他在前来应考的学生当中，一眼就认准了来自中国的男孩郎朗。他那时就认为郎朗将会成为一个了不起的钢琴天才。

当时的郎朗还曾信誓旦旦地要在美国夺取范·克莱本钢琴赛事的大奖呢！但是，他的老师格拉夫曼却对他说，不要将目光盯着比赛。霍洛维茨一辈子也没有参加过任何赛事，却照样成为伟大的钢琴家。格拉夫曼认真地对郎朗说，你是想弹一阵子钢琴还是弹一辈子？这是个本质性的问题，郎朗当然希望弹一辈子了！于是，在他的老师格拉夫曼的引导下，郎朗的目光变得深远起来。这不是一个简单的参不参加比赛的问题，而是一次人生的定位。从此，郎朗不再看重那些喧哗的比赛，他沉潜下来，一心一意地埋头练琴。当他头一次回国面对媒体时，记者问他最感谢谁的时候，他点出了他的几位老师，但是，当记者又一次问他最想感谢哪一位老师时，郎朗不假思索地说：格拉夫曼！

在《霍洛维茨传》里提到了他的几位学生，其中最得宠的便是格拉夫曼。1954年霍洛维茨认识了20岁的钢琴天才格拉夫曼。在一次比赛中，作为评审团主席的霍洛维茨坚持将第一名的荣誉给予这位20岁的年轻人，但是，最后第一名却给了别人。对此，霍洛维茨"感到有点沮丧，但是却越发激起了他对格拉夫曼的兴趣"。

格拉夫曼对老师非常尊重，尽管霍洛维茨早就想收他为徒，但是他一直等到他原先的老师万格洛娃去世之后，才正式师从霍洛维茨。性情乖戾的霍洛维茨非常喜欢他的学生，他从来没有收学生的一分钱学费。他们这种师生之间的情谊变成一种"亦师亦友的关系"。

我这样记述格拉夫曼，只想说明一个事实，那就是他具有正统的霍洛维茨的传承，而他又将这种传承毫无保留地传授给了郎朗。于是，从传承的意义上说，郎朗得到了霍洛维茨的真传。特别是在舞台演奏方面更是偏得。

在美国媒体曾有过这样一种说法，就是自霍洛维茨之后，古典音乐没有了钢琴领军人物，而郎朗的呼之即出，恰恰让人们看到了希望和可能。郎朗能否真正成为霍洛维茨并非本文所要探讨的，我感兴趣的是他们之间的演奏风格有多少相像之处。格拉夫曼认为："霍洛维茨是天生的舞台表演艺术家，他需要有观众的参与。"在我看来，郎朗也应该是个天生的舞台表演艺术家的料。还在他7岁时，我看到他头一次登台演奏，他的表演欲之强烈让我留下了深刻记忆。还有霍洛维茨与格拉夫曼对曲目的偏好非常接近，都喜欢柴可夫斯基、肖邦、李斯特、普罗科菲耶夫、拉赫玛尼诺夫、舒曼、舒伯特和贝多芬的作品。格拉夫曼接受了霍洛维茨的一个观点，即钢琴是一件"打击乐器"，他说："要不厌其烦地分析伟大的歌唱家们是如何处理分句的，特别是如何扩展和收缩一个乐句，只有掌握了这种要领才能获得真正的键盘上的自由。”

这属于真传，而在郎朗身上我看到过这种真传，他在一次回故乡的音乐学院讲大师课时，他讲到了“柴一”的演奏句式时，就对其中的一个句子进行了示范演奏。同样的句子，用不同的处理方法弹，完全不同的音色与效果，令在场的学生们惊叹不已。郎朗获得了键盘上的自由，而且，他在这种自由中飞翔，越飞越高。

霍洛维茨是俄国的，俄国的钢琴大师太多了，可以不夸张地说，俄罗斯就是一片音乐和钢琴的高原，在地理位置上与我们相连，从文化影响来说，我们受到的影响也不止一个世纪。中国钢琴的奠基人是来自俄罗斯的，中国音乐家钢琴家也多有去俄罗斯留学的，在演奏风格上我国几代钢琴家所受到的苏联学派影响太深了。郎朗的老师赵屏国就曾得益于俄苏流派的真传。然而，我们至今没有出现拉赫玛尼诺夫，没有出现霍洛维茨。有件趣事现在想来不免滑稽：那是好几年前的事了，一位音乐学院的老师听到郎朗弹琴时，惊讶得不得了，他打听了郎朗的出生日子，然后回去翻找了鲁宾斯坦故去(抑或出生)的日子，似乎有着惊人的吻合，于是，这位老师惊喜地告诉别人，郎朗是鲁宾斯坦的转世。

郎朗生于1982年。那时候的中国，正在兴起一场铺天盖地的钢琴狂热，那是一场钢琴的大梦，一直延续几十年。

如今算来，钢琴在中国的历史已有百年。寻找钢琴传入的轨迹，不能不提到1840年，鸦片战争使我们坚固的国门被西方列强撕开。而我就在距这条著名的口子——虎门不过30公里的地方客居。

我曾三次去过虎门。不知为什么海面上总是聚拢着一片迷蒙，海水也总是浑浊。拍出的照片能见度极低。或许这种迷蒙是对于历史的一种遮羞？不管怎么说，作为通商口岸的最初开放，总不免伴随着撕裂的痛楚：强迫性的挤压中涌入了大批外国商人和传教士，就是他们带来了钢琴。

据载，外国使者曾将钢琴作为礼物赠送给清朝宫廷。末代皇帝溥仪就曾弹过一架三角钢琴，这架钢琴还曾在故宫展出过。这很有意味。不过，更有意味的是在他们爱新觉罗家族中，最早接触钢琴的人是康熙皇帝。他学弹过一架古钢琴——“西洋铁丝琴”。我想，康熙肯定不会喜欢这种玩艺儿，他只不过是闲着没事玩玩而已，否则，中国人接受钢琴的历史将会提早一个世纪还多。

准确地说，我对钢琴的关注始于80年代的钢琴热中，我的女儿也是当时的琴童。她与郎朗曾经在一起学过钢琴。正是因为女儿学琴，使我与钢琴有了缘分。在我们为时百年的钢琴发展中，最值得书写的，还是二十世纪最后这二十年。这二十年的步子迈得最大、最迅速，无论从规模和水平，都是前八十年所不可比拟的。还清楚记得在我们各大城市畅销的郎朗的第一张光盘，是郎朗在卡耐基音乐大厅举办独奏音乐会的演出曲目。封面上除了意气风发的郎朗照片之外，有一排字是这样写的：引证中国人的骄傲。我可以借这句话说——

本书引证着郎朗的不凡经历。其实，还不啻如此，本书还是献给所有望子成龙的家长的一面神奇的镜子，其真实性勿容置疑。

刘元举

2012年8月于台风“海葵”刚刚过去的上海

Chapter 1
在葬礼的气氛中壮行

因为郎朗深爱的外公去世了，整个家族沉浸在巨大的悲恸之中。而郎朗的父亲郎国任却将消息对儿子封锁了，他怕影响儿子练琴。在他的心目中，什么生死亲情与儿子的钢琴相比都显得不那么重要了，一切都得为此作出让步。就连葬礼也得提前一天举行，仅仅为了不影响儿子去北京上课。不管亲友们如何怨声载道，他一意孤行，非要把事情往绝处做不可。在常人看来，这不仅有悖于常理，简直就是大逆不道。

——本章题记

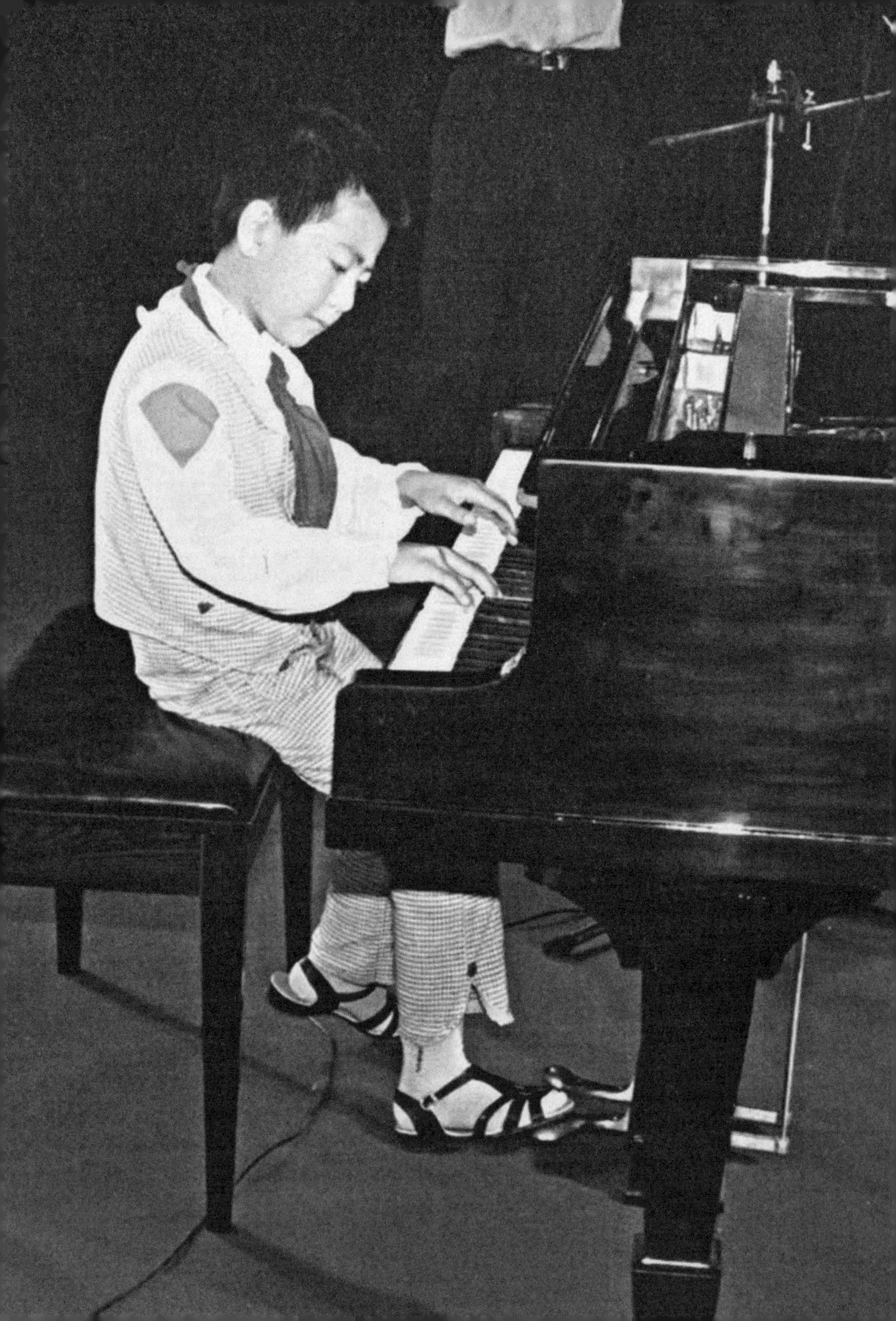

第一节　痛洒英雄泪

在东北，严冬和初春的转换是没有什么界限的，节气也未必就按照日历走。到了春天，冷还是照样冷，甚至比冬天还冷得邪乎。1992 年的春天对于郎国任来说，似乎比他经历过的任何一个春天都要寒冷。他从 2 月份就对春天充满了期待与渴望，然而，眼瞅就要到 3 月了，却仍然看不到任何天气转暖的迹象。他一天天掐算着日子，度日如年，心绪只能越来越焦躁。

带儿子进北京报考中央音乐学院的“小五”本来是早就打算好的事情。并且，他早就开始下手准备。他托亲告友，想方设法往北京调动工作。只有把工作调到北京，哪怕临时性的那种借调或帮忙，他也会感恩戴德。郎国任是个有头脑有本事的人，他在社会上多少也是属于体面的人，所以，有位市府官员的秘书热心帮忙。这位秘书找到了沈阳驻北京办事处的负责人。这人心地善良，热爱文学艺术，一听说是到北京学钢琴，而且是个很有出息的孩子，就满口应承下来。这消息给郎国任带来了多大的喜悦啊！然而，事情并不那么简单。假如郎国任是一般的工作人员，这件事就办成了，完全可以动身，而他偏偏是人民警察，还不是一般的警察，是治安特警。沈阳驻京办事处没有治安特警这种编制，所以，工作调动之事根本行不通。但是，郎国任不死心，他认为事在人为。于是，他通过各种关系找到本单位领导要求借调到北京办事处工作。他以为这是周瑜打黄盖的事，爱打与爱挨双方愿意。人家北京那边办事处已经同意了，如果我们沈阳公安局这边肯放，那不就可以成行了吗？中国的事情一向是研究研究，不让你马上失望，却也不给你太多的希望。郎国任就是在这种状态下寝食不安。

有经验的家长要想让孩子在钢琴上真正有造诣，大凡都是让孩子提前一年来到北京。提前一年这是很重要的经验，一来是提早检验一下你的孩子弹琴水平距中央音乐学院附小的要求究竟有怎样的差距，发现这种差距后还有一年的时间可供使用，肯定来得及；二来嘛，那就是人们心照不宣的事情了：找一位中央音乐学院的好老师，让这位老师把你的孩子当成他在北京的真正学生，这样的话，到了考试时，别人就不能把你当外地人看了。不当成外地人看而予以适当关照，这里边的学问有多大？精明的郎国任不能不深谙此道。然而，精明人也未必就能把什么事情都整明白。而一旦整不明白，他会比不精明的人更加苦恼。郎国任在 1992 年的春天陷入了进退两难的苦恼之中。他不能不到北京去陪儿子，儿子是他一手经管起来的，儿子在钢琴上的任何一点进步无不与他密切相关。而且，儿子已经不可能离开他了。但是，工作就能放弃吗？他怎么可能舍得放弃？他最看重的就是工作。有谁知道他奋斗到今天这个份上付出了怎样的代价！如果放弃工作就等于放弃了自己苦挣苦熬的前程，这里边有多少难以忘却的辛酸血泪。进入不惑之年的郎国任面临着真正的抉择。其实，是一种割舍。他总想两头不耽误，他总想把什么事情都办得更贴切一点，进有进路，退有退路，横竖不吃亏。可是，哪有这样的好事？鱼和熊掌不能兼得。

郎国任的儿子郎朗确实天资过人，才仅仅几年的时间，他就以不可思议的进度超越了这个城市里所有学钢琴的孩子。比他早弹半年的他撵上了，比他早弹一年的他超越了，他那股子疯狂的弹琴劲头就像与人赛跑，就好像是从另外一个世界降临下来的，他总是眼珠子瞪得大大的，紧盯着前边的人追撵，他不允许有人在他的前边跑。谁跑在他的前边他就撵谁。他曾毫不费力地夺得了首届沈阳少儿钢琴大赛的第一名。随着一片惊羡，便也带来了一些嫉妒。特别是那些同样吃苦同样付出代价同样希望获奖同样渴望考进北京的琴童的家长们。他们都在盯着争强好胜的郎国任父子下一步怎么办。郎朗不是杰出吗？不是天才神童吗？去北京报考附小你郎国任能陪同？你的工作怎么办？要是换了别人去陪郎朗，那就不好使了！周围人甚至比郎国任自己更清楚所面临的难题。在他们的眼里，郎国任总是过于自傲，总是那么仰着脖子，牛逼哄哄的样子，似乎总是比别人高出一头来，甚至他的一个随随便便的笑声也搞得别的家长不舒服。他大概是那种时常叫一些人不很舒服的主儿。问题是他才不管不顾呢！只要自己的孩子不亏，只要比别人强，比别人高出一头就行。在他风风火火地带着儿子奔功名时，忽略了自身的修养这也是可以理解的吧。而周围人却并不这般通情达理。

甚至有人似乎从心里往外希望他别这么顺利，希望他多遇到点坎坷，吃点亏、倒点霉什么的。公允地说，这也不能光指责别人的嫉妒，别人的狭隘。即便是一位相对有些修养的家长与老郎在一起大概也不会很舒服的。老郎天生一副傲骨，他就不会低头走路，就不会冲别人谦虚地笑笑，哪怕客气一些的事情他都不屑。那次少儿钢琴比赛，是沈阳这座城市头一回搞的，头一回的事情总是很新鲜很让人难忘。比赛是在沈阳的青年宫举行。青年宫的建筑很平淡，既没有什么西洋古典派的柱廊，也没有重檐飞峻的中国古文化神韵。走廊的破旧阴暗使得人们敢于随地吐痰，也敢于聚堆发表对比赛的感慨和议论。家长们到了一堆儿，各怀心腹事，表面上却都是另外一种客气。彼此问到对方的孩子时，家长们都很谦逊，那种谦逊总是以夸别人的孩子贬自己孩子的方式传递。人们习惯了这种传递方式，而偏偏遇到郎国任时，却完全是另外一套。他既不夸别人的孩子，更不贬自己的孩子。人们彼此相视一笑，说几句应酬话，等老郎一转身，人们背地里议论的就完全是另外一套话了。郎国任听不到，他也不爱听，他迈着高傲的不合群的步子走向了那扇别人不敢靠近的门——那是正在比赛的那间大厅的门，大厅的门关着比开着神秘神圣：这哪是平头百姓可以随便出入的地方呢？家长们对这扇门无疑是很敏感的，每一次开合都让围聚成堆的人将目光齐刷刷投过去。出来一个孩子，又进去一个。有的面露喜悦而有的则是一副沮丧相。当那扇门的不时开合中出现的是一位头戴大盖帽的警官时，人们聚拢的眼睛里原有的内容瞬间起了变化。这身衣服太抢眼了还是穿这身衣服的人太牛逼了？这是谁呀？这你还不认得？郎朗他爸！郎朗他爸咋的？就他特殊？

郎朗与父母在一起

没错，郎国任就是要追求特殊。从他自身成长道路来看，他吃了多少苦，遇到了多少坎坷，甚至可以说是跌了多少跟头，他都不气馁不服输，为的就是“特殊”这两个字。对于他而言，这是一种境界，一种追求，不管别人怎么看，只要能够特殊，能够比别人强，他才不在乎别人厌不厌烦。在中国，警察是很神气的职业，特警，就是特殊中的特殊。许多场合别人不得出入而警察可以。比如看球赛，别人没票能进去吗？可警察能。音乐会、舞厅什么的警察还有不能进去的地方？在这种很神圣的比赛场上人家明明说清楚不许家长们靠前，怕影响孩子比赛，所有的家长都躲得远远的，可唯有这位"特殊"警察可以随意出入。比赛需要平等竞争，而平等是普通中国人最不容侵犯的心态，可是，这种心态被郎国任打破了，人们怎能不对他产生反感和敌意呢？产生反感和敌意对郎国任肯定不利。但是，他郎国任觉得自己无论走到了哪里就总有人与他过不去，总有人想方设法鼓捣他。他当然要为此付出代价。他到北京以后吃了很大苦头，他和儿子的前程险些被葬送。这是后话。

沉浸在获得沈阳首届比赛第一名喜悦中的郎朗父子当时正是春风得意。这是他们首战告捷，除了高兴之外，还增添了许多信心。不是有句话叫做"春风得意马蹄疾"吗？当许多家长用自行车载着各自的孩子沮丧地离开青年宫时，我见到了郎国任跨着亮闪闪的摩托车，对坐在身后的儿子照看了一眼，一踩油门，"嗖"地一家伙就飞出去好远。摩托车是白颜色的，可以用一匹毛色光亮矫健的纯种洋马比喻。它是从日本进口的，在当时，沈阳公安系统第一批进口的这种摩托车仅有三台，这三台车一进院就立即引来了许多人围观。有的啧啧赞叹，有的止不住上前抚摸，有的干脆跨上去试巴试巴。众多羡慕的年轻人中，有谁能够真正得到呢？郎国任看到这几台摩托时也和别的警察一样眼热，只不过他表现得平稳一些。私下里他也在核计着，这三台中会不会有一台属于他呢？在他看来，这不仅是辆摩托车，而是一种荣誉，一种资格的象征。他如愿以偿得到了。跨上这辆骏马在沈阳的大街小巷飞奔有种特别爽的感觉，骑快的时候，就跟飞翔似的。他用眼睛的余光就可以看到许多人用羡慕的目光瞄着他。当他用这辆崭新的摩托载着儿子去老师家上课时，他更是有种自豪感。别的家长骑自行车载孩子上课，骑自行车多慢，跟摩托怎么比？当他的摩托往哪个地方一停，引起围观者的赞赏时，他的心里更是获得一种满足。尽管这是微不足道的满足。

的确够让人羡慕的了：如此风光的日本摩托车，如此风光的儿子，还挂着威风八面的公安牌照，一路飞驰，简直就是不可阻挡，所向披靡。摩托车响亮地喷吐着郁闷，超越着前边的无数车辆，左扭右旋，犹如在水中开路畅行。那副顺随与得意令甩在身后的那些骑自行车的家长和孩子望尘莫及。那时候就有人说，谁能比过郎朗呀，你看人

家那爸！在沈阳这座城市里，郎国任确实是优越的。但是，他也只能在沈阳优越，一旦离开沈阳，离开他的特殊位置，他还能神气起来优越起来吗？

郎国任是沈阳治安特警支队一科的科员。对于当时的他而言各方面处境都不错，在单位有人捧他，捧他的人是因为家中的孩子在学钢琴，凡是学钢琴的家长不能不对郎国任敬佩三分。他还有幸遇到了一位能够理解他支持他的支队长。这位支队长也很喜欢郎朗，他在给老郎安排工作时很是照顾他，给他很大的自由度，为了让他能够有充裕的时间培养孩子，甚至时常可以让他公私兼顾。比如哪个地方有音乐会，有演出，就让老郎前去，一来可以带儿子观摩学习，二来顺便帮着维持秩序。几年来，支队长对郎国任的关照令郎国任感激不已。这次他要去北京也将希望寄托在支队长那里，他期待着从那张严肃认真的面孔上看到希望。

这种希望就像初春的气候，总是看不出什么时候转暖。而且，你越是盼着暖和却越是一天比一天冷起来。郎国任在这种寒冷中骑着摩托已经完全没有什么得意感了。他感到的冷是实实在在的难以抵挡。需要办的事情太多，工作调动就够他忙乎了，还得到北京那边跑房子找老师，在这种时候，自己的工作还不能丢下不管。他来到单位，把摩托车刚停稳，就有人迎上来热心地探问他事情进展得怎么样，这使他心里多少感到一些温暖。此人是他的同事，因孩子也弹琴，所以对他格外热情，尤其是这些天他处处遇到麻烦和不顺心时，这位同事表现出比平时更多的热心。郎国任被他感动了，遂视之为知心朋友。他把苦恼与同事说了，同事好言相劝，并表示有需要他帮忙的地方一定在所不辞。队长不在，郎国任本来是要和队长请假的，因为轮到他值班了，而且他知道这是很重要的值班，是全市举行的大型活动。干他们这种特警工作的就是这种性质，平时没事时真就没啥事，而一旦有任务，那就是十分重要的，可耽误不得。郎国任深知他的工作性质，所以，当他得知要有重要任务值勤时，不能不到单位来找队长请假。队长不在，他只能让那位热心的同事替他请假。

问题出现得让他莫名惊诧。事后，队长非常严肃地批评他为什么擅自不执行任务？那么重要的任务怎么可以如此随随便便？你孩子弹琴再重要也不该耽误这次值勤，况且，你有什么事情可以请假嘛，什么时候不照顾你?！劈头一顿训让郎国任有口难辩。他懵懂了。那位热心的同事其实并没有替他请假，他明明满口应承下来，那份热情那种哥们够意思的仗义之举，怎么可能连个假都没替他请呢？他想不明白。等他真正想明白时，他的心比天气还寒冷。寒冷的时候促使他清醒。他意识到自己想得太美好了，世上是没有那么美好的事情的。正如别人所言，好事都成你的了？你想到北京陪孩子弹琴，还想不放弃工作，天下哪有这等好事？调到北京是不可能的，而借调也没有什么希望了。国家有明文规定人民警察不可以借调到外地工作，警风警纪不允许这样，除非你脱掉警察服装，而脱掉服装那是简单事吗？得申报，得有充足理由，而能否批下来还不好说，即使能批下来，那一来二去也得相当长的时间了，他郎国任等不起，他必须快刀斩乱麻。他觉得已经到了紧关节要的时候，绝不可以再延迟。郎朗的老师朱雅芬教授非常理解他，帮着他在北京那边找老师。这是关键的一环，如果老师找不好，那么一切都将无从谈起。凭着朱教授的威望和影响，北京那边的老师总算找好了，郎国任已经与北京的老师通了电话，经商量，郎朗去北京上课的时间定在下周。满打满算还有一周的时间，他的工作此时还没有着落，何况行前还有许多事情要办，仿佛一生的事情都拥挤到了这几天。这使郎国任本来就沉重的心理更增加了负载。

无需和任何人商量，郎国任是位真正的汉子。连日来的东奔西跑，求爷爷告奶奶地办工作调动，使他饱尝了世态炎凉。舍不得孩子打不到狼，逼到份上了，只能一不做二不休。他索性捉笔写下了辞职报告。要求辞职的理由很简单，就是为了儿子弹钢琴。他从来就不喜欢啰嗦，更不喜欢绕圈子。但是，落到纸面上，他还是想把话说得委婉一点，好听一点，起码别太生硬。他反复琢磨着，推敲着，也就那么几行字，把他折磨得够呛。写好报告，已到深夜。郎朗这几天感冒了，发着高烧，他把儿子叫起来喂了退烧药，刚要躺下，突然听到一阵急促的敲门声。这声音在夜深人静时响得令人心惊肉跳。妻子周秀兰敏感地意识到可能出事了，她紧张地问：谁？

敲门的人是周秀兰的弟弟，他一进门，就神色慌张地说我爸不行了。周秀兰脸色一下子变得苍白无比，她冲弟弟喊叫起来，声音却是软弱无力的：你说什么？弟弟喘了喘，才缓过一口气说父亲犯病了，已经送进医院。哥哥在外地工作，遇到这种事情只能来找姐姐。甭说了，父亲一定病得不轻，否则，弟弟绝不会这么晚跑来找她的。她急得直劲瞅着郎国任问咋办。郎国任冷静地说，这么晚了，你在家照看郎朗吧，我去。于是，郎国任跟着内弟急匆匆赶到医院。

岳父已是神志昏迷。他患了脑血栓，这已经是第二次得脑血栓了。郎国任和内弟

轮流守着老人，连日来的疲倦似乎在这一瞬间都找上来了，尤其到了下半夜正是最为难熬的时候，但是，郎国任挺住了，他几乎一眼没眨。岳父和姑爷的感情并不怎么融洽，因为从一开始他跟人家女儿谈恋爱时，岳父大人就不大同意。自尊心很强的郎国任每每见到岳父大人，总不免感到有些压抑。老人病倒了，守在病床边的姑爷小心翼翼，他生怕稍有不慎，会惹老人不高兴。那几天，是郎国任终生难忘的日子。多少事，而且都是大事在难为他。哪一件事摆不平都不成。眼瞅着跟北京那边的老师定的上课时间在一天天逼近。他心焦，妻子更是心焦。父亲病情在一天天加重，已经是弥留之际，大夫都跟家属把话挑明了，让他们子女随时做好准备，料理后事。在这种时刻，怎么能让丈夫带儿子去北京上课呢？就这么一个姑爷，人家都在瞅着，万一到了那时候大家都到场却偏偏少了郎国任，那岂不让人家笑话？已经是周三了，到下个星期一上课还有几天？肯定不赶趟的。火车票他郎国任已经买好了。再加上儿子的高烧还没退，周秀兰越核计越上火。那几天她动不动就跟郎国任吵。她抱怨郎国任不该把去北京的时间定在下周一，她认为不能走。郎国任也深觉为难，他做梦也不会想到他的岳父偏偏在这时候发病。他说得也有道理，在北京找个好老师不容易，第一次跟人家打交道定好的事情，要是不守信，怕一开始就给人家老师一个不好的印象。周秀兰说什么不好印象？你就如实说要在医院照顾病人，推后几天再去上课我就不信那老师会生气？你不打电话我来打，我跟老师说说，看她有没有同情心。

电话最终没有打，那是因为郎国任觉得妻子说得在理。他让步了：那好吧，不行就推迟几天。妻子问那票呢？她也知道这趟火车的票非常不好买，郎国任是求人给买的。郎国任表示要把票退掉。退掉就快去退呀？但郎国任嘴上这么说，却没有真正去退。周秀兰后来说这个郎国任多有老猪腰子！

再回过头来说郎国任把辞职报告写好，就在忙乱中抽空到单位了。那报告是用一张 32 开纸写的，纸张很粗糙，他后来跟我讲到这件事时，还不免有些叹惋，他说他应该用一张更好的信纸，起码应该用 16 开的纸。他把 32 开纸的辞职报告折叠成一个小小的方块状，他竟没有找到一个像样的信封装进去。当然了，他把这个折叠好的小纸条交给支队政委时，他的神情是非常庄重的。

支队政委是个细心的人，他把那张小纸条精心铺展在桌面上，像看一个很长很长的文件，32 开纸上就那么几行字：为了给国家培养人才，为了培养我的儿子，我必须去北京陪他学琴。孩子太小，需要人照顾，他离不开我，请领导能够理解我，支持我……

为了儿子，为了他的宝贝儿子。支队政委边看边琢磨，他从未遇到过这样的事情。好久他才抬起头来盯视郎国任，似乎在印证这个纸条是不是他写的。这不是儿戏，彼此都明白。政委以他的经验和成熟劝郎国任再慎重地好好考虑考虑。郎国任无比坚定地说，该想的他都想好了，只希望领导尽快批准。他不希望政委做他的思想工作，也不希望政委对他有任何挽留，那样他会难过的。他只是一味地请求政委快一点批复，越快越好。他说他得抓紧时间，还有好多事情等着他去办。

翌日，他早早就来到单位。如果说他是来听信的不如说他是来与同事们告别的。他把那辆日本摩托车停在了支队院里，找到一个靠墙边的僻静处把摩托车锁好。之前，他把摩托车里里外外擦拭一新，他今天就不打算把这辆人人羡慕的摩托骑回去了。

他做好了充分准备，批不批他都走定了，决不回头。既然已经辞职，交个报告等待批准，那只不过是个形式问题。话说回来，他还是希望能够通过一个比较正规的手续，正儿八经地离开这里。他觉得单位还有很多人不知道他辞职，他并不希望别人不知道。那样好像有点不光明正大似的。

他比平时上班时间至少提前了一刻钟。走廊里没有碰到熟人，清扫干净的空间弥散出一股亲切而熟悉的味道。走廊里很空荡，置身其中使他突然觉得心里边也是这么空荡荡的。科室里的同事还没到，他打开门，坐到自已的办公桌前。他意识到这是最后一次坐在这里了，他不会再来了。他想拾掇一下该拿走的东西，可是，他觉得一片茫然而不知所措。他瞅着玻璃板下边压着的一张张照片，往事不禁一幕幕回现开来，带着一种新鲜的诱惑，仿佛就在昨天。于是，他的心中不禁涌起一股深深的眷恋。每天坐在这间屋子时并不觉得怎样，而当真要离开，再也不属于这里时，真有股说不出来的滋味。

陆陆续续来人了，走廊里的每一点声响都使他怦然心动。和他同科室的人推门进来发现他坐在这里，便热情地围过来跟他聊天。人们都知道他要辞职了，就好像是经过商量了似的，口径一致地表示惋惜和挽留。还有人张罗着要请他吃饭，为他送行。那位嫉妒他都没有给他请假的“同事”也表现出一副很仗义的样子。郎国任只能笑一笑应对。他知道这里边有的是真心，有的只是出于应酬。无论怎样，人们一闹腾，就把

气氛搞得很有离别的伤感味道，而郎国任矛盾敏感的心最怕的就是这种气氛。他打算尽快逃脱。但是，他发现老科长还没来。老科长性情温和，对科里边的同志非常关心，无论大事小情他都爱操心。尤其他对郎国任更为理解和支持。他很羡慕郎国任有郎朗这么好的儿子。他并不喜欢钢琴，但是，因为他喜欢郎朗，所以，他开始关心钢琴了。报纸上但凡有钢琴比赛和有关钢琴的消息他都注意替郎国任收存。那次报纸上登出郎朗获得沈阳首届钢琴比赛第一名时，老科长高兴得就像自己的孩子获奖了似的，手里抖动着报纸，一个劲向人们宣扬着。在这么一位厚道慈祥的老科长庇护下郎国任一直工作得很舒心。郎国任在心里边深深地为之庆幸，为之感谢，而如今要真正离开他了，怎么能不告而辞呢？一定要等他。

冷丁，郎国任发现门口立着一个人，就那么定定地冲他这边瞅，好像这人早就进来了，就等着他去发现：那是一副多么悲悯的面孔，鬓发花白了，眼角围拢的褶子显得比平时更多更深了，那双眼睛充满深情的关切。郎国任说，他那天一看到老科长，眼泪就止不住了。他说他不知道这是为什么。他把办公桌腾出来，把摩托车的钥匙、手枪、报话机还有佩戴的徽章都交给老科长时，老科长的眼圈也红了。他以为老科长会抱怨他为何不提早说一声，也不商量一下，就这么匆匆忙忙地辞职了，可是，老科长什么也没说，他好像早就预测到了一切，一点都不感到意外。这就使郎国任更加感动。当他洒泪而别时，老科长说话了：你也不能就这么走呀？咱总得整一桌送送你！

郎国任的手被老科长攥着，一片暖融融的感觉。他好不容易才止住泪水。他没有接受老科长的好意，他没有这份心思。他惦着病危的岳父，因为岳父能够真正左右他们能否按时进京。如果他老人家早一天驾鹤而去，那么他就有希望按原计划进行，要是再拖上两天，那么真就得退票了。算是老天长眼还是外祖父不愿耽误外孙的前程？就在郎国任交上辞职报告那天，老人与世长辞了。

郎国任在走出支队大院时，还不知道岳父已经仙逝。他还沉浸在失去工作的难过中，只感觉每迈出一步，脚步好沉！来的时候，他是骑着摩托来的，走出去时，却没有了摩托。骑惯了的摩托突然失去了，要多别扭就有多别扭。他在过横道时都显得迟钝了，几乎就不知道往哪迈步。刚迈出一步又往回收，结果差点让一辆车撞了。那个司机把脑袋从车窗探出来，冲他咕哝了一句什么，显然是对他的大不敬。要是有摩托，他

肯定会毫不犹豫地撵上去，好好教训一下这小子的。可是，他无能为力。在这座城市他已经失去了应有的威风，任何人都不会再怕他了。其实，这种失落感在他以后去北京的日子里才会真正凸现出来，而且越来越让他慨叹。这是后话。

辞职后的郎国任面对的第一件重要事情就是为岳父张罗丧事。按着风俗，人死后需要停放三天才能出殡。操办丧事是件十分麻烦的事情，有很多风俗，也有很多说道，亲朋好友得赶来，还有外地的。这一来二去，总得几天。但是，去北京的票那么难买，已经买好了，就得按原计划去了，为了两不耽误，只能提早举办丧事，但这意味着什么？能因为这个理由使岳父的葬礼提前进行吗？郎国任深知其中的利害。但是，他要是认准的事情是一定要做的，无论遇到多大的阻力。他必须先取得妻子的支持。他连工作都不要了，他什么都能够舍弃，只要为了儿子，他早已横下一条心，上刀山下火海都在所不辞。然而，要想达到目的，他首先得说服妻子。

周秀兰感觉到父亲病重这几天里，人们就对姑爷有意见，好像心里边只有自己儿子弹琴而对老丈人的病不那么上心。弹钢琴就在沈阳弹呗，沈阳也有音乐学院，何必偏要上北京？而且，还去得那么急，听说票早就买好了，甚至连老爷子死活都不顾。从人们的问话和眼神中周秀兰感到了极大的压力。一边是要安抚亲友，两个姑姑都为爸爸奔丧来的，还有在外地的叔叔，也得赶来送葬。而提前一天送葬，叔叔能及时赶来吗？再说，时间这么仓促能办好吗？可是，不提前上北京咋办？跟老师说好了，也真不能出尔反尔。在北京找老师多不容易啊，别人不清楚她可是再清楚不过了。怎么办呢？她一时竟没了主意。

郎国任大主意已定。从他坚定的态度上看，他早就这么做准备了。她这才知道郎国任压根儿就不曾想过退票，尽管她那么闹腾。关键时刻，周秀兰总是要听郎国任的，在培养儿子这一点上，她与郎国任有着惊人的相似之处，那就是一定要让自己的孩子比别人强。

她充分相信郎国任的本事。当年，周围那么多人家的孩子弹钢琴，人家比郎朗起步早得多，也有更多的理由炫耀，可是，郎国任对周秀兰说你等着瞧吧，我一定要让郎朗超过所有人！后来，郎朗神奇的进步不仅征服了周围的人也征服了周秀兰。她从此坚信郎国任会让他们的儿子出人头地。郎国任对郎朗的每一步安排，都是恰到好处的，这一点周秀兰深信不疑。几年来，她已经习惯了服从郎国任。

然而，这一次，她不能不犹豫。因为父亲的葬礼已经决定了，怎么可以因为儿子去北京学琴而使葬礼提前一天呢？再说，都通知亲朋好友了，怎么好改呢？人家能理解吗？怎么就偏偏得早一天呢？难道上北京学琴差一天就不成？这也未免太不近情理了！她劝郎国任推迟一天再走吧。但是，郎国任铁着脸说不行。他说已经与北京那边的老师说好了，不能更改。如果更改的话，那么第一次就会给老师留下一个不好的印象。他们在一起生活了多年，只有做妻子的知道，郎国任是说一不二的，尤其在重大的事情上更是如此。在她看来，郎国任是不会放弃工作的，他曾把工作看得比什么都重要，而且，在他的人生道路上，他为获得一份好的工作，为了出人头地，他曾付出了多么大的代价。而今，为了他们儿子的前程，他毅然决然地把自己重要的工作都辞掉了，简直就是一副破釜沉舟的架势，她还能阻拦得了吗？为了儿子他郎国任认为一切都得让步，没有不能让步的事情，这是硬道理，不能去讲究那种通常意义上的通情达理什么的。问题是如何说服亲友把已经通知的葬礼提前一天？她陷入了左右为难之中。

不能迟疑了，周秀兰知道只能执行郎国任的指示。理解的执行，不理解的也必须执行。但是，亲戚们一听，就来气了。人家说孩子学琴就差这一天啊？真是没听说天下有这样的事情。邻居们听了这种事情也大惑不解。在外地的亲戚们在电话里听说因为这个理由让他们提早一天赶来，他们觉得非常可笑。他们怎么也无法理解。周秀兰怕把事情弄得太僵，使得家里人都对郎国任有意见，便试探着想再说服郎国任，可是，她无论如何也拗不过郎国任。她只好硬着头皮跟家里人对抗。他们为了孩子，一向都是这么夫唱妇随，他们首先达到了这种高度的默契和统一，才能有力量去说服别人。

要说服的人中大哥是关键人物。一开始闹腾着上北京时，大哥就不大满意，他也给郎国任施加了压力。他认为郎国任作为唯一的姑爷不能不参加葬礼就一走了之。他让郎国任自己考虑，那样做合适吗？在他看来，妹夫多少有些过分了，平时就一个劲儿让儿子弹琴，眼睛里只认钢琴和儿子，亲戚们都有这个反映，都不大敢上他们家，来了他郎国任也不热情，顾不上别人只顾儿子，现在，老爷子去世了，到了这种节骨眼儿上却还是一味地只想儿子弹琴，儿子弹琴真就那么高于一切至高无上吗？周秀兰知道大哥对他们有想法，但是，她更知道大哥是个明白人，他善解人意，只要把话说清楚了，

1988 年，郎朗在沈阳少年宫首次参加比赛

求得他的支持，他不会不热心的。果然，她说服了大哥。周秀兰非常感谢她的哥哥。在以后的日子里，当她每每遇到最为关键的事情时，都是她的哥哥帮了她的大忙，使她渡过难关。周秀兰想让全家人同意提前一天举办葬礼确实不容易。人家认为既然定下的葬礼更改日子不吉利，直到今天还有亲友为此耿耿于怀，但是，毕竟葬礼按着郎国任的意愿得以提前进行了。

3 月初的沈阳，春寒料峭，阴风阵阵。早晨起来天就阴呼啦的，一支送葬的车队在城市中心的街道上缓缓穿过，朝着回龙岗的火葬场方向忧伤地开去。家属们坐在头一辆车内。头一辆车内比别的车内更具悲伤气氛。周秀兰两眼哭得红肿，眼泪把整个一张脸都弄湿了。她对父亲有着特殊的感情，这是因为 9 岁时她就失去了母亲，她一直被父亲呵护着长大。父亲非常疼爱他们兄妹，尤其是对她这唯一的女儿。她从小到大得到的父爱太多了，她对父亲的依恋也太深了。她深深知道父亲为他们兄妹付出了怎样的辛苦和代价。平时，忙得总顾不上回家照看父亲，总觉得来日方长，

而今天当她意识到父亲永远地离她而去，再也见不到了时，她才发觉她有多么痛苦多么悲伤！

外公的葬礼郎朗是不知道的。他感冒发烧一直没好利索，怕他加重病情影响第二天的北京之行，就让他一个人呆在家里。就这样，他没有能够参加外公的葬礼。他那时才8岁。8岁时，他就已经非常通达事理了。事后，当妈妈告诉他外公去世了时，他跟妈妈抱头大哭。他抱怨妈妈不该不让他去为外公送葬。妈妈答应他有时间一定带他去外公的墓地看看，却至今也未能如愿。外公的坟墓早已是芳草萋萋了吧？也许外公的去世是他平生第一次感受到失去亲人的痛苦！他当时还没有弹肖邦的《葬礼》，但是，他喜欢听那首曲子。那是一首著名的乐曲，在郎朗那个年纪的孩子听来深不可测。可郎朗就喜欢听那种深不可测的乐曲。如果他那时能够弹这首《葬礼》，他一定会为他的外祖父弹上这首乐曲送他老人家上路。

周秀兰泪洒长天地送走了亲爱的老父亲，睁着那双红肿的眼睛又忙着给丈夫和儿子拾掇进京的东西。他们爷俩在葬礼的当天晚上就要去北京，简直是刻不容缓。穿的、用的、吃的还有钢琴、箱子什么乱七八糟的要运到北京需要一辆大汽车。在这短短的时间内要把所有东西拾掇好，可真正让周秀兰费了好大一番工夫。她是个能干的女人，她有多少天没有睡好觉了，悲伤没有把她击倒，忙累也没有把她击倒，她风风火火地忙着她应该忙的事情。

郎国任通过战友找来了一辆“大解放”，车都开进院了，司机在楼下一声声鸣笛。周秀兰下楼把司机请上来时，见郎国任他们爷俩还守在钢琴前，全然没有要走的意思。周秀兰便催促他们麻溜点，人家司机都来了，郎朗刚停下，一边督战的郎国任便板着面孔充满威严地说：不行，郎朗还没弹贝多芬呢！周秀兰知道郎国任的脾气。他就是这样不管遇到多么重要的事情，就是火上房子了，郎朗也得把琴弹完。于是，她充满歉意地招待着司机。

这几天感冒了，郎朗的课程多少受到点影响，但是，郎国任一定要让他把感觉找回来，一定要补上。郎国任对于郎朗的要求从来就是这样一丝不苟，雷打不动。这也是他从自己的人生经验中总结出来的。对于父亲这种近乎不近情理的要求郎朗已经适应了。尽管感冒发烧，他也没有停止弹琴，只不过比平时少弹了一点而已。这一天他弹得比平时任何一天都多，不仅得把前几天少弹的补上，还得把明天的作业弹出来。

因为明天的迁徙，还不知会出现什么情况还能不能有条件弹琴，总得往前赶。父亲跟他说明白的事情，他就得无条件地照办。尽管已经弹了一整天，尽管已经很累很累了，他都不敢有丝毫松懈。

郎朗当时正在弹贝多芬的奏鸣曲110号。这是贝多芬晚年的作品，一个8岁的孩子弹这样充满沧桑的作品究竟能理解多少？或许他看到了一个两耳失聪、形色枯槁的老人在初春的寒冷中蹀躞而来？或许他听到了阵阵哀乐在冷飕飕的风中绵延不绝？带着对外祖父深切的哀恸，这位8岁的孩子进入了深层的情感世界中。他的柔性的小手在键盘上划出的忧伤和惆怅，深深打动了父亲的心。父亲随着儿子身子的前后仰动，由呈示部而进入再现部。任凭司机就坐在那儿焦急地等着，一支接一支地抽烟。周秀兰更是焦急不安。眼瞅天要黑了，满地堆得都是要搬的东西，乱七八糟的，他们爷俩不动地方，怎么搬得完呢？再说，主要是得把钢琴抬走。搬运钢琴得打包装，郎朗在那里弹琴怎么打包装呢？打包装得费许多时间的。周秀兰一方面得准备打包装的东西，一方面还怕人家司机等不耐烦。琴声由缓到疾，声声敲击作母亲的心弦，像疾驰的马蹄，正在全速飞奔。一想到儿子就要远离自己了，这一去还不知怎样，前途未卜，她的心就七上八下地悠荡起来。这时候，她还没有充足的时间感受这种担心和惦记，在以后的独身生活中，她有太多太多的时间去饱尝这种滋味，那何止是几句话能交待完的呢？此时此地，她只能等儿子把琴弹完。

这首曲子郎朗弹了差不多20分钟。郎朗弹到后边激烈的地方，手指在琴键上越跑越快，最后戛然而止。他把手从键盘上往起一挥，对守在一边纹丝不动的父亲下达了“命令”——开路！

钢琴被抬走了，墙边空出一大块。这意味着这么热闹的一个家庭将从此天各一方，从此再也听不到钢琴声了。这块空出来的地方整个留给了母亲周秀兰去收拾去品味，更多的还是另外一种滋味。和钢琴一起往车上装的还有两个破木箱子，这都是郎国任在部队时发的。这些年他们也没有钱添置新的家具，他们的心也没有用在布置家上，而是都放到了郎朗身上。平时放在角落里也没大注意，现在一搬弄才发现这两个箱子都旧得掉渣了，还裂了几条难以弥合的大缝子。这种箱子拿到北京还不等着人家北京人笑话？然而，没有别的东西可以代替这两个破箱子，事到如今，周秀兰也只好睁只眼闭只眼了。

家里边一下子显得空荡了。其实，那一瞬间，留守的周秀兰的心比屋子还空荡。她呆呆地望着大解放车装了满满一车厢东西，晃晃悠悠地开出了院子。车上的东西在晃悠，她的心也在起伏不已。

爷俩没有跟车走，而是乘坐了当时的 54 次列车，那时候好像叫做 114 次吧？沈阳人去北京都喜欢乘坐这趟车，晚间上车，一觉睡到第二天早晨，就到北京了。只是这趟车的票比较难买，但郎国任还是买到了硬卧。那天晚上气温比白天更低，风也比白天更大，爷俩去往火车站时没有任何人送行。随身携带的东西都由父亲一人背负，就像未来的一切压力也都沉沉地由他一人承担。他做好了充分思想准备。但是，他只能成功不能失败。像他这么要面子的人假如万一失败了，他是绝没有脸面回来见江东父老的。迎着钢硬的晚风，郎朗跟着急匆匆的父亲去往车站。他的个子还太矮太瘦小了，但是，他浑身充满一种劲头。他爱上北京，他一路上蹦蹦跶跶，他是否意识到此番远征的真正含义呢？

心里装着事，郎国任就不爱吱声。火车站候车室永远那么乱糟糟的，而去往北京这趟车的沈阳人总是那么满满登登。郎朗睁着一双好奇的大眼睛东张西望，这么多的上车人中竟没有一个人是他认识的。而车上车下那么多的人也没有谁会去注意这个琴童。他还不是肖邦、莫扎特，就算他是的话，投身在沈阳这座拥挤的乱哄哄的车站，也不会赢得什么人的关注。

郎国任上车后找到了铺位把东西放好，就闷闷地靠坐在边座上，呆呆地瞅着车窗外边。从送站人的头发和衣服上可以感受到站台上的风有多猛。灯光在风中似乎有些飘忽。白天的葬礼场面这时候并没有从郎国任的眼前消失。那份悲伤正在他的心底酿造出人生的更多感伤。当车徐徐开动时，这份感伤不仅丢不下，相反随着车轮的响动而越来越清晰地吞噬着他的心。列车从北站驶出，将城市那夜的轮廓逐渐推向远处。斑驳的灯光在夜色中如泪珠闪烁。

别了，沈阳！什么时候再能回来？

第二节 昨日重现

晃荡着的列车像个特殊的大摇篮，不知什么时候就能把生命从现实摇入梦境，而后又能从梦境拉回现实。39岁的郎国任进入了人生最为成熟的年龄了。在他身上，这种成熟体现得最为充分的标志就是爱沉思，爱回忆。他在这种现实与梦境的交替中徜徉。

像20世纪50年代出生的这一代人一样，郎国任的童年是涂着“文革”那种特殊年月的色彩的。彩旗、标语、锣鼓、游行，大场面的闹哄，大潮流的激荡。那时的孩子是缺少管束的，读书无用论，什么有用呢？最有出息的便是文体特长。郎国任的家在大东区，是黎明机械厂的宿舍。黎明机械厂是沈阳赫赫有名的大厂矿，在那个年月，大厂矿总是令人羡慕的。游行时，队伍浩大，文娱体育各路人才云集，总有文艺演出，总有球类比赛，就是厂里的俱乐部也比一般的厂矿俱乐部要气派得多。或许正是受到这种环境熏陶，郎国任从小就爱好文艺。他兄弟姐妹一共五个，父母收入都不高，所以，家庭生活很是拮据。他先是学吹笛子。那时候好多孩子都学吹笛子，因为笛子在所有乐器当中是最便宜的，几毛钱就能买一支。他的同学当中还有几个爱吹笛子，有的学得比他还早，当然吹得比他好一点。比他吹得好的同学就爱在他面前显摆，每到这时候郎国任就格外严肃。他可不能眼看着别人比他强。他从小就争强好胜，干什么总得比别人强才行。而且，他总爱跟人家比。他的儿子郎朗就有这个特点，爱跟别人比，越是比他学琴早的人越是比他弹琴好的人他就越是有比的兴致，一定要比过你。今天比不过还有明个，终有一天要比过你。郎国任并不是盲目攀比，他没事就爱琢磨，他总能琢磨出名堂来，因而，他超过那个爱显摆的同学一点不奇怪。问题是正巧当时学校要成立毛泽东思想宣传队，在挑选人时，郎国任蛮有信心，大有舍我其谁的架势。学校里再没有别人比他的笛子吹得好了。却不曾想宣传队要了那个同学而把他排斥在外。他第

一次觉得不公平。其实，他这般好胜，把比他强的人一个个比下去，能不招致人家的嫉妒？好像从此命中注定了将有嫉妒伴随他一生。当他儿子在大踏步超越周围弹琴的孩子时，嫉妒的怪影就笼罩着他，他来到北京后受到的第一次最大打击——老师不教郎朗了——就是来自一种嫉妒的力量。可以说郎国任是被嫉妒害苦了。但是，也正是因为不断的嫉妒造就了他顽强上进的不屈不挠的个性。从小他就不服输。不让他进宣传队，他就组织了几个同学去市政府找市长，要求市长批准他们自己成立毛泽东思想宣传队。他们来求见市长是有所准备的，每人能背 100 条毛主席语录，要背给市长听。人家瞅他们几个毛孩子怪可笑的，就想法糊弄他们说市长没在，外出了。问得啥时候回来？接待的人说起码得一个月。一句话就把几个小学生唬住了，那几个孩子没了主意，就瞅郎国任，等他拿主意。郎国任动了心眼，他说他不相信，见不到市长就不走。人家怎么哄他他也不走，结果，他硬是没走，在市政府大楼里过了一夜，到底拜见

沉思中的郎国任

了市长。这是他童年时代最为自豪的事情，在当时传为佳话。那年他是小学四年级的学生。他想组织成立毛泽东思想宣传队的愿望虽然未获批准，但是，他得到了学校的高度重视，由此被学校的军乐队接受了。军乐队比宣传队更有派头，在全市都很有名。

郎国任能吹笛子还能唱歌，还能指挥，在小学时就出尽了风头。他还嫌不过瘾，便练起了二胡。他开始学二胡时纯粹是白手起家。当时商店里摆放的二胡并不贵，十元二十元就能买到一把。但是，郎国任没这笔钱买，就只好自己动手制作。他做的二胡竹筒比京胡稍粗一点，用一张青蛙皮绷住，弓弦也是自制的，把竹棍用火烘烤软了弯成形，再偷偷从马尾巴上剪下一缕，这可是个挺危险的活儿，弄不好要被马蹄子伤着，还得提防着让车老板看见。自制的二胡拉起来声音也真不赖。每天吱吱呀呀地拉着自制的二胡倒是别有一番兴味。在他的记忆中，只管妈妈要过一次钱。只那一次就让他刻骨铭心。

那是上小学时，他特别痴迷踢足球。天天在操场上撒丫子奔跑，几天下来就把鞋踢坏了。他看到别的同学穿着新买的白球鞋，羡慕不已。回到家后他就管妈妈要。妈妈不同意，他就哭着叫着，蹦着高管妈妈要，不给不行。他宁肯不吃饭不睡觉，也一定要钱买白球鞋。他把妈妈闹腾火了，一气之下操起擀面杖吓唬他：你再闹我就打死你！他以更高的声调喊叫：打死我也要买！妈妈犹豫地把擀面杖抡起来，以为他能躲闪，可是，擀面杖落降下来时，他不仅不躲还挺身迎了上去。结果，擀面杖打在了他的胳膊上。

母亲在 2 岁时就失去了父亲。母亲的父亲是张作霖大帅手下的一个团长，在一场战斗中悲壮地战死沙场。从母亲这一擀面杖来看，英雄的热血似乎并未凝固。母亲是个女强人，她有文化，爱好文艺。她爱唱歌，郎国任从小就喜欢听母亲唱的《三杯美酒敬亲人》、《渔光曲》、《芦笙恋歌》里《阿哥阿妹情谊长》等。母亲很有办事能力，当过街道办事处主任。主任这一擀面杖打出去之后，就后悔了，她怕打坏儿子。儿子像英雄一样顽强不屈，终于迫使母亲让步了。

郎国任如愿以偿地穿上了新球鞋。为此，挨这一擀面杖也值。新鞋除了让他兴奋之外，还使他增加了另外一种和他同龄的孩子不同的感受。他知道珍惜东西。他那双鞋总是自己刷得干干净净，总是怕别人踩脏。而且，从此以后，他再也没有管妈妈随便要钱买什么用品。俗话说得好，穷人的孩子早当家。或许正是因为清贫，使得郎国任

过早地具备了奋斗意识。他从小就不依靠任何人，全凭自己去把握命运。父亲给他的童年带来的并不是自豪，而是自卑。家庭出身是破落小地主，还有海外关系，他的大爷在台湾。台湾，那是一个一提起来就让他头皮发麻的字眼，他最打憷的就是填表。而那个时代偏偏总有那么多莫名其妙的表格让他填写，面对这种表格，每一次都使他这位刚强的少年的内心受到了深深地刺伤。出身的十字架像一片厚重的乌云始终盘旋在他的头顶上，让他憋闷得很。他那么渴望出风头，却偏偏加入不了红卫兵。全班那么多同学几乎全都戴上了红袖标，这让他无比羡慕。除了受到的压抑之外，更激发了他的上进心。他痛切地意识到自己的出路只能在业务上，必须具有超人的一技之长，否则他将永无出头之日。

他比任何人都下工夫。每天天不亮，他就爬起来练二胡。因为没有正规拜师，总是长进不大，这使他很苦恼。他渴望拜师学艺，可是，到哪里找老师呢？也许苍天不负苦心人。有一天傍晚，他正从学校往家走，走着走着，忽然听到一阵悠扬的二胡声从远处断断续续地飘过来。那声音美极了，使他简直不敢相信会是真的。当时是夏天，马路牙子上坐了好多乘凉的人。他从这些人身边走过，顺着二胡声音找去。伴着凉爽的晚风，这声音越来越清晰，越来越真切。多么熟悉的歌啊！“向着北京致敬，向着北京致敬，”这正是他天天在练的歌曲，可是，为什么人家拉得这么好听？这是什么人在拉呢？他穿过一条小胡同，绕到合作社的后院，发现了这个拉二胡的人。楼上的窗户洒过来的灯光并不很亮，却把拉琴人勾勒得比较清晰。拉琴人端坐在一把小板凳上，好像是那种能折叠的小马搭子，摆出的姿势一看就是拉二胡的派头：二胡架在腿上，头微微低垂，一手揉弦，一手运弓。那声音丝丝缕缕地绕住了郎国任，他就像被绑住了似的，再也迈不开步了。直到人家拉完走了，直到楼上洒出来光线的窗户完全都闭了灯，变得一片漆黑，他才意识到该回家了。肚子早就饿了，不过这时候他才觉察到。

从此，他天天到这里听人家拉二胡。他不敢靠前，只能用心去听去悟。他这是在偷艺，他怕人家烦，每次都躲在暗处。躲在暗处的小家伙知道在明处拉琴的人是沈阳有名的拉二胡的，名叫刘万生。他仰慕已久，却只能默默地躲在一边听人家怎么拉。同样一首歌，人家一拉就那么有滋有味儿，可轮到自己拉时，就没这种味儿了。这究竟是怎么回事呢？有一次，他完全被陶醉了，居然忘了隐藏自己，而是跟着二胡哼唱起来，声音越来越大，突然，二胡声戛然而止，那边传来声音：是谁躲在那里啊？他听人家

喊他,心里边打鼓似的慌跳。他像犯了错误似的一边嗫嚅应答着,一边从暗影里走出来。其实,从郎国任第一次偷艺开始人家就觉察到他了,只不过看他是个小毛孩子而没有搭理他而已。原以为小孩子不过是图个新鲜,听一听就得一走了之,却不曾想他还天天都来听,竟然一连坚持了一个多月。他这才意识到这不是个一般的孩子。仅凭这份毅力和心劲就赢得了他的喜欢。刘万生问他怎么老听不走啊?他说他很喜欢听,听不够。人家又问他有什么好听的,天天听还听不够?他说越听越爱听。在他眼里刘万生就是大师了,所以,他非常仰慕。见人家对他的态度很和蔼,便提出了想跟人家学二胡。刘万生没有拒绝,收下了他这个学生。郎国任欣喜若狂。他心急,恨不得能把那些好听的曲子《年关》《赛马》《手拿枪,心向党》等一夜之间都学会。特别是《手拿枪,心向党》是当时非常流行的,大街小巷,到处都有人哼唱着《手拿枪,心向党》。郎国任想如果学好了这个曲子,那到学校一拉,肯定震倒一片。

然而,刘万生就像故意不让他快点学似的。他让他练最基本的功法,运弓,揉弦,天天都是这般单调,不允许他拉曲子。他有点忍不住了,以为老师故意拿一把。他为了感动老师,就天天到老师家帮干活。他很勤快,见啥活干啥活。老师当时正在处对象,有个女的总来。他太小,也不明白这些,看到老师跟那个女的坐着也不知道躲出去,呆在屋里只管埋头打扫房间。这不有些碍事吗?不过,他的这种小小苦心老师当然明白。刘老师非常认真地跟他说,必须打好基本功,二胡就这么两根弦,为什么会变幻出非常美妙的声音来呢?就得靠基本功。练不好基本功是不可能拉好琴的。心急吃不了热豆腐,你不能一口吃成个胖子。功到自然成,功不到就想成,这是没门儿的。一番话在郎国任身上真正起到了作用。他对二胡有了真正的理解。原先他想找老师学拉二胡就是急着想学拉那些好听的歌,却不曾想二胡竟然有着如此深奥的道理。这种意识对于郎国任后来的人生道路有着重要的作用,即便他后来与郎朗研究钢琴时,都还受益无穷。

郎国任忍着单调和寂寞天天苦练基本功。夏天热得全身冒汗,二胡架在腿上,硬把皮肤磨出一个大疖子。胡琴稍稍一触,疼得钻心。那疖子越鼓越大,他发起高烧,烧得迷迷糊糊,爬起来还抓二胡练。这一病,他整整 11 天没有上学。他在病中拉起了《年关》,拉得如泣如诉,愁肠万转,正在干活的母亲放下手中的活计出神地听着,听着听着,母亲的眼泪从清癯的面颊上流淌下来。母亲第一次这么认真地倾听,也是第一次这么被感动，起先，母亲并没有认为儿子把二胡当事业干，后来，她发现儿子把拉二胡当成命了，她不仅是感动简直就是受到了震撼。于是，母亲到商店给儿子买了一把真正的二胡。当母亲把二胡递给儿子时，儿子乐得蹦高了。这把二胡当时花了 50 元。对于这个普通人家而言，50 元是笔巨款了。勒紧裤带挪出这笔巨款成全了儿子，这是一位有见地的母亲，是位通达事理的了不起的母亲，她赢得了儿子深深的敬重，直到如今。

有了一把好二胡，郎国任如虎添翼。他练得更勤奋更狠了。刘老师对他的进步很满意，于是开始教他练曲子。还是非常严格地教，仅那句“手拿枪心向党”他就拉了两个多月。他自己没拉烦，倒是把每天到小树林来晨练的人听烦了，人家问他怎么就会拉这一句。

功到自然成。郎国任的二胡在沈阳第一中学很有些名气了。他们郎家的五个孩子个个都爱好音乐，但是能够拿出手的只有三个：二姐打扬琴，弟弟吹笛，他拉二胡，三个人同时登台，可谓一个郎家军了，也真够风光的。然而，在那个以政治为第一标准的年代，他们虽然拉得好吹得好，却仍然不能摆脱压力。那时不像现在，各个中学比的不是学习而是文体水平。他们学校很重视宣传队。服装是清一色的黄军装，配上左臂的红卫兵袖标，往台上一坐，让灯光一照，一排排刷齐，很是帅气。那种精气神儿。郎国任本来腰板就倍儿直，在台上就更是直得令人眼气。他最得意的时候是坐在台子正中进行二胡独奏《手拿枪，心向党》。二胡和他的腰板一样拔得直溜，弓随心走，心随党走。每次台下都响起热烈的掌声，一再返场。他拉《年关》时，那弦揉得让人心颤，他把刘万生大师的绝活儿学到手了。演出结束后，领导上台接见演员，和他握手时，领导总是笑眯眯地和他多握一会儿，夸他拉得好，并鼓励他好好学习毛主席著作，当好革命接班人。他为学校争了光，学校领导跟在上级领导的屁股后边，满面风光。领导们以为他是个红后代，是棵好苗子，却不会知道他是属于可以教育好的子女，他还不是红卫兵。他的胳膊上戴的那个鲜艳的红袖标是临时管别人借的，演出结束，就得立马摘下来还给人家。

每次演出，他都得如法炮制，于是，借了还，还了借，不厌其烦。有一次，一个社会主义国家的外宾来到沈阳参观学校，市里边指名让他们学校接待。他们学校的宣传队在全市出名，参加这种演出得提前开个会，就是所谓的战前动员。那时候干啥都像作

战，崇拜解放军嘛！演出前，郎国任就到处借袖标。由于这种活动全校师生都得参加，就都得着装入场，都得戴红卫兵袖标。不是红卫兵的没几个，这时候学校领导也格外宽容，允许不是红卫兵的学生戴袖标。不是红卫兵的学生都得忙于借袖标，就把袖标借紧张了。郎国任每次管那位借袖标的人这一回不能借了，因为人家也得戴红袖标入场。怎么办呢？他瞪着两眼借不到。眼见就要到演出时间，人家都着装一新，清一色的黄军装洗熨得平平整整，佩戴在左臂的红袖标显得格外醒目。他们兴冲冲地来到大礼堂集合。唯独郎国任没佩戴红袖标。他是台柱子，不戴红袖标可不成。结果还是管宣传队的老师出面帮他借了一个袖标。从这以后，他倒是放下心了，每到演出时，没有袖标，他不着急，总有人帮他着急想办法的。总去借也不是个事儿，发展他加入红卫兵吧，也不够条件。咋办呢？办法还是有的，学校特批给宣传队一块新袖标，与道具放在一起，专供演出时郎国任佩戴。那袖标因为和道具放在一起，没几天就弄得皱巴巴的，影响了神圣感。如果不是到了重要场合，必须佩戴袖标，他就不戴，他嫌麻烦。据郎国任说，他是全班最后一批加入红卫兵的。那还是因为下乡学农时，他有幸跟学校的红卫兵团长分在一个屋住，两人朝夕相处，几乎无话不谈，建立了友谊。郎国任是何等聪明之人，他自然能够赢得团长的好感。他这才近水楼台“后”得月了。如果不是有这个接近团长的条件，天知道他得何年何月才能加入红卫兵组织。

郎国任是1970年毕业的。他没有下乡，而是留城等待分配工作。有两类人比较走运能分到好工作：一类人是那种会拉关系，走后门的；另一类就是有超众特长的。郎国任属于后者。他当时的二胡已经在沈阳市崭露头角了。他还没等毕业，就被中捷友谊厂盯上了。中捷友谊厂的宣传队在沈阳的厂矿企业中是很有名气的。郎国任也很希望自己能分到那个厂子。凭着他的一技之长，分配到一个大厂矿的宣传队是应该不成什么问题的，何况中捷友谊厂已经跟他提前打好招呼了，一毕业就到学校来要他。

消息不胫而走。有羡慕的也有嫉妒的。无论出于什么心态，只要有人问他这件事，他就总是搪塞说这是没准的事呢！不知为何，他总有一种感觉，凡是遇到这种好事时，他都不会顺利得到，不定又会出什么岔子。果然，明明说好的中捷友谊厂的宣传队并没有把他要走。这是因为政审时，他不合格。校长如实向厂方来人禀报，郎国任家有海外关系，而且是台湾关系。这在1970年是断然不可以的。所以，他二胡就是拉得再好，也是无法进入大厂矿的，只能屈尊分到大集体的小厂子——沈阳第四标准件厂。

一听到第四标准件厂郎国任心里边就不是滋味。第一标准件厂他都未必爱去，何况还来个第四呢？但那时候能找到工作已经不错了，还怎么能挑肥拣瘦呢？

这哪里像工厂呢？矮趴趴的小平房没有一点大工厂的气派。一看就知道这是住家的那种房子临时改成了车间厂房。院子也不很宽敞，地都没有铺平，原材料什么的乱七八糟，堆放的东西比他的心情还糟。他被领到一间设备简陋满是灰尘的车间门口时，便愣在那里不肯往里进了：就在这里干活？这是人呆的地方吗？他做梦也不会想到他的命运从此就将被放置在这样一个地方。屋子里灰暗，墙壁怎么脏成这副奶奶样。几台车床也是脏兮兮地摆放着，旁边还堆着蓬松的铁屑。泥土地本来是黄的却被不知道是哪辈子的机油浸成了一片片湿润的黑渍，每一脚踩上去都想躲开来，却就没个干爽的地方下脚。还得提防那随处可见的铁屑，东一卷西一堆的。窗玻璃大部分破碎，残剩的玻璃上残留着红漆大字，因为残缺已无法辨认那些受了伤的红字。

噪声随着车床一同响动。每台车床前立着一个人，人的衣着也和车床同样灰暗。他敏感地意识到自己马上就会变成这副模样了，心猛地往下一沉，憋得有些上不来气了。有人推了他一把，他只能凭惯性往里边进了。他来到一台车床前。车间主任把他介绍给班组长，人家对他表示热情欢迎，可他却热情不起来。他眼睛一直打量着只顾埋头干活的车工。车工，原先只是一个不很清晰的印象，现在好了，离得够近了，好好看一看吧：戴着蓝色的工作帽，还戴着一副线手套。那线手套刚戴时肯定是白的，可出现在郎国任的眼里时，已经成了完全的油黑色。这种油黑色也在车工的脸上画出了道道。一身工作服也是油滋麻花，还戴着一副套袖。车工看到他时，机械地点了下头。

这种小工厂可以用三个字概括：脏乱差。分到这里来的人大凡都希望干钳工，而他因为不争不抢，听凭发落，就被安排到这里当了车工。车工，这几乎是最差的工种了，一站就是一天。如果说脏点累点还难不倒他的话，靠钟点却让他无比苦恼。从他迈进这个车间的第一天起，他就发誓一定要离开这里，而且一定要尽快离开。他深知离开这里的唯一可能就是要练好二胡。二胡对他来说已经不再仅仅是爱好了，而是与他的命运紧紧连在了一起。

这期间，他到沈阳音乐学院拜果俊明教授为师。有名师指点，这是成功的先决条

件。但是，令他苦恼不堪的是时间太紧。在“抓革命，促生产”的口号下，天天得政治学习，林彪事件震动全国更震动他的标准件四厂。他比谁都更恨林彪，因为林彪占去了他多少宝贵的学琴时间。政治学习不能请假，本来定好的到音乐学院学习的时间随时就被占用了。文件多，运动多，仿佛小小的标准件四厂学好了上级文件，开好了批判会中国就不会变修变色了似的。促生产更狠，政治上耽误的时间要抢回来，加班加点，大干快上，挑灯夜战；还成立青年突击队。郎国任自然是突击队的一员。流水作业，你想偷懒耍滑，你想打个盹都不可能。平均每半分钟就得车出一个零件。把粗糙的毛坯子卡到车刀下一圈圈转悠，不能有丝毫差失，他是在为社会主义的轮胎车螺丝，这活儿随便就能上纲上线。他珍惜自己那双拉琴的手，他不能像别人那样戴线手套，油腻会浸透线，再浸透他的皮肤指纹，会弄脏弄粗他的手。他戴胶皮手套。站在机床前的郎国任是这副包装：戴口罩，戴眼镜，戴帽子，戴套袖。不要以为他活干得不好，其实，他那双拉二胡的手指干车工是非常合适的。他车出的活儿很是精致，保质保量。如果他活干得差一些粗一些，多他少他都无所谓，或许还能对他的调动有利，可他偏偏成了技术骨干。单位怎么舍得把一个技术骨干轻易放走呢？

他坚信凭着他的本事，肯定会被专业团体要走的，为了这一天的早日到来，他吃了多少苦且不说，他最苦恼的事情是没有充足的时间去音乐学院找老师上课。工厂倒班是最辛苦的，工人没有不打憷的。可是，郎国任却盼着倒班。他凌晨四点上班，下午一点半下班，他正好可以利用一下午的时间去音乐学院上课。为了保证回课质量，他必须有足够的时间背谱子，有足够的时间练指法。除了睡觉之外，他几乎就没有业余时间。而一天他顶多能睡四五个小时的觉。他说那时候干活比犯人都苦。

站在车床前是不可能练琴的，他就利用政治学习时间。他把谱子带到车间，开会或学习时，他就把谱子摊放在工具箱上，偷偷背谱子。光背谱子还不行，得操练。他想出招法，用一根小棍当胡琴杆，再绑上一根弦，就可以优哉游哉地拉起来，他用这种方法练指法，效果甚佳。他的二胡技艺提高很快，他在沈阳市已经小有名气了。业余和专业样板戏团常常找他帮忙演出。凭着他的二胡，走到哪里都颇受尊重。他希望人家尽快到厂里把他调走。每天只要一出工厂的门，他就感到天高地阔，像出了笼子的鸟，再也不想飞回来，而每一次重复着进到车间，他的心情立刻就灰暗起来。他总以为很

快就能真正离开这里，他做梦也不会想到他居然会在这里呆了差不多有十年的时间。十年，简直就像掉进了油井里边，一开始就想往外挣扎，可是，越蛄蛹越爬不出来，弄得一身油腻。这期间有许多机会。大厂子的样板戏团来挖过他，单位不放，市里边的专业样板戏团也到厂里来商调过他。不是因为倒霉的海外关系就是因为他是大集体的编制而痛失良机。当然，他的小厂也不舍得放他。除了他是个好车工之外，他还能为厂子争光。每次搞汇演，他都能捧回奖状。搞厂庆时，他居然能够拉来一个军乐队，奏起雄壮的军乐，使这个多灰的简陋的小厂变得辉煌起来。在这种时候，厂领导们个个面露喜色，对他的态度也格外好起来。

趁领导心情好的时候，他请下了三天假。三天啊，这在当时是怎样的恩赐！人家揣着诊断书都来上班大干，一天也不休息。哪有人请什么假呀。他没跟领导说去北京拜访名人，去开阔眼界，见大世面，他只说到音乐学院学习。

北京真好，看什么都心情舒畅。出入大剧场、大饭店，与久仰的名人促膝交谈，在北京拉二胡好像那声音都与沈阳不一样。他感到北京的天空每天都是新鲜的，他陶醉

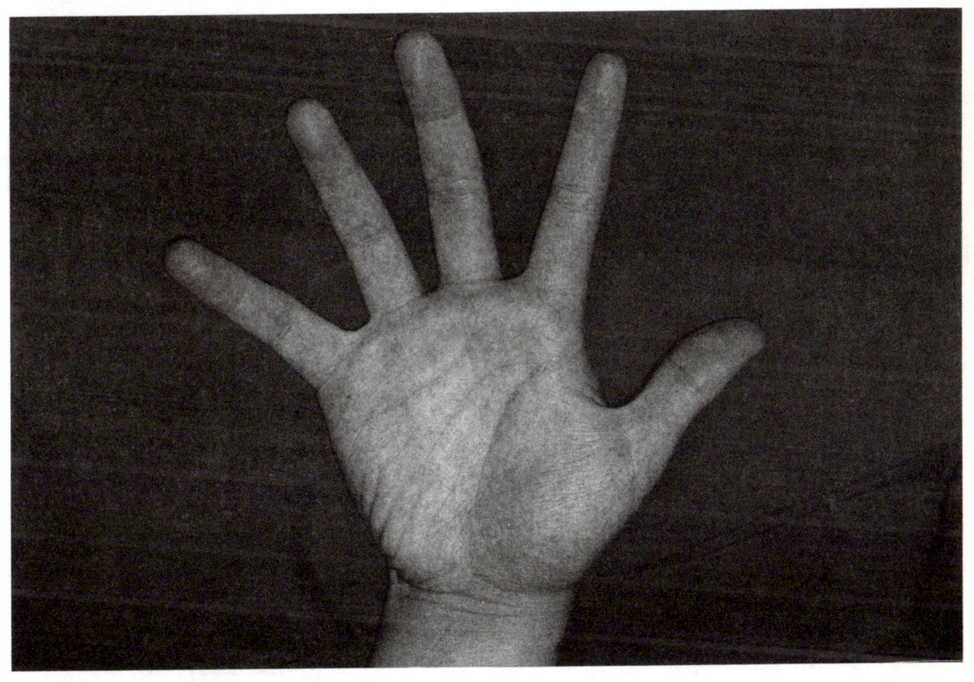

天才之手

在北京城，乐不思蜀，他还由北京到了北戴河，那片梦幻中的海滨，给了他诸多美妙的感慨，令他流连忘返，结果竟忘了好不容易请下的三天假，过了一个月，他才意犹未尽地返回沈阳。

他一进车间，就被书记传到了办公室。请了三天假，居然耽误了一个月，他知道问题挺严重，心里边惴惴不安。书记是有名的铁嘴，批评起人来那才厉害。书记铁青着脸，一口接一口地抽着烟，仿佛不知道他已经进来了。书记不拿正眼瞅他，他就更加不知如何是好，坐也不是，站也不是。

你小子挺有本事啊！到哪里去了？他支吾着没敢说去北京，而是说去北戴河了。书记一听去北戴河了就像被烟头烫了一下，立刻从座位上站起来，睁大眼睛指点着他说：你说什么？北戴河？你咋不去"扭腰"(纽约)呢！

书记的眼神是一种轻蔑，口气是冷嘲热讽的。这让郎国任极不舒服。他嘴上没敢顶撞心里边却有着更大的劲儿。他当时虽然没有敢想去美国去纽约，但是，他绝对憋足了劲，一定要干出点名堂。

检查是要写的，但，这事没完。全厂职工开大会时，书记在台上讲话。声音拿腔作调，啊——这个——从云山雾罩的国际形势拖拉到不着边际的国内形势，从大问题讲到小问题，上挂下连，郎国任知道就快轮到自己了，就在下边坐不住了，心不是在跳而是在蹦——接受审判的心情可太不是滋味了。果然，该点他了：

我们有的人，啊，太没有组织纪律性了。请三天假，居然可以一个月不上班。上哪去了？上北戴河去了。多能啊，那是你去的地方吗？(北戴河是中央首长疗养开会的地方)你咋不上"扭腰"(纽约)呢？

台下一片哄笑，许多人扭头朝他这边看。铁嘴书记不依不饶，你也不想想，你是干什么的，吃几碗高粱米，那是你可以随便去的地方吗？

郎国任脸皮很薄，哪受得了这个？全身的血忽地一下子涌上来，脑袋昏涨涨的，恨不得地下裂开条缝钻进去。

他成了典型，大会批小会帮，写了一份又一份检讨，不深刻，总是写不深刻。他是个要面子的人，他觉得自己没法呆下去了。于是，他度日如年地盼着调走。

市样板戏团终于来人商调他了。他是从车间那扇破玻璃窗看到样板团的两个人来到厂里的。他紧紧追随着来人的身影，想看看他们是不是去了书记的办公室，却被一堵山墙遮挡住了。他变得心神不定起来。那天，他第一次把螺丝车出了几件废品。对于敏感的他而言，这不是吉祥之兆，果然，他没有调成。又过了一段时间，部队文工团要调他。他已经不再像当初一听到调他的消息就激动不安了，他越来越平静，也越来越灰心了。

终于有一天，市杂技团派人来到标准件四厂。结果仍然不能让他高兴，因为他是大集体编制，工作关系是调不了的，经过反复协商，只能暂时借调。借调意味着随时可能回来。所以，郎国任在离开车间时，连东西都没咋收拾，只是把脱下的工作服塞到了工具箱里，他把工具箱还放在墙边，那个自制的棍状二胡还没有舍得扔掉，他随时准备再回到车间。

郎朗有灵性的脚在踏板

从那以后，郎国任的心总是不踏实。在杂技团里他如鱼得水，同事们跟他的关系都很融洽，因为他的业务水平高，也深得人们尊重。但是，只要是闲下来，一合计不定啥时候一个令下来，他还得回到工厂，他的心就格外沉重。时常，他在梦中经历着逼真的情景：杂技团领导找他谈话，一副无奈的样子……完了，一种来自深渊的绝望使他惊醒过来，吓出一身冷汗，心扑腾扑腾蹦个不停。这一宿，就甭想再睡了。

Chapter 2
北京的日子

沈阳的郎国任以特警的身份享尽风光，全沈阳只有三台白色的日本摩托，他跨上一台，满天横飞，天王老子似乎都得让他三分，可是到了北京这地儿，他竟成了三孙子。没有房子，没有户口，没有合法身份，反差之大犹如从天上跌到了地上，整个一黑人。夜幕下被警察登门审查，最后得出结论——竟是个无业人员。心高气傲的郎国任如何承受这种打击？

他逼着儿子自杀，是跳楼还是吃药？还是回沈阳？可以任选其一。父子俩永远难忘这惨烈的一幕。

——本章题记

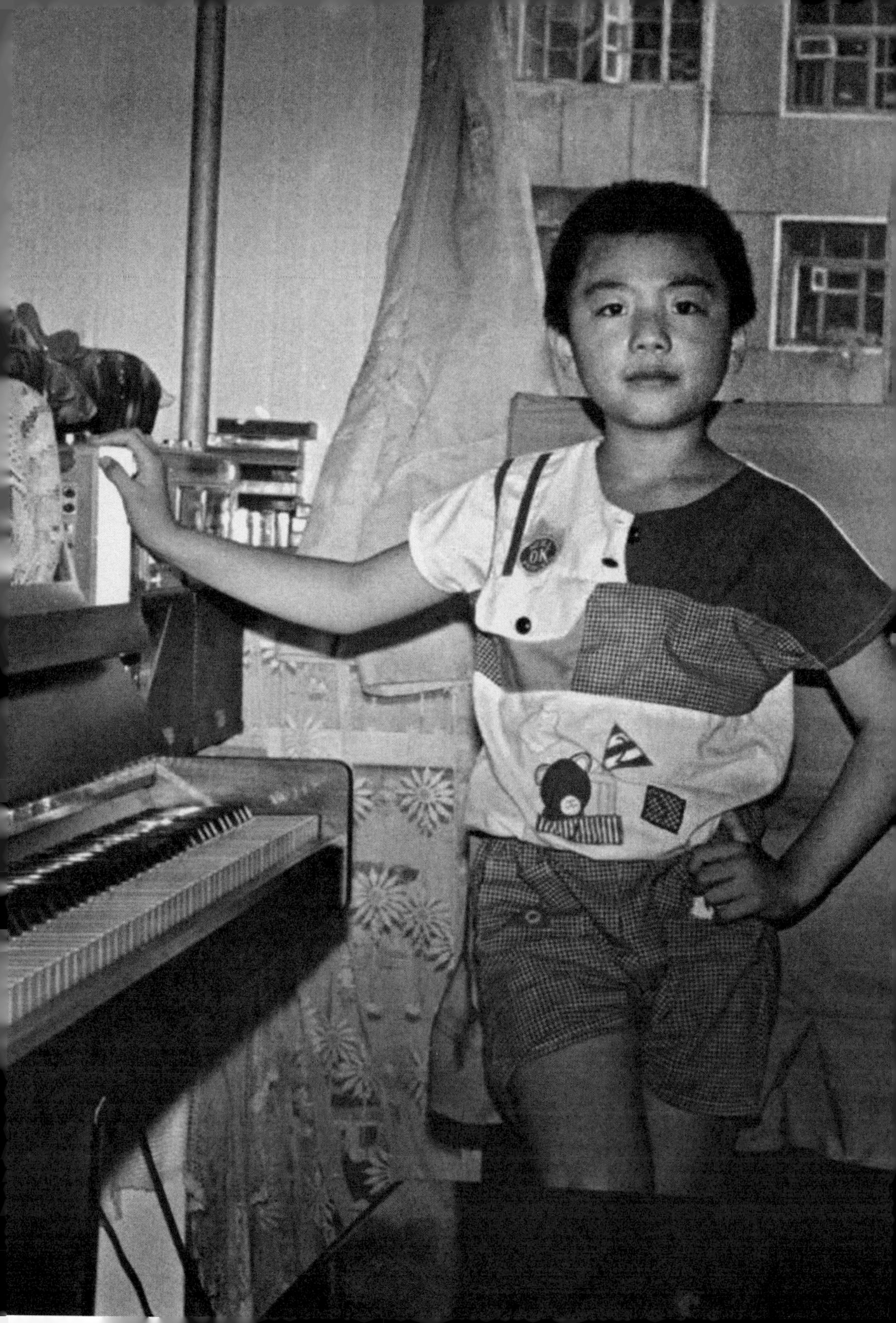
OK

第一节 无业人员

首都北京以其古老的庄严和现代的神圣，构成了郎国任这一代人心目中永远的向往。他已经是第三次来到北京了。此番来北京与以往两次截然不同。第一次是荣幸地混入“红卫兵”的行列中，激动地涌向天安门广场；第二次留下的记忆便是荣辱参半了：三天假，一个月，三份检讨……而这第三次踏上北京的土地，他的心情要复杂得多。北京车站到处可见广告牌，尤其是那条拥挤的通道，两侧被广告牌包裹得一片花哨，完全没有了昔日的尊严和神圣感。那些大包小卷子跌跌撞撞的滚滚人流无不带着浓浓的商品味道勇猛地冲击着北京这座古城。人永远是那么多，那么拥挤，他紧紧拉住儿子的手，生怕他被人流挤散。儿子已经超过一米了，坐火车自然得买票。有带小孩的人逃票，过出站口时被粗暴地逮住罚款，这使得本来就拥挤的出口，变得更加骚乱。

走出出站口的郎国任往肩上耸了耸背包，刚刚出了一口闷气，就有人迎上来，以一种令人怀疑和厌恶的热情拉他爷俩住店，拉他坐出租车。郎国任以一位警察的本能予以拒绝。可这边拒绝了那边又拥上来。他只能加倍提高警惕，尽快离开广场。他从广场的右边围栏处绕出去，就到了地铁口。地铁口很是脏乱，摆小摊的还有乞丐照例令他的神经无法松弛。郎朗头一回到北京，看什么都觉新奇。特别是看到躺在地上的乞丐觉得非常新奇。他这般小小的年纪对北京的感觉是从书本上和电视里得到的，虽然不如父辈当年那么神圣，但是，毕竟是首都，怎么也有这么脏的乞丐？怎么没有人管呢？他正迟疑着就被父亲拽走了，离开时，还回头望了一眼。

地铁站台建在地下，宽敞明净得像一个展览大厅。这令郎朗立刻感到心胸敞亮无比。坐上地铁，开动时一片漆黑。这漆黑又让郎朗多少有些紧张。每一次从漆黑中驶到了亮处便是到了下一个车站。人总是希望到达某站的，到站才给人一种希望。下了地铁又换乘汽车，他记住了在哪一站上车又在哪一站下车，换乘哪一路，跑多长时间。他是个爱操心的孩子，他不断地问父亲拉东西的“大解放”什么时候能到，东西会不会丢。他还问父亲丰台区多远，那里是不是农村。他的问题总是那么多，使得心乱如麻的父亲实在失去了应有的耐心。

汽车朝北京郊外飞驶，北京显然比沈阳更有春天的气息，阳光灿烂，路边的树木亭亭而立，远处的田野在春天的阳光中升腾起一片热烈的春潮，令人心胸激荡。第一次远离家园出外闯荡的少年郎朗禁不住涨满豪情。他在座位上一刻也不肯安生，一会儿跪着，一会儿站起来，他想象着父亲将要把他带去的新家会是什么样子。从父亲紧锁的眉头和沉默的状态上，他猜想那里的条件肯定糟糕透了。

呈现在郎朗眼中的丰台区居然也是挺繁华的城市。还有那么高的大楼。从沈阳开来的“大解放”已经先于他们父子到达了目的地。郎朗一眼就见到了车上熟悉的东西，见到了开车的司机叔叔。他高兴得手舞足蹈。这是个喜形于色的孩子，他总是那般富于激情，仅凭他的激情就可以感染所有人。在以后的岁月中，郎朗经常会遇到一些陌生的热心人的帮忙。除了人家喜欢他的弹琴之外，更主要的是受到了他这副热情洋溢的举止的感染。他很精明，很会说话，很会揣度别人的心思。一个有才华的少年能够具备这种人见人爱的性格，肯定会受益匪浅。

郎朗的新家在 11 楼。两室一厅，哇，这么宽敞明亮得多少租金呀？他问父亲，父亲说你小孩子管这些事干嘛，你好好弹琴就是了。但是，郎朗偏要管，偏要问个明白。租金其实很便宜的，每月 150 元。如果现在到北京丰台区租这样的房子，那租金就得翻几番了。不过，这 150 元的月租金对于郎国任来说也并不轻松。毕竟他辞去了工作，这意味着以后的日子他们父子在北京将只有花销而没有分文进项。郎国任这几年为了培养郎朗花销不少，积蓄所剩无几。他见儿子一定要刨根问底，便把租金多说了两百元。哎呀妈呀！这么多钱呀？我可得好好弹琴了！郎朗这么一叫唤，当父亲的心里边就舒坦多了。

东西从车上卸下来，得从电梯运到 11 楼。来往的人用一种异样的眼神注视着他们父子。这座大楼里边的住户成分比较复杂，也有不少外地人在此租房子住。租房子的人大多是涌到北京做买卖的，而像他们父子这样来学琴的，这里的

1997年郎朗和郎国任在北京

人还是闻所未闻。那种异样的眼神开始让他们父子很不习惯，那是一种审视，一种怀疑还是一种轻蔑？抑或兼而有之？无形中这一切都构成了压力，也都构成了动力！一贯说上口，一贯盛气凌人的特殊警官，看你如何来适应这片并不友好的环境。

东西算是搬进屋了，最沉的是钢琴最重要的也是钢琴。好像拉来的东西挺多，其实一摆放，也没有多少，屋子里倒显得有些空荡。那两个在部队时发的箱子盛着他们父子俩的全部衣物。从寝室到厨房，郎国任忙里忙外，从此，他将以全部的耐心围着家里转了。他得为柴米油盐劳神，他得算计着每个月的生活费用，他得学会去做日常所有的生活，哪怕是他过去最不愿干最瞧不上眼的只有女人才会去做的家务活。也就是说，他得既当爹又当妈。对于一个特别看重自己的事业型奋斗型的男人而言，这无疑是一次洗心革面脱胎换骨。一切为了儿子，也仅仅是为了儿子。这就是说一个好端端的家庭将由此而一拆两爿。妻子在沈阳留守，爷俩在北京这边奋斗，无论是做丈夫的男人还是做妻子的女人，都将接受着同样的压力、同样的孤独、同样的期盼，他们失去了自我价值，一切都围绕着对于儿子前途的设计来体现各自的生命形态。他们牢牢拴在了儿子的身上。小小的儿子手指还那么纤细，小手还没有长开，铺在键盘上刚刚才能碰到八度，他能够承担起父母如此沉重的不顾一切的付出吗？未来会怎么样？还得遇到怎样的坎坷，这一切都是未知数，都有待于他们自己去奋斗去拼搏。虽然郎国任早已做好了心理准备，但是，置身在这样一个人地两生之所，却没有一种家的安全感和踏实感，他仍然感到空前的孤立无援。

夜已经很深了，他检查了一下房门是否关好，把明天要去老师那儿上课该带的教材也细心检查了一下，尽管儿子平时在收拾这些东西时也很细心，但他还是不能完全放心。明天得起大早，因为还得等汽车。必须得提前一点到老师那儿，第一面很重要，一定要给老师留下个好印象。听说她是音乐学院搞基础音乐教育的好老师，也是最难请的老师。那是朱雅芬老师帮着找的，她们都是上海人。要不是看在朱雅芬老师的面子，人家可能不会接受的。郎国任是最尊重朱雅芬老师的，他甚至有点怕她。个中原因，留待下一章再说。

郎国任为儿子总是想得很细，连明天儿子穿什么衣服，明早起来吃什么也都想好了，他甚至还考虑了明天上完课去哪里买菜，买什么菜，做什么饭，什么东西既有营养又可以少花钱，他都一一想过了。北京这边想完了，他就去想沈阳那边。他想到了沈阳平时接触的那些弹琴孩子的家长，那些人大多表面上显得特别友好，总是夸你的孩子如何如何好，而一转身在背后却是用另外一套话埋汰你。他不知道他们会怎么谈论他。但是，他可以断定因他这一辞职带郎朗进京，肯定会成为人家的谈资。爱怎么说就怎么说去吧，反正嘴长在人家的脑袋上。核计这些人有什么用呢？还怪烦的。

孩子的确够累了，从他贪睡的样子就可以看出来。他的嘴角绷得紧紧的，好像在梦中还和谁较劲。儿子在争强好胜这一点上非常像他，甚至有过之而无不及。这正是最让他喜欢之处。但是，他无论对儿子多么满意，却从来不流露出来。儿子到了哪里都能得到一迭声的夸奖却独独得不到他这位当父亲的夸奖。为此，儿子耿耿于怀。每次弹琴都调动了浑身的解数，都用了最大的力气，可父亲总是没有喜悦的表情，顶多说句还行吧！然而，郎朗一直是在别人的羡慕和赞扬声中成长的，他怎么受得了“还行”这种评语呢？他被激发起更大的干劲，他一定要让父亲承认他弹得最好。他甚至在梦中都在和父亲较劲，看他夸不夸奖。郎国任对儿子的要求确实严格得近乎严酷。他总能挑剔，也总能挑出毛病来。有的曲子三遍五遍他也不放行，还得再抠一遍。有时气得儿子哇啦哇啦地喊叫一通，宣泄一通，却还得老老实实地按着父亲的要求再弹一遍。妈妈在家的时候，儿子可以和妈妈撒娇，妈妈不在时，儿子却找不到撒娇的人了。在郎朗成长的道路上，郎国任这位天天与儿子耳鬓厮磨的严父，居然从未亲过儿子。郎国任对儿子表达感情的方式也是独特的，只能是在儿子睡熟了的时候，默默地守着儿子，多看他几眼，给他掖掖被子，抚摸一下他的小脚。这一切，他绝不会让儿子知道。带好儿子太不容易了，得有极强的克制力，永远不夸他不鼓励他不行，可轻易夸他更是不行。不让他怕你不行，而让他太怕你了事情更糟。尤其郎朗这种聪明伶俐的孩子。

最难忘的是两年前，他带着郎朗去太原参加全国首届少儿钢琴比赛的情景。

因为是首次在全国举行这样的比赛，所以，全国各地都非常重视，参赛的选手也够多了。沈阳不同年龄组的都有选手参赛。比较出名的有邢军、杜莹，她们都比郎朗大，郎朗当时只有7岁，在沈阳宁山路小学读一年级。他是那种人小志不小的孩子，他到了太原就是抱着得奖的决心来的。

比赛在太原少年宫进行，竞争异常激烈。当时的郎国任还不很熟悉全国各地的少年选手情况，他只知道上海和北京厉害。他没有抱着一定要夺冠的决心，但是，他觉得郎朗也应该在全国排上名次。另外，他也是想来见识见识，看看北京上海的孩子究竟有多么厉害。

和郎朗在一个组竞争的有上海的王鲁，还有北京的李端。这两个孩子在当时都很受宠，也都颇有名气，而来自东北的郎朗却不为人所知。在钢琴评委们的眼中，东北还是块钢琴的荒地，虽然"文革"期间不断地有上海的钢琴家到那里播火种，比如朱雅芬、金石等人，但是，东北的孩子仍然无法真正进入评委们的视野。郎朗当时的程度是弹到了车尔尼740，不过比赛规定不允许弹740，只能弹299。于是，郎朗那次弹了卡巴列夫斯基和中国曲子《红星闪闪》。这两首曲子都是朱雅芬一手教出来的。朱雅芬有自己一套独特的教学法。她不仅注重技巧，更注重音乐。在技巧与音乐的融会上她更是能够恰到好处地把握着郎朗的内在激情。而7岁的郎朗正是有着一种小老虎的冲劲儿，只要往钢琴前一坐，不管在什么地方，也不管是什么规模的比赛，哪怕是李斯特坐在台下打分，他也不会有半点怯懦，相反，他会因此更加激发出精神头儿。他是那种越比赛越竞争越人多越来劲儿的那种孩子。他特别愿意表现自己展示自己。

郎国任一直挺后悔那天不该让郎朗穿那条背带裤子上台。郎朗弹到激情澎湃时，浑身的劲头儿都调动起来，正要大显身手时，那背带却不合时宜地从两个肩头滑脱下来，束缚了他那激情的胳膊，想挥洒却伸不开，这不能不影响演奏效果。这是十分令人遗憾的。然而，尽管如此，郎朗弹得也是非常出色的，他不但音乐感觉好，而且一个音也没错，他赢得了热烈的掌声。台下听众不少交头接耳，认为这个小孩弹得好。那次比赛取前六名：一等奖1名；二等奖2名；三等奖3名。郎国任一个不漏地看了参加决赛的10名小选手演奏之后，心里边有底了。他觉得郎朗肯定可以进入前六名。如果不是背带碍事，他甚至会认为郎朗可以竞争第一。

宣布比赛成绩时，郎朗情绪很高地坐在父亲旁边，他自信肯定榜上有名。他手里拿着一支圆珠笔，往自己支起的光腿上画着玩。他画什么呢？父亲随便扫一眼，发现他写的是自己的名字"郎朗"，他一笔一画写得很认真。父亲当然明白儿子的心思，心里一下子涌入了一股暖流。

第一名被上海选手王鲁夺得，第二名是北京的李端，第三名……

主持人在公布名次这段时间里，他写得满腿都是郎朗。可是，他写得再多，前六名公布完了也没有听到一声郎朗。当父亲的心禁不住怦然而动。这时的郎朗突然停下了笔，只听主持人接着往下念获得优秀奖的名单。这回，头一个就是郎朗。就是说郎朗的名次排在了第七名。郎朗愣头愣脑地说：不是吧？

父亲说咋不是呢？他和儿子一样的心情。毕竟是成年人了，遇事再激动也不至于当即爆发，可是，郎朗却不然。他一下子蹦起来，郎国任一把没抓住，他像头小老虎，哇哇叫着冲向主席台。他边跑边喊叫："太不公平了！凭什么？凭什么？"整个会场一下子静下来，人们被这突如其来的喊叫弄得不知所措。"我不要优秀奖！我不要！"

"不合理！不公平！"郎朗不顾别人的阻拦，冲到主席台下对台上的评委们挥着小拳头愤怒地喊叫。喊着喊着，他竟大声哭起来。他像受了天大的委屈。观众席上一片骚动，嗡嗡的议论声越来越高。郎国任奔过去，拉住了又蹦又跳的儿子，硬是把他拖拽出去。

郎朗哭得真伤心。围观的小选手纷纷劝郎朗，别哭了，有个石家庄的小选手劝他说，我不也是得了优秀奖吗？你看，我都没哭。下次争取嘛！郎朗瞪他一眼：你跟我比？你弹的什么玩意儿？

任何评奖要讲绝对公平都是不可能的，因为评奖的因素受很多东西制约，各种关系错综复杂。没有任何背景的郎朗第一次参加全国比赛能够获得第七名已经是很不错了，但是，郎朗父子却不这么看。他们认为郎朗弹得丝毫不比第一名差。即使不给第一名，那也不应离开前三名的，可是，他们太过分了。父子俩都是那么愤愤不平。只不过郎国任没有像儿子那样冲击会场大喊大叫而已。他去找评委们说理，评委们也承认郎朗的才气，也为郎朗没有评上前六名而惋惜。他们也只能表示一点善意的惋惜而已，没有什么实质性作用。已经是板上钉钉的事了，据理力争又能争出个什么结果？

优秀奖也要颁发奖品，念到郎朗的名字时，他拒绝上前领取。当一位小朋友替他把奖品取回来，递给他时，他抓过来就狠狠地摔在地上。奖品是一条玩具小狗。那只天真无邪的金丝毛小狗在地上打了个滚儿，黑亮的眼珠定定瞅着他，仿佛对他表示抗议。郎朗余怒未消地把它抓起来又一次摔到了地上。后来，还是父亲帮他把这只小狗捡起来放好。

郎国任是个有心人。他将小狗带回家，就摆放在屋子里最醒目的地方，那就是钢琴的上方。每天郎朗弹琴时都可以看到它，再不喜欢再想躲避都是不可能的。他要让这条小狗成为一个教材，时时激励儿子，让他发愤，让他别那么轻易忘记太原的委屈。

郎朗一点也不喜欢那只小狗，为了不去看它，每天弹琴他都低着头练。可是，越是不想看它却越是撞进你的眼帘。它毛发光滑，懒散地趴伏着，两眼永远不动地盯着你，两只大耳朵愚钝地耷拉着。当钢琴被你弹的和弦有力地震动时，它竟美滋滋地随着颤悠。你生气了，停下来瞪着它。你瞪它，它也瞪你，你怎么可能瞪过它呢？你朝它挥起拳头吓唬它，可它一丁点儿不害怕，眼皮都不眨一下子。你这才意识到它是不会眨眼的。不知从什么时候起，你开始喜欢它了。你到学校上课时，语文老师要求同学们写篇作文，要求写一个宠物。你当即就想到了这只成天趴伏在你的钢琴上瞅着你的小狗。你文思泉涌，很快写出了一篇作文——《小狗》。

你写到了你如何把这只无辜的小狗狠狠摔在地上，拿它出气，可是，小狗不哭不叫也不生你的气，每天都蹲在钢琴上忠实地守望着你，听你弹琴，就好像它能听懂你的琴声似的。慢慢地，你不再恨它。你觉得它好玩起来。你说你要好好保护它，等到你成功的那一天，你就要把它擎起来！

那篇作文被当成范文在班级念了，老师非常喜欢，父亲更是喜欢。他不仅看到了儿子在弹琴上的进步，而且看到了他在思想上的进步。小狗成了他最喜欢的玩具，每天他都得看上一眼。此番来北京，他有好多东西没有带来，但是，他却把这条小狗带来了。当郎国任一掀箱盖看到这条金色毛发的小狗时，感慨良久。他想到了儿子的那篇作文，他默默祝愿儿子能够实现理想，考上中央音乐学院附小。到那时，让这条小狗好好看看郎朗的成功。

想到成功总是给人以力量的，郎国任坚信儿子通过一年的学琴，明年肯定能考取"小五"。他们不会白来的。在进驻北京的头一个晚上，郎国任想了好多，他想得最多的就是郎朗考上了中央音乐学院的"小五"。郎朗跳着脚喊着，越跑越快，他在后边追。车一辆紧随一辆，开得非常快，就贴着郎朗身边飞驰。眼见一辆盛满东西的"大解放"朝郎朗横冲过去，就要碾压着郎朗了。他大叫一声：郎朗——

与此同时，响起了敲门声。郎国任跌坐而起，神情还没有能够从梦境中苏醒过来，怎么会有人一大早就来敲门呢？外边的人告诉他是派出所和街道的，登门是要办临时户口。

朱雅芬老师在教郎朗弹琴(1987 年)

郎国任把门打开了。一位老太太，身后跟着一位穿警服的年轻人。老太太还算客气，冲他微笑着介绍了身边的警察是派出所的所长，那个年轻警察却不那么友好，一进门盯了他一眼，那神情就不大对劲儿。然后，就开始盘问他到北京干什么来了，问得很细，还问他什么工作，他将辞职的事情一五一十地如实禀报。都问完了，这才递给他一张表格让他填写。他接过表格看了看，坐下来便填写。他急着快点填完好把他们打发走，因为他还得为儿子做早饭，还得早点离家去音乐学院找从老师上课。

他在表上填写了自己的名字，还有籍贯，从何而来，家庭成员之类，但是，在往下的那个空格里，他难住了，迟迟不知如何下笔。那个空格是要填他的工作职业。他是警察，可那已经成了过去，那么现在填什么？填陪同儿子学钢琴？他只好问所长如何填。所长说得非常轻松：填无业人员。

“无业人员”这四个字从这位陌生的派出所所长的嘴里吐出来，令他极不舒服。当过警察的人再明白不过这几个字的内涵。他拿笔的手开始哆嗦了，半天不愿往下落。好不容易才把这四个字写在那上面，结果字迹不工整，有的笔画居然还从那个规定的框格里拥挤出来了。

第二节 逼儿子，跳楼吃药还是回沈阳

无业人员郎国任和儿子一起迈出了丰台区的家门。一切都是陌生的，一切都得从头开始。没有熟人没有朋友，谁也靠不上，全得靠自己。北京太大了，北京的街道也比沈阳宽得多，在这种城市里生活，一个无业人员显得多么渺小与卑微。

那一天很不顺利。在复兴门车站下车后，爷俩就往中央音乐学院赶。音乐学院在礼士路附近，没有多远，可是，他们从马路这头被隔带挡着，挡出了很长一段却没法绕，

又不能从栏杆上边跳过去，走着走着，一看要到点了，便急着打车。可是，到处都是车却就是见了他们不停。北京的车也这么势利眼吗？好不容易遇到了一辆可以停下来的出租车。爷俩匆匆忙忙钻进去。原以为还有挺远的路，却不曾想也就那么几步路，还打个车，吃亏了。

从老师家住在中央音乐学院的大院里。想象中的中央音乐学院不应该是这个样子。多有名气的地方！郎国任平生头一回来这里，那种心情，不亚于朝圣。然而，却没有任何高贵的感觉。楼房太普通了，从哪儿能看出音乐学院的特点呢？在北京，眼前的院落屋舍无不透出一种卑琐感。一栋栋宿舍楼布局显得过于随意，有红砖的也有水泥面的，不同的外形代表着不同的年代。只是新建筑少了点，缺少一种与这个时代相容的气派。

按着门牌号，爷俩找到了从老师的住处。这么有名望的副教授怎么会住在这样一座破楼呢？走廊里黑咕隆咚，什么也看不见，不小心碰到了什么东西。郎朗被父亲紧紧拉着，一脚高一脚低，等到目光适应了这种黑暗，他看到了墙边居然还有堆放的垃圾。走廊的空间本来就不宽，还摆放着乱七八糟的东西。这种空间大概是中国知识分子在那个时代的一种写照。

摸到了从老师的家门时，郎朗想象着从老师的模样。他觉得从老师一准跟朱老师差不多，也是上海人嘛，在中央音乐学院还那么有名气。等到期待的门打开时，他看到的竟是一位个子不高的女人。一点也看不出朱老师的影子，更不见朱老师的风度和气质。如果不是叫出了他的名字，他还误以为这是老师家的亲戚呢！郎朗很懂事，他见了从老师非常有礼貌地行了个礼。

从老师热情地把他们父子让进门。没有多少时间寒暄，从老师的时间排得很满，45 分钟一堂课，学生一个挨着一个。越好的老师就越有上门求教的学生。郎国任就是要找最好的老师。在沈阳给儿子第一次找老师时，他就要找最有名的。想方设法他找到了朱雅芬教授家。朱雅芬的学生早就满了，她不想再接收任何学生。她往外推辞，却遇到了郎国任这种不达目的绝不罢休的主儿。他愣是说服了朱老师。朱老师在郎朗成长的道路上起到了相当重要的作用。她是郎朗的第一个老师，是打基础的老师，郎朗之所以后来有着那么大的飞跃，与他的基础打得扎实密不可分。朱老师不仅是沈阳最好的老师，在上海在北京也颇有影响。孩子学钢琴，找一个什么样的老师这是至

关重要的事情。像从老师这种名气的老师在北京非常不好找，所以，郎国任格外看重。

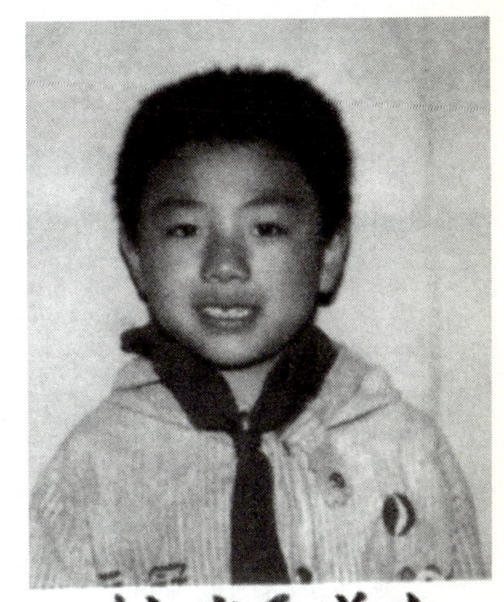

从老师问郎朗弹到了什么程度。郎朗最爱回答这个问题，因为他的进度要比常人快得多。他拿曲子特别快，每次上完课朱雅芬老师给他留曲子时，他都嫌少，吃不饱，乞求老师多留一点。朱老师就多留了一个曲子。一周后来回课时，他不仅完全地弹下来了，而且几乎就没有什么错处，这令朱老师很是惊讶。再留下一次曲子时，又多留一个，一周之后，他又完成了。这么小的孩子，正是打基础的时候，朱老师怕他跑得太快，就扳着他，不给他多留。即便这样，他的进度也快得惊人。但是，从老师听到他的回答却不以为然。她让郎朗上琴弹给她听听。她要好好检验一下这个孩子到底怎样。在此之前，她一定听说过这位沈阳的男孩弹得如何如何好，再说，朱雅芬的学生，她得高看一眼。不过，她绝不轻易夸学生。她对学生一向要求很严。

郎朗早就按捺不住了，他情绪高昂，往钢琴上一坐，腰板笔挺。他还端出点架势来，显得精神头十足。为了讨得老师的喜欢，郎朗弹得格外卖力。郎朗弹的是他最拿手的曲子，很快就进入了最佳状态。

在郎朗弹琴时，郎国任定定站到儿子旁边，似乎给儿子保驾。立于钢琴那边的从老师瞥了他一眼。郎国任并未在意。这是他的习惯。从一开始他到朱雅芬老师家上课时，他就立于钢琴边，眼珠子瞪得大大的，像个监工。而且还时不时地向朱老师发问，就好像他对老师不够放心似的。为此，他当初给朱老师的印象并不好。到朱老师家学琴的孩子和家长都很守规矩，学生来了，到琴房学琴，而家长都在另一个屋子呆着，没有一个进琴房的。朱老师是个很讲究的知识分子，从小生活在上海的英租界。在她的身上，有着与生俱来的高贵和尊严。不同的文化教养的确有不小的差异。但是，毕竟是一位德高望重的知识女性，她的修养使她不便于直接表达心中的不悦。而郎国任并不因此收敛，他也不曾意识到这是一种冒犯。在他的性格中本来就有这种不循规蹈矩的因素，何况他的特殊警察身份更让他忽略了那种必须应该具备的人格修

炼。俗话说,脸皮壮吃得胖。郎国任正是缘于这种精神头儿,在郎朗上课时,他就像自己在上课,他非要抠根问底,弄个明白不可。为哪怕一个指法朱老师在纠正郎朗时,郎国任都要伏下身瞅半天,看看老师说的对不对。天长日久,在朱老师那里经过磨合,违规也就违规了,彼此也都适应了。然而,如今到了北京,到了新的老师这里,你郎国任还这么不管不顾?

也许是看在朱老师的面子上,也许是朱老师把郎国任的特点介绍得比较充分,人家有心理准备,反正,从老师并未对郎国任的"越轨"表示出反感。第一次见面就等于是进行一次面试,能不能接受你这个学生,就要当即做出决定。在从老师这儿,第一次面试没有过关的孩子并不是没有。中国人讲情面,都是熟人介绍来的,不给看看,好像不给人家面子,看吧,有的只是个应付过程。像从老师这种身份的,对于考附小的孩子来说是最合适的,每年考试她都到场给打分。县官不如现管,她就是现管。在郎朗弹琴时,郎国任格外注意从老师的面部表情。在郎国任眼里,这张知识女性的面孔严肃得没有温暖的缝隙。因此,他的心便一直悬着。如果老师不满意的话,就不会接受你这个学生。而老师能否接受你,这是关键中的关键。找到一个好老师,等于半只脚已跨进了音乐学院大门槛。所谓好老师的涵义不仅仅是指名望和水平,还有工作岗位,后者尤其重要。近水楼台先得月嘛!哪一个老师不向着自己的学生?就那么几个名额,水平上下高低也差不了大格,何况一眼高一眼低,录取谁还不是录取?纵观历年来投考中央附小的孩子,哪一个不是提前进京,投奔到有关老师的名下,服服帖帖地学上一至两年之后,才能去考场竞争。而如果不是提前进京,不按着这个程序,那你想考上"小五",简直连门儿都没有。

当然了,如果你确实不具备弹琴素质,就是老师再肯帮忙,也是无济于事的。

郎国任对儿子的钢琴天赋一向是充满信心的,他的辞职等于背水一战。这对于一般人来说,简直就是不可思议的事情。到了今天,我们可以轻松地说当时郎国任那颗悬起的心却每时每刻都处在敏感的忧虑中。不能有任何失败。只能成功。只能给从老师一个好印象,让她教郎朗。

郎国任在从老师的脸上总算窥到了满意的表情,只是没有像他所期待的那么兴奋。也好,严师出高徒嘛!毕竟是全国最高学府的名老师,人家什么样的孩子没见识过?她对郎朗评价还可以,认为弹得挺有光彩。

第一堂课上得很认真。一共教了五首曲子。有莫扎特的《C 大调变奏曲》《G 小调变奏曲》;也有贝多芬《A 大调变奏曲》和《G 大调变奏曲》。从老师教学有自己的特点,你弹她给你唱,按旋律起伏带着你走。她也给你做示范,那双手很小,却很灵活。如果不是手太小,或许她会成为一个相当好的钢琴演奏家呢!

从老师给郎朗挑毛病,说他的指尖发木,感觉不好。让他回去好好练练指尖。郎国任铭记在心。他希望老师能够严厉一些,能够多挑些毛病。这第一步总算迈出去了,从老师让郎朗回去练这五首曲子。每周来上一堂课。每周拿下一首。

郎朗带着压力练琴,比在沈阳时更勤奋了。他知道练不好琴,考不上中央附小就得打道回府,回沈阳这有多丢人呀!无论如何,他得争口气。练琴对于一个 9 岁男孩子来说是件多么枯燥的事情。周而复始,每天睁开眼睛就弹,没完没了。这座高层建筑从未有人这么整天练琴,作息时间不一样,常常会惹人反感。很快,他们父子就成了邻居们议论的对象。郎国任在电梯中听到了人们不满的议论:这是谁家天天弹琴,也得注意点啊。他们爷俩有时吃完饭出去走走时,就会感觉到有人冲他们指指点点。有一位爱管事的街道老太太曾跟他们说过,注意邻居关系,别影响人家休息。后来,这老太太被郎朗弹琴的那股韧劲儿感动了,她一见到郎朗就夸:瞧这孩子多好,那么刻苦,我那孙子,逼他弹琴都不弹,天天挨打。

父子俩的生活够单调了。除了弹琴之外,郎朗很少下楼,他唯一的游戏就是在地毯上玩。屋子里铺了一块地毯,弹累了,郎朗就往地毯上一倒,打滚。一个人打滚觉得没意思,就拉着父亲一块打滚。为了给儿子调整情绪,郎国任时常趴在地毯上给儿子当马骑。郎国任每天扮演多种角色:保姆、老师、玩的伙伴。常常正在做饭时,发现儿子弹得不对,就过来跟儿子一块抠。不等抠完一个曲子,忽然闻到一股煳味传进来,他惊呼一声,跑进厨房,炉子上的饭已经串烟了……

除了练琴之外,郎朗还得去上文化课。父亲领他到距家最近的丰台区西罗园第二小学联系入学之事。这是所很普通的小学,校舍和师资都无法跟沈阳的宁山路小学相比。即使这样,你一个外地孩子要进来,那也得讲讲条件。按着惯例,当然得收一笔借读费。几百块钱对于有钱人来说算不了什么,可是,无业人员却不能不算计。他找到校长,说明来意。校长表情威严地申明了学校的规定,然后,让他们去找教导主任。待校长转身要走时,郎国任把他喊住了。他不慌不忙拿出一叠材料递过去,那

是郎朗的获奖证书及登有郎朗的报纸。校长回身接过去,看着看着,绷紧的面孔松动了,让郎朗当场弹琴。郎朗一弹,就把老师震住了。学校破例免费接受郎朗这个借读生。

郎朗是三年级下半学期入校的,被分在三年级二班。班主任姓曹,是个非常好的女教师。她爱好音乐,所以她特别喜欢郎朗。曹老师对郎朗很关照,每天上午郎朗来上半天课就行了,下午自习课就不用来了,如果有什么事,只要一请假,曹老师肯定支持。班级同学都是当地人,他们说话的口音都是一样的,只有郎朗口音反差大,所以,常常受到同学们的哄笑。有时在课堂上发言,他也会带来一片哄笑。为此,郎朗心里有很大压力。这种年纪的孩子正是淘气的时候,他们常常结伙欺负郎朗。他们骂他“土老冒儿”,还奚落他是农村人。每当郎朗挨欺负时,曹老师就出面保护他,曹老师严厉批评那些同学,她说郎朗的口音也是正常的嘛,你们不许嘲笑他。由于曹老师的保护,没有人再敢欺负他了,为此,郎朗很感激这位女教师。可是,升到四年级时,学校重新调整了班级,分出来一些人成立了一个新班,而郎朗分到了新班,曹老师却没有跟到这个新班,自然,郎朗又开始受气了。郎朗是个懂事的孩子,他受到委屈是不会回来告诉爸爸的,他觉得爸爸每天为了自己够辛苦了,还总爱发脾气。他不能给爸爸再添烦恼。他想妈妈。受到委屈的孩子加倍想念妈妈。可是,妈妈一个月甚至更长的时间才能来一次。偶尔跟妈妈接通了电话,他的眼泪就止不住往下淌。到了这时,他就不说话了,他怕哭出来,让妈妈听了心里边难过,会着急上火的。越是苦闷的时候,他就越是弹琴,他用力敲着琴键,就像敲打那几个淘气同学的脑门儿,以泄胸中郁闷。他盼着快一点考上中央音乐学院,快一点摆脱这些欺负他的坏孩子。他最受不了同学们骂他“牙青”。我曾问过他什么叫牙青?他说就是当地土话,就跟骂娘差不多。有时,几个坏孩子会成群结队一块冲他喊:一、二,牙青!

他只能装作听不见。如果当真听不见就好了。可是,他是从小就训练过耳朵的,他的耳朵极其敏感,他怎么会听不见呢?又不能跟他们对骂,骂不过人家,又不能去跟他们打架,也打不过人家,只好忍气吞声。回到家里,这股气忍不下就拿钢琴出气,弹着弹着,就把那些苦恼和郁闷驱散了。哦,弹钢琴真好!

那一段是郎朗最不顺利的时候。在学校受气,就渴望能够到从老师这里得到安慰,结果不仅得不到安慰,反倒处处挨损。弹不好挨损,弹好了也换不来老师一个笑脸。父亲这段情绪也糟糕透了,也动不动就训他,明明不是他的错,却拿他出气。还说反正是他没有弹好琴,于是,就更加逼他下苦功往死里练。从老师每次都说他指尖有毛病,指尖发木,他就练指尖,他尽最大努力别让老师挑出毛病,让老师满意。渐渐地,他觉得老师好像在故意刁难他,留的曲子明明得两周才能完成却让他一周回课。郎朗在激愤中真就提前一周弹下来了。面对这种奇迹,从老师不咸不淡地说什么你还不是块朽木,但你也不是颗星,星发光发亮,早就能看出来,你却看不出来。

"我教不了你,你还是换个老师吧。别耽误你。你不用跟我学,你回沈阳去学吧,你何必上北京来,多麻烦!"

已经学了将近半年,却要推出门外,中途换老师这是犯大忌的,何况这种名气和地位的老师还能找到吗?这对于郎家父子而言,无异于晴天霹雳。郎国任急得火上房子。一次次往回打电话,找朱雅芬老师诉苦。朱雅芬老师每次都劝他别着急,再看看情况,尽量能把关系处好。朱老师说她再给从老师写封信。朱老师觉得这种事情有点不可思议,在她看来,从老师不是这种人呀!她不会看不出郎朗的天赋,哪个老师还不希望教出好学生呢?咬牙挺着吧!郎国任哪是让人说的人呢?每次当他听到从老师对郎朗的那种带刺的话时,他就心如刀绞。如果是过去的特警身份的郎国任,早就炸了。但是,现在是无业人员,在人家的屋檐下,安有不低头之理?挺着吧!他的这种情绪还得在儿子面前掩饰,他不能让儿子看出来,否则,他知道给郎朗一点怂恿郎朗就会上房顶的。

郎国任是个有头脑的人,他一直觉得从老师这种态度变化得不正常,挺蹊跷,这里边似乎一定有什么别的原因。会是什么原因呢?这期间,沈阳还有别的孩子找从老师上课。郎国任虽然离开沈阳,却并未逃离开沈阳的弹琴孩子和家长们那个小圈子。郎朗依然是人们瞄准的目标,而他郎国任也依然是人们谈论的话题。会不会是什么人在从老师那里下舌呢?郎国任一想到这些心里边就升腾起一股怒火。他想弄明白到底是什么人在这里捣鬼。可他在明处,人家在暗处,他想骂人也找不到骂的对象,想吵架也找不到吵架的对象。只有一个人生闷气。

一晃,他们来北京已有半年了。半年受了多少委屈吃了多少苦不说,想达到的目标却越来越渺茫。看来从老师是铁了心不教郎朗了,她推出的学生谁还敢接手呢?在这个圈子里的人都明白,被别的老师推出门的学生你要是再接手,一来得罪了原

来的老师；二来，人家会想肯定是有这样或那样问题的，否则，教了半年了，怎么会不要你呢？谁又肯去拣一个有问题的学生呢？但是，从老师既然不想教了，那么也不能死皮赖脸让她教，这种状态即便是让她勉强教下去，也绝不会有什么好效果的，最后耽误的还是咱们。左想不是，右想也不是，够窝心了。郎国任最怕的就是这种窝心事。

人要是心不顺，倒霉的事情就会接连出现。一天晚上，派出所来了两名警察，一高一矮，进屋就用那种挑剔的目光瞅着他，要检查户口、证件。一个临时户口，不过一张纸，一目了然，可他们翻来覆去地看个没完，以职业的口气问他为什么到北京来，来干什么？靠什么维持生活？他最不爱提的就是辞职一事，尤其在这种心情下。可是，他越是不爱提这种事，人家就越是感兴趣。或许因为他对人家的态度有些轻慢，高个子的警察便尽挑那种不友好的话问他，这种发问有点像审问，你真的是辞职吗？辞职是不是还有别的理由？不会吧？郎国任不再回答。只要一张口，他可能就控制不住自己了，就会跟人家吵起来。他在心里已经喊了我辞职管你屁事？你他妈的管这些没用的事干吗！

小个警察还算机灵，他见场面僵住了，便出面打圆场，他说这不快到国庆了，上边指示要严查。每年国庆节前都得这样，希望他能理解。他们走的时候，郎国任气也没消，连送都没送。郎朗刚要从琴上下来送警察叔叔，老郎朝他瞪了一眼，他吓得赶紧弹起来。那个晚上郎国任的脸一直那么吓人地阴沉着，郎朗不敢有丝毫闪失，格外卖气力。平时还敢和父亲开个玩笑什么的，以解除单调和乏味，可他见父亲脸色那么难看，像布满火药似的，他不能不格外小心翼翼，生怕一不小心碰出个火星，把炸药引爆。他那天晚上特别乖，一直埋头弹琴，他想方设法让父亲高兴，只要能让他脸色好看一些。

郎朗做梦也不会想到第二天他还是把“炸药”引爆了，那是郎朗一辈子都不会忘记的，是郎朗弹琴生涯中最悲惨最绝望的时候，如今提起来还唏嘘不已。

那天下午，郎朗在学校多呆了差不多两个小时，才往家走。平时，他从来不敢擅自在学校多呆一分钟，因为父亲对他抓得太紧了，把他的时间计算得非常精确，到点就得赶回家，哪怕在路上也不许耽搁一分一秒。下午自习课老师也为郎朗开绿灯。在丰台区的小学校里，郎朗可以算得上是个特殊学生。在校方看来，这个特殊学生可以为学校争光。养兵千日，用兵一时。学校为了庆祝十一国庆节，成立了合唱团，那天下午让郎朗伴奏。郎朗平时独往独来，更多的时间是关在家里练琴，很少有这种与这么多师生融合在一起的机会。校长和老师们都对他笑脸相迎，就连那些平时欺负他骂他的淘气学生也得敬他几分，他是在一片受宠的氛围中伴奏的，所以，他特别愉快。排练结束时，同学们都围着他，夸他弹得好。他正和同学们分享着快乐，冷丁一看表，满身的喜庆顿时惊得烟消云散，他掉头就往家奔。

他说那些天他上火了，嘴都起大泡，都烂了。他说妈妈那些天总也不来，他心里边有压力不敢跟爸爸说，他特别想妈妈，常常晚上一个人偷偷地哭。他知道一切都得听爸爸的，差一点都不行。爸爸对他看管特紧，晚一分都不允许，何况晚了近两个小时。他心里边惶惶的，恨不得一步跨进家门。可又一想，是老师找他的，他又不能推辞。这个理由是很充分的，所以，他的心渐渐坦然起来。

郎国任早就立于高高的阳台上，往下注视了。他已经等了足足有两个小时。这两个小时让他耗尽了一生的耐性。他都快急疯了！所有的不顺所有的屈辱所有的风言风语都在这时候朝他袭来，刺激着他，折磨着他，令他一刻不得安宁。不断有人在院子里走动，从上往下瞅，人是个形态怪异的黑点，所有人差不多是一个样子。但，他还是看见了郎朗。看见他急匆匆地奔进院子，直奔楼道而来。

你他妈的还知道着急？郎国任一见儿子身影分外眼红。他把自己的整个前途和生命都当赌注押在儿子的弹琴上，这个代价太大了，一切都为了考取附小，只有考取附小，才能有希望，可是，从老师不教了，这等于把他们父子推向了绝境。他恨呀，恨北京人那种瞧不起外地人的优越感，恨那两个登门检查的警察，恨来恨去，都落到了恨儿子上了，一切都因为郎朗没弹好琴，他要是再刻苦一些，弹得再好一些，谅她从老师也不会把他推出门外。事到如今，简直到了火上房子了，他不仅不着急，反倒更不抓紧时间了，他居然敢这么随随便便耽误时间！他还反天了！就是有再重要的理由，郎国任此时也绝不可能饶恕儿子的。

郎朗气喘吁吁地破门而入，瞥了眼凶神恶煞般的父亲，像只从枪口下逃窜的小兔子，二话不说，一头就朝钢琴扑去。他聪明得很，此时，只有钢琴能够解救他。

郎国任一把将儿子拽住了，不问青红皂白，劈头盖脸就是一顿胖揍。越打他的火气越旺。他觉得儿子太不争气，没有弹好琴，那一切默默忍受的牺牲和屈辱竟潮水般

地猛涨上来，令他失去了理智失去了自控。于是，在郎朗弹琴史上也可以说在中国琴童学琴史上最悲壮的一幕被揭开了——

我们不是说中国女排的振兴最初始于魔鬼大松的凶狠训练吗？我们不是在马俊仁训练马家军那些女孩子时采用的残酷手段面前唏嘘感叹吗？郎国任在培养儿子弹琴的过程中，其狠劲儿，并不亚于他们两个人。这种狠劲令郎朗心惊肉跳，直到今天，说到父亲的凶狠，郎朗还是心有余悸。他说郎国任打他才狠呢，还用大皮鞋打他，皮鞋后跟的铁钉子都把他的脑袋打破了。郎朗在跟我诉说这话时，我注意到郎国任的表情，平静得没有丝毫波纹。那是一种经历过人生大的沧桑之后的平静，也是一种如愿以偿的平静。在这种平静面前，我感到心颤。

郎国任是那种不成功便成仁的人，他不能苟且地活着，他必须活出个人样来。古人为了功名头悬梁锥刺股什么的在郎国任面前已经逊色。如果儿子的钢琴真的失败了，遭到那些"小人"的嘲笑幸灾乐祸，那他毋宁死。

打累了，他歇了歇，拿出一包药放到儿子面前，恶狠狠地说："你还有什么脸呆在北京，现在我给你摆出三条路，一条是去死，吃药；另一条是跳楼，第三条是回沈阳，你不嫌丢人你就回沈阳吧。"

郎朗一听回沈阳，他表示死也不回去。

郎国任说："那好，你就选择死吧。怎么死？要么跳楼，要么吃药，你选一样吧！"

满脸泪湿的郎朗东倒西歪地站起来，他的眼里充满了委屈也充满了绝望。他朝窗外望了一眼，高远的天边涌动着乌云，层层叠叠像拥挤的怪兽。阳台的门敞开着，阳台上的窗户也开着，一股迅疾的风从窗口扑进来，他禁不住打了个寒战。顶多迈出去三步就能到阳台上，想象着从 11 层楼的阳台往下跳，他恐怖极了。他瑟缩着，往墙角挪腾，生怕父亲冲过来抓住他往阳台拖。绝望之中，他抓起了药片，他狂叫着：我吃药！我吃药！那泣血的声音好像不是从一个 9 岁的孩子嘴里发出来的。

一个 9 岁的孩子从来不曾考虑过自杀的问题，他也不会想到逼他死的竟是他的亲生父亲。长这么大，父亲吐出口唾沫都是钉，他从来也没有敢反抗的时候。君叫臣死，臣不敢不死，父要子亡，子亦不敢不亡。他没有向父亲求饶，他知道求饶也没有用。他抖着手，把那包药展开，白花花的药片在他眼里闪着阴冷的光。吃下去就得死了，就再也见不到妈妈了。可是，妈妈能知道自己是怎么让爸爸给逼死的吗？妈妈，从老师不教了，那不是我的错，我没有偷懒耍滑，我没有浪费时间，尽力了，可是，爸爸总是怪我不争气，他冤枉我呀，妈妈！

一想到妈妈，他顿时涌起无限的委屈："为什么呀？我为什么要死？我没有错！我没有错！"一个9岁的孩子在被父亲逼急眼的时候，焕发出一种巨大的生命潜能。他把药片朝墙上狠狠摔去，然后，他像一头暴怒的小狮子用头朝父亲撞去。父亲结实的胸膛任凭他撞着，好像没有感觉。儿子又用拳头朝那麻木得没有反应的空荡的墙壁般胸膛上擂起来。终于把父亲擂醒了。他抓住了儿子的手，盯视着他，许久许久，竟然说不出一句话。后来，他想说什么的时候，眼泪就往上涌了。他只有迅速摆脱儿子，他不能让儿子看到他的眼泪。哪怕一滴。他硬是把眼泪憋回去了。

儿子坐回到琴凳上时，天已经完全暗下来了。天边乌云已经翻涌到了窗前，屋子里暗得看不清钢琴上立起的谱子。郎朗的泪珠凝固在面颊上，第一次显示出了一个少年人向命运挑战的刚毅。他双手缓缓架起在琴键的上方，吸气，吸足了气后，猛地落在键盘上，那十根柔嫩的小手具有钢丝般的柔韧与弹性，带着他的满腔悲愤，练起了大和弦。因为用力，他两肩端起呈准备飞翔状。而每一次大和弦的震响，他的头发梢和肩头都随琴而震颤不已。暴风骤雨般的大和弦，使得钢琴在震颤，房间随着震颤，一股疾风在这时将敞开的阳台门哐当一家伙关上，又哐当一声甩开来，好像憋闷已久的怨愤要一下子发泄出去似的。

郎国任禁不住打了个激灵，扑过去，赶紧将门关严实。与此同时，外面响起了隆隆的雷声，雷声过后，霰弹般的雨点敲击着窗玻璃，无数道流淌的雨柱竞相奔流，所有的玻璃都在瞬间模糊了。那是一张委屈的面孔，两行流也流不完的泪水。

雷声依然隆隆翻滚，就在丰台区这座高层住宅楼内。每一位走进楼里的人都能强烈感受到一种震颤。郎国任感受得最强烈，他觉得屋子的地面都被震荡得悠悠直颤。琴声和雷声剧烈地撞击，终于，热烈地交融在一起，迸出一种激荡人心的旋律。郎国任先是电击般地一怔，随后，他战栗着一步步捱近了儿子，捱近了钢琴，似乎在这一瞬间，他才突然发现儿子的手指长长了，居然可以跨越八度，那么结实有力地抓取着键盘。他的小手像是要把键盘抓碎。在这一起一伏中，浑厚的和弦带着无尽的委屈和哀怨，海潮般向他扑来，一阵强似一阵，一浪高过一浪，瞬间他就被淹没了。

是否,他还能忆起儿子的小手使劲去够着键盘八度的情景呢?嫩生生的细指尖在键盘边艰难地滑动着,却怎么也够不到八度,好不容易够到了那么一点儿又迅速滑脱了,滑脱了……

Chapter 3
父亲的赌注

郎国任比任何人都渴望出人头地，当年他挖空心思要从工厂跳出来，他在报考沈阳音乐学院时，成绩已经张榜公布，名列前茅，然而，因为他耍了小聪明，弄巧成拙，命运又一次捉弄了他。

教训并没有使他变老实，他到了空军文工团又起祸端，深更半夜抢占住房。他就是与别人不一样。虽然不可避免挨处分，但是，毕竟为出世的儿子创造了好环境。如果不是住进了沈阳空军司令部大院里的那条大走廊，郎朗还能走上钢琴之路吗？

郎国任左冲右突，自己的人生路上吃了不少亏，但是，他绝不让儿子吃一点亏。到了关键时刻，郎国任痛下赌注。他的决心和勇气是一般家长不可思议的。他是个真正的赌徒家长。

——本章题记

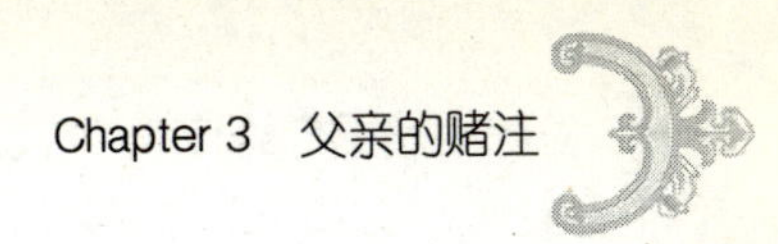

第一节 沈阳—沈阳

郎朗父子回来了，回到了沈阳。这是一次的凯旋，阔别一年半的沈阳，不再那么阴冷也不再那么刻薄了，阳光下的城市，雍容大度，慈悲为怀，哪怕一条小巷，也朝他们张开了温暖的臂膀。回来度暑假的郎朗像一头从笼子里边钻出来的小豹子，浑身上下洋溢着获得轻松后的得意。他的个头儿并没有因为他以第一名的身份考入中央附小而长高多少，他在父亲身前身后一蹿一蹿的，居然还没有超出父亲的肩头。他满脸洋溢着童趣的欢愉，他渴望着立刻回到久别的家，一头扑进妈妈的怀抱。他太想念久别的妈妈了。

走在他身后的父亲——这位已到不惑之年的男人，从外表看去并没有儿子这么轻松，这么畅达，他总像还有什么心事没有能够放下似的。他显出几分犹豫，几分惆怅，或许触景生情使过去的旧伤仍然不能真正抚平？抑或他还担心会不会有什么突然的意想不到的变故？经验与教训对于一个成年人留下的记忆是深刻的，所谓忧患意识大概就是由此而滋生的吧？

其实，他应该满足才对，与走的时候相比，总算如愿以偿，对人对己总算有了一个很体面的交待。特别是爱面子的他没有让那些人看笑话。儿子的实力有力地为他的选择做出了证明。这是多么让人羡慕的证明呵！牺牲自己为了儿子是值得的。

一家人最高兴的时刻到了。他们欢聚一堂，比过年更高兴。亲朋好友前来祝贺，只有十几平方米的这间小小屋子挤满了人。电话一整天几乎不断。最高兴的人莫过于周秀兰了。无论从做母亲的角度还是从做妻子的角度，她都应该获得这种满足。她搂着儿子，高兴得像个孩子。亲朋好友们都朝她发出了由衷的羡慕，她更是高兴倍加。

一阵紧似一阵的电话铃声对她来说，就是最好最舒心的音乐，是赞美诗。从此以后，她总愿用这种语气：我儿子……

儿子回到身边了，沉寂了一年半的房间，有了久违的亲情环绕，这种环绕无时无刻不在温暖着一颗中年女人寂寞的心。一个女人在孩子丈夫远走北京的日子里是怎样度日的？吃饭不香，睡觉不实，遇到什么困难都得一个人去应付。她的工作得倒班，有时下夜班一个人黑灯瞎火地回家，免不了提心吊胆。冬天屋子里太冷，躺到床上，缩成一团半天无法入睡，于是就加倍惦记着儿子和丈夫。通常都是儿子那边给她来电话，她最幸福的时刻就是躺在家里接儿子和丈夫的电话，她一般情况下很少给儿子打电话，特别是儿子报考附小的那些日子，她生怕因为打电话影响了儿子的情绪，让儿子分心。只要为了儿子，只要对儿子有利，让她做出多大的牺牲她都毫无怨言。一年半来，她一个人守在家中，默默地做出牺牲做出奉献。当郎朗在北京处于最艰苦的那段日子时，她在这边的家中也没有安生。一到夜深人静时，就会有人敲门，那门被敲得震天价响，一个醉醺醺的男人在门外骚扰她。她愤怒她恐慌，她几次拿起电话想给丈夫打，但是，她坚强地挺住了，她不愿让丈夫再为自己操心。房间平静下来时，她再也无法入睡。想想自己过的是什么日子，何时才能出头，禁不住泪湿枕巾。

儿子考上附小，这对于受了多么大委屈多么大惊吓多么大寂寞的母亲来说都是一个最好的安慰。当她和儿子在一起喜形于色时，郎国任却依然保持着那样一副严肃深沉状。就好像他不知道郎朗已经考取了中央附小似的，他对儿子的要求一点也没有放松。他依然那么严厉地对儿子下着弹琴的命令。特别是当儿子和妻子沉浸在一片动人的母子情爱中时，他总是要以一种打冲锋的精神状态提醒儿子快抓紧时间。他总有那么一种紧迫感。总像要立刻动身去追赶什么或者总要被别人追撵似的。周秀兰对此常常不理解，她觉得郎国任对儿子要求得太过分了，连和妈妈亲热的时间都不给呀？也太有点不近常理了。

回到家里的郎朗精神头更足了。他每天除了弹琴之外，更让他兴奋的事情是这期间中国足球队正在角逐亚洲杯，还有辽宁足球队争夺九连冠。作为中国人的郎朗和作为辽宁人的郎朗，都是狂热的球迷。中国足球队在亚洲杯上的表现不能让郎朗高兴，而辽宁队的节节胜利却让他大长了志气。他这个狂热的球迷与别的球迷不同，他从不到现场看球，他怕耽误弹琴时间。他在电视里看比赛。为了能够保证看比赛时间，他抢时间拼命弹琴，弹得天昏地暗，累得不得了，才作为另一种休息看球。看球时，他狂呼乱叫，兴奋不已。他特别喜欢辽宁队，辽宁队的迅猛攻势给他注入了许多激情，他能把弹琴的劳累进行一种激情的转换，又能从看球中重新获取激情，再投入到弹琴上。他最激动的一场比赛是辽宁与广州的冠军争夺战。广州以小快灵见长，他们先攻进了一球。郎朗特别替辽宁队着急，他的争强好胜性格在看比赛时显露得更加充分。在场内场外包括电视机前的观众呐喊助威声中，辽宁队有如神助，连灌两球，夺取冠军。辽宁人沸腾了，郎朗沸腾了。他高兴地直蹦高。就是凭着这份激动，他那天又一连气弹了十个小时琴，拿下了一个大曲子。

郎朗那么爱看球，但他并不被迷住，他有极强的自控力。有时，他觉得到弹琴时间了，他就会放弃看球，起身去弹琴。等到他弹完了，比赛也结束了，他只需问一下比赛结果。郎朗弹琴时，不管什么人来，也不管多么重大的事情，只要郎朗弹琴没有弹完，一切都得靠后。郎朗弹琴成了一条铁的纪律，雷打不动，雷打不变。郎朗的舅舅非常喜欢郎朗，却因此而无法挨近郎朗。他每次见到外甥，只是那么匆匆一眼，看到他坐在琴凳上挥汗如雨，而郎国任总是警卫一样守在一边，他这个舅舅每次都知趣地退缩，从不敢打扰。直到郎朗到香港演奏时，顺路归来，在短短的一周内，周秀兰总算给哥哥提供了一次机会：她带着郎朗赴辽阳去了哥哥家。此时的郎朗个头已经比大舅高了，而且多多少少带有一点美国绅士派头儿。大舅像接待一位大名人一样亲热地甚至有点客气地接待着这位有点陌生的大外甥。然而，郎朗的可爱马上让大舅兴奋不已。他颇为感慨地说：真没想到小胖子这么好玩，这么幽默，这么招人喜欢。原先只觉得他就是弹琴，除了弹琴没有别的。舅舅对外甥的真正接近，居然是在郎朗到了16岁的时候。

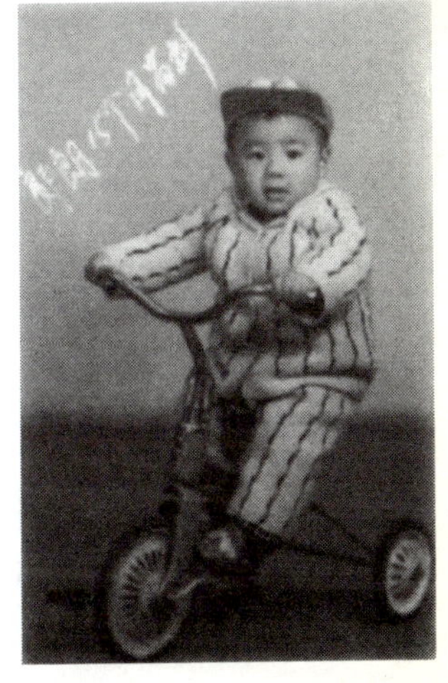

爷爷奶奶也没有更多的机会接近孙子。这么风光的孙子，每次回来，也只能匆匆见一面。所有的人都得为郎朗弹琴让路。郎朗就像一位自天而来的小天使，他的全部使命全部生活就是弹琴，弹琴。神圣的弹琴可以闭门谢客，可以使许多喜欢他的亲友们望而却步。一桌宴席

早就定好了，几天前就定好了，定在18点，但是，郎朗弹琴弹入迷了，弹疯了，那么多人就得默默地等着，直到菜凉了，再回锅。周秀兰急了，她觉得有些太不近人情了，就劝郎国任。可是，郎国任不动地方。他不动地方，郎朗就不下琴。在郎朗回沈阳度暑假的一个来月的时间里，每一天都是这样度过的。总是紧紧张张地，总是时间不够。郎国任给郎朗规定的时间是不允许打破的。而郎朗这孩子也真就是守规矩，一天差不多要弹上十几个小时。对于郎国任一家而言，郎朗回家不是休息，也不是度假，只不过是换了一个环境练琴而已。

郎朗从小到大有过许多照片，而最多的照片就是坐在琴凳上拍的。给别人的印象郎朗就是单调地弹琴，一味地弹琴，没完没了地弹琴，可是，在周秀兰的记忆中，儿子的弹琴浸透了他们一家说不完道不尽的酸甜苦辣。

周秀兰永远忘不了1982年的初春。忘不了那个漆黑的夜晚她所经历的怎样惊心动魄的一幕。当时，她怀着郎朗，挺着个大肚子，行走已经很不方便了。天气很冷，那天晚上没有月光。没有月光的夜晚，更让她提心吊胆。即将发生的事情他们没有告诉老人，他们怕老人担心。郎国任弄来了一辆大卡车，谎称在朋友那里借到了一处房子，于是，郎国任父母高兴地帮着儿子往车上搬东西。他们那时的家具不多，很容易就装到了大汽车上。夜晚的风特别凉，周秀兰穿着军大衣，一条围脖围得严严实实，坐进驾驶室里，却还觉得冷。也许是紧张的缘故，她竟有点打哆嗦。其实，一向敢作敢为的郎国任心里边比妻子还紧张。只不过此时他把心一横，该死该活就只能硬着头皮冲了。为了房子，为了生存，为了给即将来到人世的孩子建一个安乐的窝。他不止一次地盘算着这样做的后果，却还是没有退缩。

车灯照亮出一片刺眼的光芒，这光芒让周秀兰心惊肉跳。特别是接近沈阳空军司令部的大院时，她的心就跳得慌乱不已。沈阳空军大院座落在沈阳市的东南方向，在万柳塘公园附近。一条新拓展的柏油马路从庄严的沈空大门前宽阔地铺陈开去。到了晚上，马路上的车渐渐稀少了，而车越少周秀兰的心里边就越是紧张。车到部队大门口时，她的心就像要从嗓子眼里蹦出来了。她以为站岗的士兵已经知道了他们要来抢占房子，要把他们连人带车扣下。所以，当灯光下全副武装的士兵一露面，她就吓得不敢瞅。好在门岗没有拦挡，他们的车徐徐驶进了大院，在家属区的一栋宿舍楼前停下了。

郎国任敏捷地跳下车，不出声音，她也不敢出声音。多亏那晚夜色挺黑，给了周秀兰些许的安全感。要是放在大白天，她是绝没有这个胆量去抢占住房的。那情景就跟电影上演的鬼子进村差不了多少。汽车的一侧箱挡板被小心翼翼打开了，因为太沉重，在放下来时，还是发出“哐”的一声令人心惊肉跳的响动。周秀兰心往下一沉，以为完了，被人发现了。好在那时候没有人出来，即便偶尔有人出来，也没有多心多疑管闲事的人。

一件件往下卸着家具。尽量轻一些，别弄出什么音响。郎国任为了照顾她，不让她靠前搬东西，但是，她心里边紧张，希望快点卸下车，别让人发现了，就顾不得肚里的郎朗了，她也里外当起了装卸工。筒子楼的大走廊里有两间空屋子，他们把门锁撬开，就搬进去了。屋子里黑灯瞎火还不敢马上打开灯，一股浓浓的石灰味儿扑面而来，这就是家的味道吗？这个味道再不好闻，关起门来，气喘吁吁的这对夫妇也有种说不出的幸福的紧张感。

行吗？这样能行吗？妻子不时地问着丈夫。丈夫哪能说明行不行呀？肯定不行的，但是，不行也得这么做，他只能安慰妻子没关系，不会怎样。就冲你这个大肚子，部队首长也不会来撵你的。促使郎国任真正下决心抢占这套房子的重要理由就是妻子的大肚子，他知道善良的部队首长是不会不同情孕妇的。就是说母腹之中的郎朗给了郎国任下定决心铤而走险的勇气与信心。这是极为关键的一个决定，如果不是这次抢占了房子，他们不可能住进这个具有大走廊的沈空家属区，如果不住进这个家属区，郎国任也不会卷入钢琴潮中，而郎朗如果不卷入这个钢琴狂热中，那么他干什么还不一定呢！

所以，那一个冒险抢占住房的夜晚是令周秀兰刻骨铭心的。那天晚上，她睡不踏实，刚一眯着，就总觉得有人来敲门，于是，一阵心惊肉跳。天亮时，光线照亮了屋子，周秀兰这才看清楚了自己的家。白灰粉刷的墙壁有几处洇湿的疙瘩，年久失修，竟有些斑驳脱落。红砖铺的地面上有一层泥土已经覆盖了砖的本色。房间还是挺宽敞，搬进来的东西显得太少了，装不满屋子。一种特殊的新奇感使周秀兰把眼睛睁得又大又亮。如果这房子真的能够属于自己，她就会把屋子好好布置一番。那时候还不时兴装修，但是，周秀兰对新的家新的生活已经有了深深的憧憬与向往。

她是倚在门框上望着郎国任心情沉重地朝班上走去。她默默地祈祷着，千万别有人来撵。她也做好了心理准备，即使有人来撵她，她也不走。一天呆在家里，她神志恍惚，什么事情也做不了。好容易把丈夫盼回来了，从他的脸色上分辨事情的严重程度。郎国任就是想瞒也瞒不住了。他叹息着说：完了，完了。

郎国任被首长在会上点名批评了，认为这是无组织无纪律现象，部队里是绝不允许这种现象存在的。肯定是要挨处分了，还得开他郎国任的专场批评会，他得写出检查。风闻文工团将要解散了，人员去向问题不明，他郎国任这把二胡当初考进文工团费了多少周折，他有多少个不眠之夜期盼着，可以说梦寐以求的心愿，从小就崇拜黄军装，特别是四个兜的军官服。他把脑袋削个尖也得钻进空军文工团。做个部队军官，这是他一辈子最崇高的理想和愿望。但是，他郎国任心高运不济。在他人生的道路上有过几次命运的转机，却几次都没有抓住。就像命运在有意与他开着不大不小的玩笑。借到沈阳杂技团，是他离开小工厂的第一步。这一步迈得并不结实，晃晃悠悠，随时都有可能跌回到小工厂。他在梦里都担心随时会被打发回那个简陋破旧的小厂子。这已经成了他一块无法治愈的心病。因为坎坷太多，直到后来他即使去了美国，过着天堂般的生活，他也还会莫名其妙地在梦中被送回到那个多灰多油、墙上挂着蛛网的车间，于是，他便会从梦中惊醒，吓出一身冷汗，心悸不已。杂技团毕竟不是他的久留之地，他的关系也无法办到那里。他只能挖空心思地寻找别的途径。

1977年的春天，全国恢复了高考，他憋足了劲儿，报考了沈阳音乐学院民乐系。在全东北地区数千名考生中，他以精湛的二胡技艺力压群芳，考取了第一名。他的老师向他祝贺，亲朋好友也向他祝贺。大红榜上郎国任的名字排列在第一位，他看了一遍又一遍，阳光下的红榜把他的脸膛映得红腾腾的。但是，他还觉得有点不妥当，他总是有些顾虑，怕万一出什么闪失。他敏感地打探着有关录取的消息。他最担心也最能卡住他的海外关系，随着“四人帮”的粉碎、社会的进展已经不会再难为他了，但是，他听说年龄挺关键。他当时23周岁，而听说录取的年龄段就卡在23岁。万一因为年龄而不能录取的话，那有多冤！一向聪明的郎国任灵机一动，何不改一下年龄呢？于是，在填报志愿表时，他在年龄一栏中写下的年龄其实比实际年龄小了2岁。也就是说，他隐瞒了2岁。他当时自以为聪明，他不会想到因此弄巧成拙，他为此付出了巨大的代价。仍然是有人盯上了他，于是，负责录取的人到他所在的那个小工厂查看他的档案。管档案的是位女同志，郎国任早已与她说好了，求她帮着更改一下减少2岁，那人也答应了他，可是，天知道为什么到了人家去调查时，那位同志竟然没有替他弄假，而是照实证明了他的年龄。这一下子，他郎国任可惨透了。仅凭隐瞒年纪这一项，就被取缔了录取资格。其实，他不用隐瞒年纪，他是不会超龄的，那年实际录取线卡到25岁。他的年纪不仅没问题，还富余2岁呢！可谓聪明反被聪明误，这使他什么时候想起来都后悔不迭。为此，他不仅又失去了一次转变命运的机会，而且，差点失去了他苦苦以求的爱情。

苦恼沮丧中，他总算又等来了一个机会：沈阳空军文工团缺少一个拉二胡的，他前去应试。他的二胡确实拉得好，往那儿一坐，二胡一架，就让人赏心悦目。揉弦运弓更是他的拿手好戏。他一下子就被相中了。但是，他不敢相信命运会对他这么慷慨。进部队跟进地方不同，部队政审这关着实难过，即便不像过去极左年代那样，但是，也得报北京空政批准。报批的日子是那样漫长，差不多等了半年的时间。他度日如年，几乎已经失去了等待的耐心。当时他正与周秀兰处于热恋期，政审批不下来，他就没把握进空军文工团，进不了文工团，还是个没有着落的人，那么，他与人家周秀兰的关系就没法确定，人家总不至于嫁给一个标准件四厂的车工吧？那一段时间，郎国任很是着急上火。

谢天谢地，总算批下来了，政审过关了。当他的关系真正从那个小工厂调出来时，他对着沈空那边的蓝天长长地出了一口大气。他有了一种从未有过的庄严感。他像个真正的军人那样注意纪律，变得小心谨慎，他格外珍惜这来之不易的工作。到杂技团时，他就很高兴了，工作条件和环境的改变使他心态有了很大改观；食堂很干净，早餐还有好几个小菜，可以挑样吃。而走进沈空的食堂，那更是天堂一样。粉刷一新的墙壁，窗明几净，一尘不染，食堂工作人员对他的态度那么亲切友好，真如大家庭一般。早餐摆了一溜小菜，足有十几道，爱吃什么就吃什么，这是他长这么大从未有过的待遇。军装是四个兜的，还有皮衣皮靴，还有空军驾驶员的服装，这简直阔透了，令郎国任美不胜收。在这种环境里，他还是比较满足的。但是，眼见妻子肚子一天比一天隆起，他十分着急。他们没有自己的房子。结婚后就与父母挤在一起，弟弟马上就要结婚，他们得把房子腾出来。可是，他们到哪里住呢？眼瞅就快生孩子了，连个窝

都没有，这孩子往哪儿生呢？因为他入伍晚，论资排辈分房的希望十分渺茫。但是，他听说筒子楼里有一套空闲的房子，没人住。和他关系比较好的人便撺掇他，先斩后奏，反正你老婆挺着个大肚子，不会有人硬性去撵，就看你有没有这个胆量了。三说两劝，他郎国任就为之动心了。但是，他不能不慎重考虑。毕竟，这份工作对他来说得来的太不容易了。万一弄不好，再受处分，往严重一点说会被撵回原来单位，这是他最为担心的。但还是抱着侥幸心理，他连夜抢占了住房。既然抢占了住房，那就得为此付出代价。人家怎么批评他都得接受，他心里忐忑不安，只要不把他开除，多么严厉的批评和处分他都认了。于是，他开始了一轮又一轮的检讨，经受了一次又一次的批评。

这期间，更为上火的还是周秀兰。她深知丈夫当的兵多么不易，提的干更是不易，万一因为这房子再背上一个黑锅，这不全完了？她有些后悔，当初不该抢占这房子住。她想起了自从认识了郎国任，自从与他谈恋爱以来所受到的种种委屈，禁不住怨声载道。她说跟你过日子多闹心！抱怨归抱怨，到头来，她还是怕郎国任上火，她还得劝他。这期间一些战友也登门看望周秀兰，好言安慰她：反正文工团要解散了，管他呢！先有个房子住才是真格的。

事情并不能就这么简单地检查一通就让你过关。部队为此责成专人去郎国任父母那里调查，包括街坊邻居，工作做得挺细。郎国任父母总共两间住房，郎国任的弟弟已经 28 岁了，老大不小了，没地方结婚，住房条件确实困难，部队也不能不予以考虑。考虑归考虑，批评得批评，领导说关键是性质不好，部队嘛，怎么能说抢就抢房子呢？还像个军人吗？当然，有的领导也帮着郎国任说情。在具体怎么处理郎国任抢占的住房这一问题上一直没有定论。给他吧？那不等于说他抢房子有道理吗？要是把他撵出去不给他房子，这又与情理不容。只能暂时搁浅。和郎国任关系好的战友给他出了个主意，劝他先暂时搬出去，避避风头，别顶烟上，也算给领导个台阶下，等领导批准了，再搬回来住。这个主意确实比较高明，郎国任和周秀兰只能照此办理了。可是，周秀兰到哪里去住呢？她提出回娘家。其实，她很小就失去了母亲，回娘家就是回父亲那里。可是，郎国任坚决不同意。他说搞对象时，她父亲就一个劲反对，这要是再回到家生孩子，那不是更惹她父亲生气吗？去郎国任家？周秀兰也不认可，她觉得刚搬出来再回去，也不是那么回事。商量来研究去，最后决定借一处房子。郎国任从杂

郎朗与母亲(右一)在沈阳

技团一位指挥那里借到了房子。指挥与郎国任平时就相处得很好,他家在沈阳胜利电影院附近。他把丈母娘的房子腾出一间,从里到外收拾干净,现弄到一张床,他忙得一身灰土一身汗水,很让郎国任为之感动。郎朗生下第三天,周秀兰就从医院出来,住进了指挥为之收拾好的房子。虽然屋子简陋点,但住着心里边踏实。这不是抢来的房子,不用提心吊胆了。正是 6 月,一个北方最美好的季节。阳光每天都暖融融地照亮房间,也照耀着他们的宝贝儿子。胖胖的儿子每天很乖,睁开眼睛就爱笑。这孩子命大,出生时脐带过长,缠住了脖子,险些窒息。小两口因为添了个儿子而高兴不已。

也许儿子带来了好运。周秀兰刚满月,部队那边同意他们抢占的房子合法化了。于是,他们一家三口人心安理得地搬回了沈空大院,住进了那两间筒子楼。正因为这一搬入,才有了后来的钢琴故事。

第二节 沈空大走廊

沈阳空军大院很是宽敞，绿化带搞得很有层次，杨柳成荫，花坛成排，鲜花盛开时节，空气格外清新，环境格外优美。大操场上每天荡漾着战士出操跑步的勃勃生气，战士们每天引吭高歌，战士的旋律粗壮豪迈。不知是否因为这种生气感染了在这个大院里出生的孩子，反正郎朗来到这个大院就总是显得虎虎而有生气。一双大眼睛总是那么好奇地睁得溜圆，胖胖的胳膊嫩藕似的光滑，整天咿咿呀呀，用他独特的语言与父母与周围世界进行着可笑的交流。他很少睡觉，也很少哭闹，精力特别充沛。这是个人见人爱的孩子，大家都管他叫小胖子——80 年代的"小地主"。

这个小地主特别撩人，爱穿大鞋，拖拉着满走廊晃，衣服也胡乱披着，一路得意地唱下去："鞋儿破，帽儿破，身上的袈裟破……"阿姨们爱逗他：你不像济公。他歪着头：怎么不像？阿姨们说，人家济公是光着屁股，你咋不光屁股？

瞎说！他嚷叫着，不再理睬身后发出一片笑声的阿姨们。

筒子楼里居住着十几户人家，大都是文工团的，每天都有音乐都有歌声，一条长长的大走廊里充满乐趣。这种缺乏私密性的居处给人们带来了许多幸福和欢乐。孩子们的年纪也相差无几，父母们对待独生子女的态度都充满理想主义色彩，都希望自己的孩子能够学点什么，能够出人头地。在大走廊这些孩子当中，小胖子是最招人喜欢的。他聪明伶俐，见人没有陌生感，谁逗他他都不恼。周秀兰每天得上班，为了照顾好小胖子，她把姥姥接来了。她从小就失去了母亲，姥姥特别疼她。姥姥特别喜欢小胖子。小胖子从小吃母奶，一口牛奶不喝。周秀兰在小胖子 1 岁半时，要给他断奶。可是，小胖子不干，要断掉可太难了。每当周秀兰狠着心不给他喂奶让他喝牛奶时，他就会死劲闭着眼，摇着脑袋，哭喊着踢蹬小腿，好像受到了天大的委屈，导致几次断奶失败。结果，还是周秀兰的姥姥帮着想了个办法，往奶头上抹紫药水。小胖子精明得很，他被紫药水吓住了，他再也不敢往母亲怀里拱了，但他恨太姥，他知道这是太姥使的坏，他噘着小嘴对太姥说："小太姥坏！"

郎朗跟太姥的感情很深。长大了，他依然不忘太姥的恩情，每次回沈阳，只要有一点空儿，他就会跑去看望太姥。太姥 93 岁时，依然头脑清晰，耳聪目明。回忆小胖子小时候的故事，周秀兰记忆可深了。她说郎朗从小就是个把家虎，谁到他们家来他都格外留心。邻居们没见过这样的小孩，都爱逗他。有一次，一位邻居到他们家来，小胖子坐在痰盂上排便。他手里拿着一张广播电视报像模像样地看着。那位大嫂与周秀兰聊了一会儿就要告辞时，故意给周秀兰丢了个眼色，然后，偷偷摸摸地拿起桌上一把汤勺，藏在背后。结果，她刚刚迈出门，坐在痰盂上的小胖子就喊起来了：妈妈，不好了，咱家的东西被人偷走了！这一喊，把两个女人笑得前仰后合。那位大嫂连声感叹：这个小胖子，你说他咋这么有精神头儿？俺家那小子别说拿个汤勺，就是把我们家给搬走了他也不会管的。

那时候郎朗只有 2 周岁。

郎朗从小爱唱歌，他最爱唱的一首歌就是《大海，故乡》，整天哼唱着"大海呀，大海……大海呀，大海……"

当这充满童稚的歌声在大走廊里回荡时，需要提到一个重要的人物了。此人是文工团的指挥，大家管他叫老金。老金不住在这栋筒子楼，他住在院里更高级的干部楼。不过，每天一有空闲，他就喜气洋洋地到筒子楼来搅和。他一来，大家就高兴。他极随和，极热心，每天都快快乐乐，他的快乐就像个没家没业的单身汉。他进到大走廊可以到任何一家吃饭，任何一家都欢迎他的到来。老金在这条大走廊里享有着特殊的地位。他还爱开玩笑，特别爱跟那些家属开玩笑。他的年龄比郎国任他们这些年轻父母大一些，他的阅历他的水平他的见识也都比较出众，所以，大家都很拥戴他。郎国任是位心气很高的人，他能从心里佩服的人不多，但是，他很佩服老金。老金说什么，他信服。老金就像教父一样在大走廊里发挥着作用。老金还喜欢孩子，喜欢大走廊里所有的孩子。他像个大孩子王。就是因为老金的鼓动，大走廊里响起了钢琴声。他鼓动所有人家买钢琴，他最早宣传钢琴对培养孩子智能的种种好处。有一对同姓的男孩和女孩是第一批受益者，他们几乎同时开始学钢琴了。他们的父母都在沈空，都有文艺细胞。每当这两个孩子开始弹琴时,大走廊里的人就围拢过去瞧新鲜。很快,大走廊里又多了几台钢琴。每当谁家又买了一台钢琴时,老金就多了一份成就感。郎国任当时也心动了,但是,苦于没钱买。那时的钢琴还没有涨价,一台只需一千多元。老金见郎国任还在犹豫,便天天动员他,并且告诉他钢琴马上就要涨价了。郎国任夫妇一商量,决定买钢琴。钱不凑手,性急的周秀兰出面张罗借。很快把钱凑齐了,托人到沈阳中街的一家商店买了台北京钢琴厂出的"星海"牌钢琴。当时钢琴还挺便宜,他们买回来没几天,钢琴就开始涨价了,而且短时期内一涨再涨。为此,他们夫妇很是庆幸。大走廊里几乎家家都有了一台黑漆光亮的钢琴,这一下子,老金更繁忙了。这家请,那家拽,都让他看看自己的孩子是不是弹钢琴这块料。那些日子,大走廊里天天传递着谁家孩子弹琴弹得怎么样的情报,这种情报牵动了家家户户,使得每家每户平添了许多快乐和忧愁。老金预言说我们这个大走廊里将来会出肖邦的。这种预言辉煌地鼓舞着头脑发热望子成龙的家长们。

郎国任当时并不像那些家长们那样认准了肖邦,认准了钢琴。他当时还沉浸在自己的世界里。他每天都被世界杯足球赛吸引着,抱着电视从早到晚,看得昏天黑地。菜也不买,家务活一指头不动,周秀兰上班回来,见丈夫还在看足球,旁若无人,旁边桌上还摆放着几个空碗,显然是他吃完饭连收拾一下都不肯动地方,再去厨房一看,一点菜都没有,她就气不打一处来。她从早晨离家上班时就叮嘱他买菜,准确说她在两天前就让他买菜,他答应得好好的,就是不买。于是,他们吵起来。吵归吵,闹归闹,足球不能不看。郎国任就是有那么一股劲儿,岿然不动。到头来,还是得周秀兰含着一腔委屈的热泪拖着疲惫的脚步出去买菜,然后做饭。周秀兰跟老金没少抱怨郎国任。世界杯持续一个多月,他郎国任一场没落地看了个爆。这时候,他们的小胖已经坐上了琴凳。当一个惊人的消息从老金的嘴里瞬间传遍大走廊时,郎国任还在那里为巴西队未能夺冠而唏嘘感叹呢!人们纷纷来到他们家,吵儿八火地,人们在交头接耳,正在睡觉的郎国任恍惚中听到人们在说,老金说的,小胖子刚一上琴,手指就能立起来。小胖子可了不得了!郎国任见满屋是人,不好意思再睡了,他爬起来,揉搓着惺忪的眼睛,看到邻居们把儿子围在钢琴前。儿子那双胖胖的小手在光亮的键盘上鼓成了两个小馒头,手背上那一排胖出的小肉坑清晰入目。随后,他听到了稚嫩的琴音,就像他听到了"大海呀,大海,大海呀,大海……"他只是笑笑。他当时绝没有来的人那么惊讶于儿子的钢琴天赋。但是，老金跟他说了，你儿子太有钢琴天赋了，你好好培养吧，错不了！老金说得十二分正经，老金从没这么一本正经地夸过谁家的孩子。于是，郎国任往心里去了。

郎国任为儿子设计未来的第一步，是要给儿子找一个最好的老师。鉴于他对钢琴的理解，第一位老师是至关重要的。根据自己学二胡的经验是这样的，而钢琴这种高贵的西方乐器更是如此。他打听到了沈阳这个地面上最好的老师就是沈阳音乐学院的钢琴教授朱雅芬。要想跟朱教授学琴并不是件容易的事情。朱教授手下的学生很多，她除了在音乐学院正常授课之外，还得带研究生，还有很多社会活动，还得著书立说，她的时间有限，精力有限，她拒绝了许多登门求教的家长和学生。在他们居住的这条大走廊里，那两个同姓的孩子就是跟朱老师学的琴，这一点让郎国任羡慕不已。说不清郎国任通过哪条渠道找到了朱教授的家。

朱教授是上海人，从小生活在昔日的英租界。她们姐妹三人都会弹钢琴，素有朱家三姐妹之称。20 世纪 50 年代时，她代表国家青年艺术团到欧洲的社会主义国家进行过访问演出，她当时弹伴奏。应该说，辽宁的钢琴能有今天的水平，完全得力于他们那一批从上海来的音乐人才，他们是辽宁钢琴的传播者。与她一同作出贡献的那批人中还有金石、林振刚等。朱雅芬的价值不仅在于钢琴教学与研究上，她还是个学者，经她翻译出版的美国钢琴家班诺维兹的《钢琴踏板艺术》一书是部影响广泛、学术价值很高的教材。

走进朱老师家门的郎国任第一眼就强烈感受到了浓郁的文化气氛。房间摆设简洁朴实，钢琴是台有着历史感的美国旧钢琴，墙上方有一个石膏雕塑，那是一只艺术线条十分优美的手。一看这只手，就让人意识到钢琴韵律的高雅与神圣。朱老师戴着金丝边眼镜，平和之中，透出一种知识女性的尊贵。见过世面的郎国任与朱老师见面时竟显得有些拘束了。倒是郎朗进到这间琴房时，依然一副天不怕地不怕的劲头，赢得了朱老师的喜欢。他戴着大盖帽，扎着武装带，腰上还挎着带皮套的两把枪——双枪。他当时见谁都掏枪瞄准谁，只是见了朱老师时，没掏枪，而是非常英武地给朱老师行了一个军礼，一个好神气的军礼，这给朱老师留下非常难忘的印象，多年之后，朱老师讲起第一次见到这个小家伙时，还那么兴致勃勃。朱老师让他弹琴，他就弹，一丁点都不客气。腰板坐得笔挺，非常有精神头儿。当时，立于一边的郎国任紧张极了，他知道朱老师是在考察他的儿子，是在给他的儿子作出鉴定，一旦不满意的话，谁说也没用。朱老师是个很讲原则的人，她往那儿一坐，不言自威，完全是一副权威架势，令郎国任肃然起敬。他的心一直悬着，生怕朱老师相不中他的儿子。郎朗呢？毫无负担，一挨琴凳就马上亢奋起来，仰着小平头，自信而得意。或许正是这种极佳状态赢得了朱老师的好感，当即接受了这个学生。

像所有孩子一样，每周上一次课，留下曲目回去练，到了下一周上课时检查弹得是否正确。朱老师教学以严格著称，她根据不同孩子的接受能力留不同量的曲子。但是，每一次郎朗都想多贪，他都嫌老师留得太少。郎朗弹琴的进度和回课的质量让朱老师惊讶，郎朗最高兴的时候就是能够得到朱老师的夸奖。郎朗是激情式的孩子，越夸他他就越来劲儿，这种孩子与那些被家长逼着弹琴的孩子截然不同。但是，打基础的时候不能求快，得求扎实。一方面不损伤郎朗的积极性，另一方面还得控制着他的冒进，这个尺度朱老师在把握上确实很用心思。有时候回课时，一首曲子郎朗的确弹得不错，按一般情况是可以放行的，但朱老师从更高的标准上努力再挑点毛病，逼着他再去求精求细。

郎朗当时不爱上幼儿园，一去他就哭闹。可是，不去幼儿园怎么行呢？每天早晨，他精乖得很，一到了父母要送他上幼儿园时，他就想方设法逃脱，为此，每天早晨送他上幼儿园成了一件很大的麻烦事。来强硬的弄得他大哭小叫的终不是个办法，郎国任就想招儿。有一次郎国任哄他穿新衣服，那是郎朗非常喜欢的运动服，他看到院里的小朋友们穿，他就羡慕坏了。所以，当爸爸把衣服往他面前一抖，他的大眼睛就立时放光了。然而，就在他刚要伸手去抓衣服时，他冷丁从爸爸的眼睛里发现了一丝狡猾的光泽，立时察觉了爸爸的阴谋，肯定是要以此骗他去幼儿园。于是，他就赶紧往墙角后缩着不肯穿，结果，郎国任一把抢抱过儿子，扛到肩头，像扛一袋子面粉大步流星往门外跑。郎朗拼命哭叫着“妈妈，妈妈！快救救我呀！”周秀兰是又好气又好笑，眼睁睁看着儿子悬空踢蹬的小腿，朝她扎撒着求救的小手。

不上幼儿园可以，但得有个条件，那就是得好好在家练琴。他们与儿子“签订”了协议。从此，儿子被牢牢拴在了钢琴上。如果他弹得稍有问题，只要他们一说明天把你送到幼儿园去，那他就管保好好地卖力气弹。促使郎朗卖力气弹的一个直接原因，是那两位比他早弹一年多的同姓孩子。那两个孩子的家也分别住在这条大走廊里，一家只要响起琴声，另外两家都可以清晰听到。于是，三个孩子默默地较上了劲，展开了竞赛。开始，那两个孩子并没有把比他们小好几岁的郎朗当回事，他们两个互相比着，自从郎朗跟着朱老师学琴以来，每天这条大走廊里弹得最早弹得时间最长的人就是这个小胖子。他铆足了劲，一定要撵上他们的进度。平时，那两个孩子大约是早晨6点半左右起来弹琴，他们的居室与郎朗家挨得特别近，那个大男孩家与郎朗家只有一墙之隔。早晨起来时，挪琴凳的声音都能够听见。有一次，郎朗刚睁开眼，还没等伸懒腰，就听见了隔壁挪动琴凳的声音，他嗷的一声叫起来，光着身子扑到了钢琴上，抢先敲响了第一声钢琴。等那边随后才响起钢琴声时，小胖子那个得意呀！就像打了一场大胜仗。那个大男孩当然也因为这个小胖子而憋足了劲，每天练琴时间和效率也明显强化了。但是，他们毕竟已经上学了，每天得有功课，可是，小胖子还远没到上学年龄呢！到了夏天，大走廊里家家开着窗户，家家孩子都在挥汗如雨地进行着弹琴比赛。大孩子都弹到车尔尼849时，郎朗才开始弹车尔尼599，可是，他抱定一个信念，一定要赶上他们的进度。郎朗每次到朱老师家上课一进屋就高声大嗓门地向朱老师报告战局：朱老师，我今天又比某某早起了半个多小时！朱老师，今天好险呀，我差点就让某某抢先了，我听到他掀琴盖的声音了，可是他还是没有抢过我！朱老师，他们天天得上学，我一整天都没事，我比他们多弹两个小时呢！当朱老师笑眯眯地夸他好好好，我们的郎朗是好样的，我们的郎朗能撵上他们时，小胖子可来劲了！他的情绪也深深感染了花甲之年的朱老师，使她也童心焕发起来。于是，这一老一少在上课时，有一番特别的乐趣，他们师生之间也结下深厚友谊。2004年，朱雅芬老师在美国讲学时，还曾专门去柯蒂斯音乐学院看望郎朗。当朱老师出现在郎朗家中时，已经比朱老师高出一头的郎朗还像小时候一样，高兴地喊叫着扑向了朱老师。朱老师还和过去一样关心着郎朗的成长，当她听说郎朗每天练琴还是那么疯狂，弹十多个小时时，她劝郎朗可别累坏了。在朱老师面前，郎朗还是那么滔滔不绝地诉说着，他总有好多得意的事情要向朱老师汇报。当然，他也和过去一样渴望得到朱老师的夸奖。郎朗成功的道路上有过许多人的汗水，赵屏国、殷承宗等，但是，朱老师给郎朗打下的基础是人人称道的。即使是那么爱挑剔的郎国任什么时候说到朱雅芬老师，也仍不失敬意。

郎朗走上钢琴道路，与那条大走廊有着密切关联，与那两个比他早学一年多的大

课堂上的郎朗

孩子的比赛，不仅使他增加了弹钢琴的兴趣，更重要的是开掘出了他那种天性中的竞争意识和一股不服输的精神，这种精神是他后来在一系列大赛中立于不败之地的最重要的心理品格。最不应该忘记的是播种者老金，这位极富音乐才气，却并未能够成就大业的人物。他的热心感染了沈空那条大走廊，他把那么多家庭的孩子都活弄起来了，都卷入了钢琴狂热中，这令他每天活得很是充实。他常常把各家孩子和家长集中起来，开个小型钢琴音乐会，他让孩子们在一起比赛，形成一种竞争气氛。每到周末晚上，大走廊的住户就像过年一样，歌舞升平，琴音袅袅，那是一种多么美好的音乐氛围，正是在这种氛围中，出来了三个杰出的琴童，其中有两个就是同姓的那两个孩子，他们无疑是沈阳这座城市中千千万万学琴孩子中的佼佼者，钢琴影响了他们的人生，他们也与钢琴有着不解之缘，他们分别考取了音乐学院钢琴系。这两个孩子虽然不如郎朗那么辉煌，但是，如果不是他们先于郎朗学琴，被郎朗当成目标天天追撵，那么，郎朗开始弹琴时是不会那么投入，不会激发出那么惊人的才华的。

任何天才的成长都是离不开童年的环境的。我们到波恩去追寻贝多芬的音乐足迹时，我们为那栋粉色粉刷的四层小楼而流连忘返；我们到俄罗斯去感受霍洛维茨、拉赫玛尼诺夫、屠格涅夫的神韵时，我们能不面对涅瓦河的黄昏沉思冥想吗？我们瞻仰老海顿那苍然白发，聆听不朽的《惊愕》、《时钟》时，我们眼前掠过的应该是奥地利那古朴神圣的斯蒂芬大教堂，和与此叠印的远处的更为神圣的皑皑雪峰。我们到鼓浪屿小岛谛听夜晚如鼓的涛声时，胸中能不回荡着殷承宗手下奔腾澎湃的“黄河”吗？自然，我在为郎朗这位少年钢琴天才作传时，对那条大走廊情有独钟。我想去那里看看，哪怕拍下一张照片留作纪念。然而，非常遗憾，那条大走廊早已拆除了，在那里除了感受城市的噪音和喧嚣之外，再也找不到任何音乐氛围和感觉了。大走廊从沈阳这座城市消失了，却无法从人们的记忆中抹去，特别是在那里生活过的孩子们，无论走到哪里，只要还能记住故乡，记住父母，就一定不会忘记那条大走廊的。那是一条音乐走廊，一条钢琴走廊，它虽然阴暗简陋，却连接着一个难忘的时代。

第三节　孤注一掷

假期眨眼就过去了40天。这40天里，郎朗比上学还忙。既需要各方面的应酬，还不能耽误分分秒秒弹琴，还得看球，郎朗再天才再精力过剩，也有个疲倦的时候，老虎还有打盹的时候呢！郎朗病了。很少生病的郎朗病得不轻，上吐下泻，可吓坏了他的父母。郎朗每天得到医院打点滴，身体虚弱，一动就冒虚汗。即便这样，他也硬挺着练琴。他记住一位钢琴家的话：一天不弹自己知道，两天不弹老师知道，三天不弹观众知道。他坐到琴凳上两手关节酸痛不已，胳膊抬起来发软，额头冒虚汗。周秀兰心疼儿子，不让他弹，但是，硬汉郎国任站在琴旁，一声不吭。郎朗刚学琴那会儿，有一次病了三天没摸琴，郎国任使了招法，他对儿子说：你病了没弹琴，可能不会弹了。郎朗一听惊怔得眼睛大大的，立马爬起来，晃晃悠悠地爬上琴，开始弹了。他边弹边说，我还会

弹！你看，我还会弹。弹着弹着竟忘记了自己的病，再坚持一段，就把病弹好了。这回，郎朗懂事了，郎国任也用不着像过去那么使招了。

还没到开学的时间，但是，郎国任决定提前回去，准备迎接新的挑战——角逐“星海杯”。

母亲觉得儿子病刚好，还想留他再呆几天把身子养养，可是，郎国任既然决定了，她也只能照办。当妈的千叮咛万嘱咐。儿子舍不得离开妈，妈更舍不得儿子，她答应儿子，等获得“星海杯”比赛的第一名，她就去北京。儿子表示一定要拿第一名。

郎朗和父亲打起背包，又兴致勃勃地回到了北京。开学第一天，作为中央音乐学院附小最低年级的小学生郎朗走进了一个新的环境。这是一个热爱音乐的孩子梦寐以求的地方。不妨计算一下，一个城市有成千上万个孩子在学钢琴，而全国几十个省会城市，如果仅算这种省会城市的话，那么也有几十万大军。在这几十万大军中，能够有勇气把钢琴当作专业来努力的人，也为数不少。如果把这些人喻作一座宝塔的话，那么，能够考取中央音乐学院附小，就应该说是登上宝塔尖了。

登上宝塔尖的这些个骄子们聚集在一起，组成了一个新的队伍。在这个新的队伍中，展开了新一轮的竞争。都是各地区的尖子，尖子选手汇到一起，竞争异常激烈。谁也不服谁，都憋着劲。孩子们不仅比钢琴，还比文化课学习成绩，比跑步，比跳远，郎朗爱比，别的孩子也爱比。人家拿郎朗当靶子，只要有一项能比过郎朗，无论家长还是孩子，可高兴坏了。好胜的郎朗能否继续保持自己的领先势头呢？在他以第一名的成绩考取附小时，一位老师就对他说过，你这一次考第一是不错，下一次还能考第一吗？在第一的位置上坚持住，那就行了。

“星海杯”少儿钢琴赛是国内一项很有影响的大赛，许多有天分的孩子都要在这种赛事上一展才华。郎朗全班同学都报名参加比赛。为参加这项比赛，郎朗又换了一套曲子。从进度是得往回收，得收到车尔尼 740。赛前，附小学科主任凌远给他们上了一课，这是她为郎朗唯一上的一次课，内容是车尔尼 740 的第 31 课，还有肖邦的圆舞曲。凌远非常认真地为郎朗修整了一遍，一点小毛病也不肯放过，使郎朗收获不小。

比赛前，郎朗走了一遍台。这一次走台，他弹得比较一般，不知为什么他没有兴奋起来。走台时，有一个叫金刚的孩子弹得比郎朗好，他们班级的同学也都认为这次“星海杯”比赛第一名肯定是金刚的了。这使郎朗父子增加了心理压力。这时，发生了一件让郎朗永远难忘的事情，那是因为他在上文化课时不守纪律，放学后，让老师留下了。老师对他要求很严，批评起来也绝不留情。结果，正巧老师在批评他时，让郎国任看到了。他气不打一处来，上去就踢了郎朗两脚。郎国任绝不惯孩子，他不打则罢，打一次，就是狠的，就能让郎朗记住。郎国任是在学校里当着老师的面打的郎朗，旁边还有同学，这对于郎朗而言，很没面子。但是，他被打怕了，他从心里怕郎国任，怕得不得了。他揉着被踢痛的部位，想哭，还不敢出声。当数年后，郎朗跟我讲述这一幕时，他还心有余悸地说，我爸真狠，我爸是法西斯。

玉不琢，不成器。严师出高徒，严父，才能教子。郎国任在儿子面前确实有威望，这种威望不光是打出来的，还有平时的一言一行，都得给儿子做出榜样，让儿子佩服。许多弹琴的孩子家长也都打过孩子，问题是有的打完就去哄孩子，这等于白打了；有的虽然没去哄，他是从表情上流露出心疼的意思，那也不会收到好效果的。郎国任从来都不让郎朗看出他的一丝柔情，他从来没亲过儿子，儿子取得再大的成绩，给他争了多少脸，他也不亲儿子，即使儿子平时见他高兴了，跟他皮脸时，他也不忘保持着父道尊严。这对于郎朗成长确有好处。

郎朗眼泪没干就跟着爸爸去比赛场地抽签。他们去晚了，只剩下四个签了，郎朗在这四个签中小心翼翼地摸出一个，打开一看，居然抽了个 2 号。郎国任一看这个 2 号，脸色就阴沉下来了。他很忌讳这个数字，因为这个数字让他敏感于比赛的名次。莫非这是冥冥之中的某种暗示？郎国任由此想到了那个让人们普遍看好的孩子金刚，在那天走台时，郎国任听了他的弹奏，确实具有相当的实力。这次“星海杯”比赛在郎国任看来，就是他跟郎朗争第一。而郎朗偏偏抽了个 2 号，这是在预示着第 2 名吧，岂不太晦气？敏感的郎国任在这时小聪明又冒出来了，他把一个刚抽完签的孩子叫到一边，想跟他换个号。除了 2 号之外，换任何一个号他都认可，却不曾想这一举动让一位老师看到了，很是生气，差点因此取消郎朗的比赛资格，弄得郎国任更加沮丧。但是，他不能让儿子看出自己的情绪，于是，他对郎朗说：2 号就 2 号，干吧！

郎朗也不喜欢 2 号，不过，他不相信抽了 2 号，就意味着得第二名，他说他偏要争第一。郎朗对第一是非常渴望的。他与妈妈通电话了，妈妈说如果他在“星海杯”赛拿了第一名，她就马上来北京。言外之意，要是拿不到第一，妈就不来了。为此，他也一定要拿第一。

那个金刚果然了得，他家在食堂旁边，练琴时，郎国任前去偷听，那是最重要的情报。为了知彼知己。他边听，边对儿子说：你听，他是这么弹的，这地方弹得好，那儿弹得不怎么样，你应该如何如何。爷俩一块儿找出了金刚的优缺点后，制定出自己的弹法。

到了比赛时，金刚弹车尔尼740第31课，弹得相当之好。但是，郎朗并不慌张，他显得胸中有数。他自信能够比对方弹得更好。应该说，他们两个人都弹得不错，究竟第一属谁，那还得看评委的最终打分。

还是郎国任晚上出去打探情况，然后把打听到的消息带回家。郎朗这回没有睡下，他在等着爸爸。郎国任一进门，郎朗就从爸爸的脸色上观察到了结果："第一？"爸爸笑了。郎朗转问韩老二："二叔，是真的吗？"二叔肯定地说：你第一！祝贺你又取得了第一名！韩老二是郎国任到北京后结识的，他虽然是个普通的个体经营者，因为卖西瓜而与郎朗父子结为好朋友，他有着高雅的追求，他特别喜欢钢琴，特别喜欢郎朗。

郎朗乐蹦高了：太好了！第一名！他喊叫着，马上去给妈妈打电话，他要让妈妈马上知道，要让妈妈马上就来北京。

妈妈说话算话，接到儿子的电话，就星夜乘车赶到北京。对于郎朗来说，能够以自己的优异成绩促成妈妈来北京团聚，该有多么自豪。

提供给郎朗自豪的时刻确实不少。在"星海杯"比赛前夕，附小五年级的钢琴系两个班中，几乎同学们都相信那个叫金刚的男孩子能获第一名。金刚与郎朗不在一个班，他们班的同学更是希望金刚夺冠。金刚是他们班的钢琴白马王子，班级弹钢琴的男生就他一个，其他全都是女生，金刚这个男孩子在女同学的羡慕眼光中自然是十分渴望夺取比赛第一名的。郎朗班级有六个男生，全是公费的，女孩只有一人是公费的，剩下的那些自费生也都是女生，所以，郎朗班级是男子汉天下，人家说他们班重男轻女。当两个班级聚到一起，参加中央音乐学院附小的校会时，郎朗最露脸的时候到了。主持校会的是金刚他们班级的班主任，她用清亮的音乐般的嗓音宣布昨天结束的"星海杯"比赛结果。同学们都不知道结果，金刚大概也不知道，只有郎朗知道，但是，他也装出不知道的样子。会场静极了，当老师宣布一等奖的得主是郎朗时，那个班的同学愣住了，金刚更是愣住了。而郎朗他们班的同学却欢呼起来，他们拼命为郎朗鼓掌，郎朗的班主任也给郎朗使劲鼓掌。郎朗为班级争得了荣誉，也为学校争得了荣誉。他又一次成为同学们羡慕的对象。在此之前，无论在沈阳的宁山路小学还是在北京丰台区的小学，他都曾因为给学校争了光而尽享这种受宠的场面。他是被夸出来了，是受宠出来的。他是那种越夸越上进的孩子。这个"星海杯"的第一名对于刚进入校门不久的郎朗来说，奠定了坚实的基础，也为他日后向更高目标跳跃铺好了一块跳板。

1993 年 11 月第五届全国"星海杯"少儿钢琴大赛中，郎朗夺得专业组第一名。这是郎朗第一次在全国大赛中夺魁，自然更加具有了奋进的动力。郎国任并不满足，他瞄准了学校最受宠的孩子，鼓励儿子一定要赶超。他的哲学是只要发现有比郎朗强的，就一定得想法撵上。第一名考入附小还远远不够，"星海杯"夺冠也是不够的，只能说明郎朗与他们这一届孩子相比是最好的，但是，与学校高几届年级的孩子相比呢？与附中学生相比呢？还有比郎朗好的，那就二话别说，憋足劲追就是了。郎国任的神经始终是绷紧的，始终是牢牢抓住儿子打冲锋。不仅要横向比，还得竖向比。至少还有两三个比他年级高的孩子在中央音乐学院附小比郎朗叫得更响。郎朗仍然像当年在沈空大走廊瞄准了那两个同姓的对手拼命、与之比赛一样，瞄准了新一轮的对手。只要有对手，郎朗就能激发出干劲，就能有足够的信心和意志去追赶。

他每天练琴时，高喊着那两个孩子的名字，以激励自己的斗志。特别是到了困倦的时候，他就会站起来，挥着拳头高喊：某某，我要超过你！我一定要超过你！这一喊，就来劲了，等弹了一会儿，就又疲倦了，他就会再喊另一个孩子的名字，以同样的方式激发出自己要超过对方的决心。这就是郎朗每天弹琴的兴奋剂和强心剂。

人们惊叹郎朗何以会有那么旺盛的永不衰竭的激情时，人们大概不会知道这个 11 岁的男孩发明的这种独特的兴奋剂吧。这种兴奋剂对于郎朗受益无穷。他在不同的阶段喊不同人的名字，喊一个名字，就要超越一个人；他把中国最好钢琴家的名字喊完之后，现在他在美国练琴时，就喊世界最好的钢琴家的名字。越喊越有上进心，越喊越有紧迫感。

钢琴作为贵族的乐器，显然需要一定的经济基础。考进宝塔尖上的这些孩子们其家庭经济状况并不都是那么好的，贫富差异很是悬殊。有大款的孩子，出入乘坐豪华轿车，可以大把地甩钱，可以花高价打通各路关系，更可以高价聘请最好的老师。同样的学习环境，同样的竞争，有钱人总是可以通过金钱的魔力为自己的孩子开创一个特殊的局面。而没有钱的孩子，就没有金钱方面的优势，就只能凭借自己的发奋去争取

自己的地位。这种争取有多么艰苦！还要蒙受许多委屈。公平竞争只能是一个美好的愿望。

中央音乐学院只有一台9尺斯坦威三角琴，放在高高的14层楼上，格外珍贵。平时是不允许学生随便去弹的。只有到了临近比赛时，才能有弹这种好琴的机会，而参加比赛的学生都想弹好琴，怎么办呢？采取发票制。中国有许多发票的经验，特别是困难年代发放粮票、肉票、油票、布票什么的。而发放琴票，这也够一说了。有什么办法？还是经济条件制约，学校买不起这种好钢琴，人多琴少，不发票又有什么办法？发票也有说道，你的票是什么时间，早晨是最好的，精力充沛，气温也适宜，而到了中午或下午时，大夏天的，那琴房热得受不了。所以，要票，最好是要好时间的票。而这也得看关系，在音乐学院没有关系怎么能占到便宜呢？

郎朗的琴票在时间排列上是最不利的，正好赶上大晌午头。北京到了夏天是最闷热的，没有风，城市的树木都烫手，烈日下的枝条披垂着，一点打不起精神。郎朗母亲周秀兰当时在北京休假，她陪着儿子在学校练琴。当他们娘俩上到14楼推开琴房门时，一股灼热扑面而来。说不清室内和室外哪里更热。当时北京的气温高达零上40摄氏度。在这种天气里别说弹琴，就是呆着都令人心烦意乱。郎朗见到这种好琴有股子不要命的劲头儿，他光着上身，只穿一条游泳裤头，浑身的汗眼见着从后脊梁滚滚流成串。周秀兰的汗并不比儿子流淌得少，因为她从进屋就不停地忙活。为了把室内温度降下来，她把窗户关上了，然后，就往水泥地上洒水。水泥地是热的，洒上水一小会就干了。没有可供盛水的脸盆，她就用平时给儿子带水的塑料瓶子，一瓶一瓶地打水，一瓶子一瓶子地倒到地上，瓶子里的水伴着她额头上的汗水一同浇湿着地面。数年之后，周秀兰回忆起当时的情景，还是一副狼狈的表情，她的口气是这样的：哎呀妈呀！那个罪遭的……

郎朗在这种环境里弹琴都快把汗水流尽了。他懂得珍惜好不容易得来的练琴机会。他舍不得耽误一分一秒，他感到头晕目眩，他几乎要中暑了。他从黏湿的琴凳上下来，竟不管不顾地躺倒在水泥地上。湿润的水泥地面透出丝丝缕缕的潮气，那潮气贪婪地在郎朗的嗅觉器官徘徊，郎朗觉得头脑清醒了，马上爬将起来，再挥汗如雨地弹下去。他知道还有下一个学生在等着上琴，到点了，人家就会进来，这么好的琴他不能不抓紧练。如果说这是在练琴，莫不如说是在练意志和品格。这种场面够“酷”了吧？

1994年,中国首届国际钢琴邀请赛要在北京举行。这是一次大规模高水平的赛事,著名钢琴教育家周广仁先生亲自出马,邀请来十多个具有国际声望的评委。全国各地音乐院校都将派选手参赛,还有一些国外的留学生也要回国参加比赛。高手云集,竞争肯定会异常激烈。而这种大比赛,对于郎朗这种孩子而言,无疑是一次绝好的机会。中央音乐学院有才华的学生也都想参赛,但是,少年选手只能限定4名。这4名选手只能通过选拔赛决出名单。选拔赛第一轮是在外边举行,到了第二轮才回到中央音乐学院的大礼堂。评委们大都是中央音乐学院的专家。周广仁、李其芳也都是评委。参加选拔赛的选手一共十人,有缪宁伯、王洵、张菲菲等,他们三人曾是全国比赛的前三名。他们参赛时弹的都是李斯特的狂想曲和肖邦的练习曲,古典曲子弹的是海顿。应该说,这几个选手发挥得都不错,都赢得了评委们的好评。郎朗是十人当中最后一个出场的。他与前几位选手相比,年纪要小三四岁,个头也比人家矮一截。

郎国任对儿子参加的任何一次赛事都记忆犹新。每次参赛的曲目,都是老师认真挑选的,也是他们爷俩精心策划和刻苦演练的。郎国任是儿子的真正指挥,他在每一次赛事上,都经过周密的思考,然后,充满信心地指挥着郎朗打冲锋。儿子上台前,他总要照郎朗的后背拍一下,坚定地说:上!第一肯定是你的了!

郎朗被父亲一拍,精神百倍地出台了。他迈着与他的年纪不大相称的庄重的步态,走到钢琴前,朝台下行了个礼。他选的曲目是肖邦练习曲和肖邦的回旋曲。古典曲目他选的也是海顿。对于一个不足12岁的孩子而言,弹肖邦那首回旋曲难度确实不小。这是个大曲子,弹这首曲子超越了他的年龄。在技术上有难度不说,音乐上要求非常细腻,其中有一段还特别辉煌,变化之大,是他这种年龄段的孩子所难以把握的。老师都担心郎朗弹这种曲子是否有把握,但是,郎国任就是要让儿子突破,就是要让儿子创造奇迹。

郎朗确有创造奇迹的可能。他的进度一直是够快的了。前边几位全国获奖的选手是在中学二年级弹的李斯特狂想曲,而郎朗在小学六年级就已经拿下这首曲子。他的进度并不比附中学生慢。他的先天条件好,手指长,机能好,弹性好,他能跨十二度。手指软起来像面条,硬起来像钢棍。他的基本功扎实,在技术与音乐处理上尽管还有稚嫩之处,但他身上焕发出的那股感染力着实达到令人惊讶的程度。

郎朗最后一个出场,这使郎国任在听完前9名选手演奏之后,对于郎朗的演奏更加充满信心。果然,郎朗发挥得比他预想得还好。当郎朗结束最后一个音时,他把手用力地往斜上方一甩,非常帅气地干净利索地戛然而止。安静了片刻,场内响起骚动。这种骚动热浪一样朝郎国任涌来。他觉得儿子即便拿不到第一名,但是,前四名是板上钉钉了。只要进入前四名,那就是被选拔上了,就可以参加国际钢琴邀请赛了。对于郎朗来说,这确实是个机会,郎朗这种孩子需要通过参加大赛来尽快提高自己。

郎朗确实发挥得极其出色,令评委们刮目相看,特别是让李其芳激动不已。当郎朗从琴凳上起身朝台下工工整整行个礼,然后,一板一眼地往台侧走去时,李其芳盯着这孩子,她很惊讶她怎么平时没注意过这么好的学生呢?她马上朝身边的人发问:这孩子是谁的学生?李其芳是个智商极高的上海人,曾多次在国际大赛上获过大奖,是那一代钢琴家中的佼佼者。可以说,她与周广仁先生以不同的特点,共为中国钢琴界的代表人物。

人家告诉她这是赵屏国的学生时,她真诚地向赵屏国祝贺,她对赵老师说:这孩子是个天才!

赵老师憨厚地笑了。每当有人夸他的学生时,他总是那么一副憨厚的笑态。

正是那次郎朗的出色演奏,给李其芳留下了深刻印象。从此,她开始注意这个不可多得的钢琴天才。不仅演出时她注意,就是平时练琴,她也很关注。郎朗不仅引起李其芳的关注,音乐学院很多人都在关注着他。杨峻评价郎朗说:这小子潜力无穷。郎朗在那次选拔赛上大出风头,他与比他大几岁的中学选手同台竞争不仅毫不逊色,甚至比他们更抢眼。但是,只能选拔出 4 名选手参加国际邀请赛,10 名选手相差无几,到底选谁呢?评委们按着自己的印象在打分时,有的给郎朗打了最高分,但也有的分打得不高。高分与低分之间相差悬殊,但有一点是共识,那就是郎朗显示了巨大的潜力,都认为这孩子发展下去会不得了。最后,评委们在研究确定入选名单时,觉得郎朗毕竟还小,稍显稚嫩一点,以后还有得是机会参加比赛。这一次,就只能割爱了。

郎朗在 10 名选手中正好排在第 5 名,取前 4 名参赛,痛失一次机会。有的评委深为郎朗感到惋惜。

落选对郎朗打击不小,但是,他已经不是当年在太原时哭闹着冲击评委以泄内心之愤的郎朗了。如果算上坎坷的话,这是郎朗钢琴生涯中第二次挫折。这次挫折带来的遗憾不仅仅是失去了一次国际钢琴选拔赛参赛资格的问题,而是他由此失去了一次到德国埃特林根参加第四届国际青少年钢琴比赛的机会。因为参加这种国际性的比赛，选手要由文化部确定，而郎朗如果在这次国际钢琴邀请赛和选拔赛上夺魁，那么他一准能够代表国家由文化部派到德国埃特林根去参加国际钢琴比赛。他在选拔赛上的成绩仅排在第5名，那显然不能进入文化部的视野。

埃特林根举行的第四届国际青少年钢琴比赛的那张通知书是直接寄到赵屏国老师手里的。赵老师与凌远老师每届赛事都能接到这样的通知，他们会根据自己学生的情况，在指定的时间内报名参赛。能公派的更好，不能公派，还可以自费。自费出国参赛，自然需要具备一定的经济条件。赵屏国掂量着那份赛事通知，他觉得在他的学生中，最有希望的还是郎朗。他为郎朗在国际钢琴选拔赛上落选而深感遗憾。他太了解他的学生了。他那种极强的上进心，正适合在更多的大赛中磨炼。但是，他知道郎朗的经济状况，父亲没有了职业，没有了收入，仅靠母亲一个人挣钱，能够在北京维持下来就已相当不容易了，他们怎么可能拿出一笔资金自费去德国参赛呢？然而，他没有想到，当他把这份赛事通知拿给郎国任看时，郎国任几乎连想都没想，就当场表示要自费参加比赛。

郎国任是那种只许儿子成功不许儿子失败的主儿。选拔赛得了个第5名，他压根儿就没想到。他以为进入前四名是不会有什么问题的，却偏偏来了个第5，与他过不去。他不服气。他绝不承认在中央音乐学院附小和附中学生当中还有四个人比郎朗强的。即使有一个比郎朗好的，他都睡不好觉，何况还有四个。他生气的时候一句话不说，一整天都不说。爱说爱闹的郎朗最怕爸爸不说话。爸爸不说话，这家里的空气可把他憋坏了，他只能尽量表现得乖一些，努力弹琴，努力弹好，他想以此改善家里的空气。

跟郎国任交往不错的老师也劝他，郎朗还这么小，潜力这么大，一次比赛参加不上算不了什么，还有的是机会，来日方长嘛！郎国任也觉得话可以这样讲，只是心里边不得劲，他不想放过任何一次机会。正在他一筹莫展时，从赵老师那里得知了埃特林根国际钢琴比赛的消息，他怎么能放过这次机会呢？

机会确实不错，国内选拔不是没上去吗？那就到国际上比试比试。郎国任是憋着一股劲跟赵老师表态他要去埃特林根的。他说得很肯定，他认准了的事情是一定要做的，只是当他回到那个白纸坊的空空如也的家时，他的决心不能不为之动摇了。

郎朗当时在音乐学院上学时，是同学当中最贫穷的一个，有条件的学生家长早就给孩子配上了一套音响设备。都进入CD盘时代了，可郎朗家还是用那个破旧的录音机。录音机的声音常常会把大师演奏的曲子弄得变了味道，那些堆积的录音带也大多陈旧得无法保证质量。郎国任是最明白听音乐对郎朗的作用，尤其是听大师的经典演奏，能够从中吸取营养。看看大师是怎么处理的，再看看自己差在哪里，虽然录音机破旧，却是他们父子每天离不开的工具。但是，郎国任知道录音机的声音不好，将会给郎朗带来怎样的损失。他早就在筹划着买一台音响了，只是到了音响专卖店一打听，他就只能望而却步。在郎朗与别人进行竞争较量时，可以说他们是以小米加步枪的条件，而人家则早就进入了“现代化”。当父亲的因为买不起音响，而不能改善儿子的听音乐环境，这让他心里边一直不好受。然而，音响买不起，却要自费出国，他初步打听了一下，大概得5万元人民币。5万元，对于当时的郎国任而言，这是个天文数字，上哪里筹措钱呢？俗话说得好，一分钱难倒英雄好汉，何况5万元！

郎国任真正犯愁了。何止是郎国任一个人犯愁，周秀兰一听这个价码，也惊出一声：“哎呀妈呀！这可上哪整这么多钱。”

因为太贵，放弃这种参赛机会的家长并不少见。别说像郎国任这样一贫如洗的条件，就是一般能够积蓄这5万块钱的家庭，又有几个舍得往外拿这笔钱呢？除非做买卖的大款人家，不在乎这几万块钱。对于郎国任来说，只有一条路可走，那就是借钱出国。借钱平时也许并不觉得怎么难，可是，到了节骨眼儿上，能把人急死。原本以为能借到钱的亲友，却不曾想你刚一张口，人家就找理由拒绝了，钱没借到不说，让你为亲情友谊在关键时刻靠不住而伤心难过。有的人也许出于好意，劝郎国任不一定非要急着去国外参加比赛，这样自费参加比赛是件不划算的事情，就算借到了钱，背着一身债去国外比赛，那种心情很难有好成绩，万一比不上名次，岂不白花一大笔钱？还不如从长计议，等郎朗更成熟一些，找个公费出国参加比赛的机会，岂不两全其美？

这些话听起来入情入理，尤其是郎国任为借钱焦头烂额之时。睡不着觉时，他也曾反复这么合计过。但是，他觉得不能等到公费出国，那得等几年？时间对于郎朗来说是最为重要的，早一年出外开开眼界就是早一年的收获。如果仅仅为了钱的问题把儿子的前途耽误了，那么他认为就是本末倒置了。尽管他没有钱，但是，他从来不把钱看得高于一切。他认为钱是人挣的，只要有了事业的成功，挣钱还不容易吗？他决心已定,谁劝也没用,他不心疼这笔钱,他认为花上这笔钱为郎朗争取一次机会,值!

那些天,周秀兰也四下里张罗借钱。她打电话方便,可借钱却未必方便。她只能找亲戚借。郎国任金口玉牙,给她下了指示,让她借两万,而且限定在三天内。周秀兰嗓子都因上火而嘶哑了。她给大哥打电话,总也打不通,好不容易打通了,她急得声音都变了,而且没等说出什么理由就以急切的口气让大哥快帮她准备两万元,马上送来。大哥还以为家里出了什么大事呢,紧张得够呛。周秀兰对大哥的感情一直很深,大哥对这个唯一的妹妹始终是关照的,特别是在郎朗到了这种紧要时刻,大哥二话没说,真就立马把钱送来了,令她感动不已。直到今天,周秀兰说到当初为了郎朗出国比赛到处借钱的情景,情绪还是很激动。郎国任是个硬汉,遇到困难,他绝不低头,周秀兰也是个女强人,她到了要劲的时候,更是能够冲上去。他们夫妇都有那么一种不达目的誓不罢休的劲头。这哪里是一个孩子的事情,这是一个家庭的综合实力的较量。正是凭着这样一种劲头,他们闯关夺隘。

钱总算凑齐了,但是,报名、办出国手续却异常麻烦。一切事情都得自己操办,任何地方哪怕稍有闪失,都将铸成大错。护照办好了,机票也提前预订了,去签证时,却遇到了麻烦。德国大使馆充分体现了日耳曼人的一丝不苟的办事态度,他们审查材料时,发现郎国任递上的材料中缺少两项内容:一是他与郎朗的父子关系需要公证材料;二是缺少德国那边的医疗保险。拒签之后,需要尽快补上所缺的内容。时间逼近了,郎国任心急如火。父子关系得到户口所在地办理,他得马上回沈阳。一个本来很简单的事情在我们的办事机构却常常办得复杂了,你着急上火都没用,只能把事情搞糟。好在可以寻找关系,总算把这一项内容补充上了。郎国任马不停蹄赶回北京,却对另一项内容——德国的医疗保险不知所措了。向别人打听怎么办,人家说,用不着这个,其他人去德国没有这个保险,也照样签成了。当然了,如果就因此卡你,不给你签,你也得自认倒霉了。郎国任忐忑不安地又一次去了德国大使馆办理签证。德国人还是那么认真地看着材料,抬起头来打量着他问:你怎么没有工作呢?郎国任简要地述说了自己如何为了孩子弹琴,辞掉工作从沈阳来到了北京,德国人听得几乎愣了神儿,在他们的国家,大概不会有这样一位宁肯牺牲自己,一切为了孩子奉献的父亲吧?他那双海蓝色的眼睛直直地盯着郎国任,显然是受了感动。他让郎国任下个周四来取签证。

郎国任充满希望地等待着。每天，他都到音乐学院收发室去查找来自德国大使馆的信件。按规定，要取签证得拿到一个证件，就是所谓的票，这个票是由大使馆寄给你的。你只有接到了这个票，才能进到大使馆里边取签证。郎国任天天盼着来自大使馆的信件，可一天过去了，音信杳无。由于他天天去查问，管收发的人一见到他不等他发问，就对他摇头。肯定出差错了。郎国任已经把机票拿到手了，时间是下周五，就是说，取完签证的第二天一早，就得动身起飞。到了星期四那天，他还是没有见到取签证的票，他心急火燎地赶到了德国大使馆。

德国大使馆门前那天排队等候签证的人太多太多了，队伍排得很长，每人发个号，按号一个一个叫着，叫到你才能放你进去。郎国任一到这里就傻眼了，如果按号排队，得排到下个礼拜，可是，他的飞机票就在明天。上午要是签不上，那就彻底砸了。因为德国大使馆只有半天办公，到了下午，就不办公了。

眼见时间在一分一秒飞逝，他恨不得插翅飞进去见那个负责签字的签证官员。然而，大使馆戒备森然，看门的军人手持枪支，一副威武的拒人千里之外之感。怎么办呢？他把可以求援的人逐一想过，只有找文化部的人帮忙了。因为德国埃特林根比赛是由文化部组织带队的，所以，他给文化部打了电话。还算顺利，他找到了文化部有关负责此项赛事的人。他说明情况后，那人表示理解，并表示马上给大使馆这边打电话问询。郎国任挂上话机，焦急地等待起来。排队的人往前移得很慢，那么长的队列，排在后边的人可真够有耐性的。郎国任却完全失去了耐性。

他反复给文化部那位同志拨打电话，对方说一直在跟大使馆那边的熟人打电话，却始终联系不上，从那人的口气中可以听出对方同样的焦急。郎国任觉得唯一的希望破灭了，他的心猛地往下一沉，沉到了一片绝望中。他第一次感到自己是这样的孤立无援，这样的无能为力。从借钱到买机票，一直在紧张中忙碌到现在，难道这一切辛苦都白搭了吗？他郎国任绝不甘心。

如果换了另外一个家长，面对这样的绝境肯定束手无策了。但是，郎国任是个意志力极其坚强的人，即便只有千分之一的希望和可能，他也毫不犹豫地做出九百九十九分的努力。他抱定一个信念，一定要设法进去，哪怕从地下钻进去。他必须要见到那个被他感动过并答应他今天来办签证的外交官员。他来到那个威武的把门的军人面前，设法说服他，放他进去。这种可能几乎是微乎其微的，他也在部队呆过，他知道当兵的只认命令,不会被任何理由所说服。如果没有那个票,就休想凭空进领事馆,要是这个战士放他进去了,那么这个战士岂不就是失职吗?明知不可为,却偏要为之,这就是郎国任性格的特征所在。

郎国任想方设法跟人家套近乎。郎国任在这方面也是很擅长的。他首先从口音上断定对方是东北人,他知道,在部队是讲乡亲乡情的。然后,他进一步与对方聊天是东北什么地方的。当他得知是吉林人时,郎国任的眼睛灿然一亮:吉林老乡。他们郎家是吉林省东风县杨木林乡的,他的爷爷郎纯义是当地一位很有名气的教育家,自己创办了东风县的一所小学和一所中学。张作霖大帅都曾为他爷爷创办的学校送过匾。当郎国任把这段历史讲与战士听时,他们之间的对立感消失了,两人的距离拉近了。命运就在这时出现了意想不到的转机。真是巧合,这个战士也是东风县的,他所就读的学校正是当年郎国任的爷爷创办的。也许是郎老太爷在天有灵保佑他的重孙,也许是郎家祖辈积下美德,那个战士老乡竟然破例为郎国任开了方便之门,放他进去了。

郎国任找到了那个签证的窗口,那个普通的铝合金制作的让他朝思暮想苦苦以求的窗口,找到了那个正在签证的签证官员。在他说明情况之后,签证官员起身到另一个房间里去了。过了一会儿,签证官员转回来,把两本小小的护照递给了郎国任。郎国任接过他和儿子的护照时,激动得差点掉下泪来。他想跟人家说句感谢的话,却怎么也说不出来了。原来,早在五天前就把他的签证签好了,不知哪一道程序出了疏漏,害得他差点贻误大事。谢天谢地还得谢那个把门儿的老乡,当然,最应谢的还是他郎国任那种坚忍不拔的意志。否则,岂不前功尽弃?

走出大使馆大门,郎国任腿都软了。他把护照揣在兜里,像命根子一样用手紧紧护着。到了家,他发现护照的封皮已经挂上一层汗。爷俩又是高兴又是庆幸,赶紧往沈阳打电话。沈阳那边的周秀兰更是紧张地左等电话不来,右等电话还不来,差点没把她急出个好歹。接到爷俩明天就要动身的电话,她才长出了一口气。

第二天动身前,周广仁和凌远二位老师来给他们送行。赵屏国老师跟他们爷俩乘坐同一趟班机。同行的还有一位女选手,也是自费前往。周广仁是德高望重的老师,居中国钢琴界泰斗的地位。她多次出任国际钢琴大赛的评委,她对国际赛事有着丰富的经验。郎国任一向很敬重她。她能够前来送行,使郎国任很是感激。他抓紧点滴时间跟周广仁先生征询出国比赛的经验。周广仁先生很看重郎朗,她鼓励郎朗,她说郎朗非常有希望。她还告诉郎国任这次文化部公派前去参赛的两名选手是陈韵劼和吴驰。

郎国任一听到陈韵劼这个名字，一下子怔住了。本来和谐的谈话气氛此时一下子卡壳了。在郎国任的心目中最有分量的一个名字就是这个上海的少年钢琴天才陈韵劼。尽管他从未看过他的演奏，但是，从来自各方面的信息使他感受到这是全国最好的少年选手。当然还有那个四川的吴驰。吴驰是但昭义教授的弟子，其才气和名气也是享誉全国。他们都在国内重要赛事上夺过冠。就是说，此番埃特林根之行，他们要与郎朗同台竞争，甭说国外还有多少不知道的强手，仅从国内这两位骄子，就已经足够郎国任深深不安了。他从心里不希望这么早就与这两个选手遭遇，他觉得郎朗与他们相比，无论从哪个方面说都不占优势。他从心里边打憷。借了那么多钱自费出去，不就为了图个获取名次吗？要是得不到名次，岂不白花钱吗？他们爷俩等于背水一战，而他们面对的对手该有多么强大。这种压力使得郎国任沉默了好一阵子，最后总算意识到不能让聪明的儿子在心理上留下半点阴影。于是，他故作轻松地对儿子说，这样也好，迟早要与他们撞上，躲是躲不过去的，在国外撞上比在国内好，评委都是外国人，他们不带框子，谁弹得好就给谁打高分。只要我们发挥好了，就一定能战胜他们！

懂事的郎朗附和着父亲，表示有信心战胜他们。相依为命的父子相互鼓励相互安慰着踏上了漫漫征程。

第一次踏上国际班机，第一次走出国门，第一次感到海阔天空，第一次对所要参加的比赛心里边没有底。

沉重的父亲，沉重的郎国任呵，祝你好运！

Chapter 4 泪洒埃特林根

冒胆借了5万块自费出国参加国际大赛，前途未卜，面对美丽新奇的异国风情，忧心忡忡的郎国任哪有心思观赏？郎朗毕竟还是个孩子，他蹦蹦跳跳地逗弄着父亲发笑，他能知道父亲有着怎样的忧虑吗？

前来参赛的各国选手都希望夺冠，比赛争夺得异常激烈。郎国任使用了他的奇妙招法，在儿子走向比赛台的刹那间，朝儿子后背上一拍，只因这一拍，就生发了奇效。这是“郎家军”的奇招，就像马俊仁在运动场上面对他的运动员所发出的奇怪喊叫一样。

德国的那个小城叫埃特林根，这座面孔沉郁的小城是不相信眼泪的。但，在公布比赛名次的那一瞬间，这座城市肯定被郎国任的眼泪彻底感动了。因为郎国任这个从不爱哭的铁硬汉子竟然双手捂脸，像从海底深处发出了呜呜哭声，这声音在巨大的压抑中弥漫开来，震动了在场的人们，一双双深蓝色的眼睛从不同角度朝他投过来同样的疑惑：为何哭得这般摧肝裂胆五内俱焚？

——本章题记

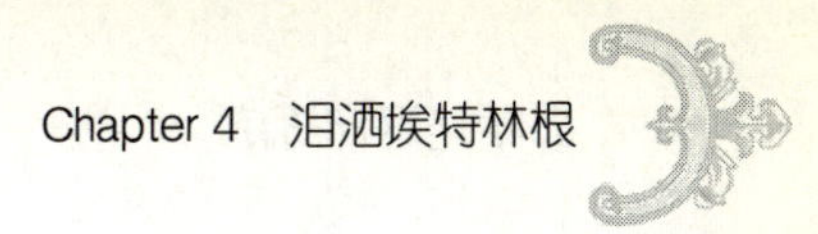

第一节　荧光屏上有条流动的小溪

郎朗父子与赵屏国老师一同登上法航班机，在笑容殷殷的金发空姐的迎接下，他们缓缓走进了一个高贵的空间——这是一个材料精致、什么都精致的宽敞通畅的空中大客厅，顺着过道往前瞅一眼，就让人胸襟开阔。座椅两侧坐了那么多的人也不显得拥挤，还有好几台大彩电，屏幕上不时闪现出飞行线路。线路在屏幕上温柔地流动着，在你不经意间延展着：飞出国门之后，线条的箭头便指向了乌兰巴托、莫斯科，而后还有华沙、法兰克福等城市，这一切对于郎家父子来说都是那样的陌生。郎朗仰头眨动着一双好奇的大眼睛盯着那道会流动的线条去处。他可以辨认出俄罗斯的拼读方式，他知道那片领土太辽阔了，他也向往着那里，他崇拜从那里走出来的钢琴大师们，那是些怎样星光璀璨的名字啊：霍洛维茨、拉赫玛尼诺夫、普罗科菲耶夫、斯特拉文斯基，还有肖斯塔科维奇、阿什肯纳齐……这些人中郎朗见到的只有阿什肯纳齐，那是在中央音乐学院上大师课时。其他的那几位他虽然没有亲耳聆听教诲的福分，但他却把这些人都当成他的老师，随着琴艺的提高、视野的开阔，他觉得这些大师越发亲近起来。

飞过这片辽阔的土地，就到了波兰的上空，波兰的国家不大，且有些软弱，历史上总遭受欺凌，却出了一位伟大的彪炳千秋的钢琴家肖邦，在中国人的心目中，肖邦有着特殊的地位。具有诗人气质的肖邦曾带着对故园的怎样的离情别绪，漂泊巴黎，写出了那么多不朽的钢琴诗篇，至今还在为世界上众多的钢琴家们悉心阐释。郎朗最喜欢这位钢琴诗人的作品，他小小的年纪已经可以熟练弹奏肖邦的《24 首练习曲》了。在他这小小年纪上，能够熟练弹奏出肖邦《24 首练习曲》的人是不多见的。

过了波兰华沙直抵柏林，然后就到了法兰克福。从屏幕上标出的飞行曲线上可以

看得真真切切，途中差不多用了7个小时。

精力过剩的郎朗头一次乘坐国际航班，头一次飞出国门，他像个弹性十足的皮球，从里往外膨胀的兴奋使他无法在座位上坐稳当。他不断地在过道上走动，不断地接别人的话岔，他见身边的父亲过于沉默，他就觉得难受，便不时地逗弄一下。这时候的郎国任显不出一丁点的威严来，对于许多人来说，第一次出国，其高兴的心情肯定是难以掩饰的，而郎国任却完全不是这样。他不仅没有一点高兴的神色，反倒显得情绪低落，疲惫不堪地瘫在座位上，不爱吱声，甚至连眼皮都懒得往上抬。这位精力过剩、责任更过剩的中年汉子由于连日来的操劳，那绷紧的神经一旦松弛下来，他就再也挺不住了，他居然在如此舒适的法国民航班机上如同坠入棉花堆里，头重脚轻，挣扎着却怎么也爬不起来，只能闭上眼睛任其游荡。突然，郎朗发觉父亲呕吐起来。

郎国任像是大病一场，好容易止住呕吐，闭上眼睛养神。他显得很虚弱，脸色白得吓人，汗也直往外冒。他居然晕飞机了。

在儿子的眼里，父亲是位钢浇铁铸的汉子，有点小病什么的，不会当作一回事。在随行的人中，也只以为郎国任出现这种异常反应不过是身体有点暂时的不适罢了，却不会去进一步揣摩一下他的心情究竟怎样。

由于人的处境不同，其心情是不会一样的，心里边承受的压力也不会一样。赵屏国老师当然也希望他的学生获奖，但这种希望的强烈度自然是与作为家长的郎国任不一样。他们两个人在对待郎朗的问题上，应该说是大同小异，但是，即便这种小异，也时常会使彼此之间碰撞出一些不快来。

在郎国任这边，根本就没有从这次出国中感受到一点点与旅游相关的乐趣，因为他没有一点轻松的心情。作为一个辞去公职的“无业游民”已经几年没有工资了，为了这次成行，不仅得拿出父子俩的费用，还得给老师拿路费。5万块呀，借都不易，何时能够还上？多大的压力！

这是下了一次赌注，一次不小的赌注，问题是究竟有多大把握？这已经不取决于他了，而是取决于他的宝贝儿子。

他第一次顾不得照顾儿子了，索性就让他自由自在吧！

围绕着父亲成长的儿子总是离不开一种管束，突然到了不受干涉与管束的时候，竟高兴得不知如何是好了。要是总能这样自由自在该有多好。可惜，飞机上时间过得太快了,似乎还没有呆够,就该收拾东西下飞机了。有父亲在身边,他什么都不用管,所有的行囊统统都由老爸负责。

郎国任在飞机停稳于法兰克福机场时及时醒来。他强打着精神,拎起行囊,紧随在儿子身后往出口走。郎国任瞅瞅机窗外面那片陌生的世界,心里说:到了,到外国了!

法兰克福机场是欧洲的第二大机场,仅次于伦敦的希思罗机场。这里有260条航线与世界各地通联,被称作“通向世界的门户”。这里昼夜都有飞机降落,从来不肯停歇,有一家杂志称这里是“震动世界的地方”。

郎朗他们一行四人被空姐非常有礼貌的微笑送出了机舱门,顺着B号指状的登机舱舱道缓缓走了出来。舱道四周的玻璃透视性能极好,可以望见广阔的室外机场,停机坪泊着各国的飞机,有的正在疾速冲出跑道。就在他们的顶部设有一个大平台,作为游人的观赏处,可以登临眺望整个机场景观,以及机场周围的城市轮廓。显然郎朗他们不知道这个游览处,就是知道,他们也不会有闲心去的。他们要抓紧时间去取行李。

行李是从一条传送带缓缓输出来的,人们守在旁边,没有一点拥挤和杂乱,一切都是那么井然有序。德国人的一切都是讲究秩序的,只要你的双脚一踏落这片土地上,你就会感受到某种不曾有过的束缚。同行的四人中有一位女孩子,她也是自费前来参加比赛的。她的哥哥就生活在这座城市。电话中已经联系好了,他前来接站。有人接站,郎国任绷紧的神经多少可以放松了,脚步也随之变得疲沓起来。一向精神头十足的郎国任,在德国的这片土地上始终打不起足够的精神头。郎国任有点发蔫了。

赵屏国老师神清气爽。他穿戴讲究,走到哪里都是一副兴致勃勃的样子,看上去显得比实际年龄要年轻得多。他带了一台小型摄像机,随时随地拍摄着。镜头上凡是出现他的形象,都是满面笑容,满面欣慰。其中不乏透出那种久违的中国人踏入西方世界的新奇与欣喜。从神情到衣着,与郎国任的心事重重状态恰好形成反差。

如今,我之所以能够有幸捕捉到当时他们一行进入德国后的场景,包括许多细节,这得感谢赵老师。他把他的学生郎朗第一次走出国门的情景逐一拍摄下来,这肯定是一部有价值的资料。如果不是赵老师的细心,哪能记录下这么多生动的场景。

我发现那时候的郎国任对这种摄像机没有足够的心理准备去适应，这也许是他的生存状态的拮据导致他对这种奢侈品的漠然，也许是一看到这种四处晃动的“眼睛”就立时想到了他为此而掏出的所有费用，他的心情能够轻松平衡吗？

这种不平衡在他们这一行人的旅途中投下了一道阴影，而这道阴影拖拉得未免有点长了……

Lang Lang
14.6.1982
China (Volksrepublik)
INTERNATIONALER WETTBEWERB
FÜR JUNGE PIANISTEN ETTLINGEN
Sekretariat
Musikschule der Stadt Ettlingen
Pforzheimer Straße 25 a
D - 76275 Ettlingen / Germany

郎朗第一次在德国获大奖时的参赛证

第二节　好奇带来的好运

随着赵屏国老师摄像机的镜头，我看到了他们一行乘坐的法兰克福的地铁。地铁车厢是白色的，白得挺纯，因此显得干净明快。紫颜色的靠背座位被白色衬托得愈发深沉凝重。这是两种风格的交流，犹如两种文化背景完全不同而形成的两种截然不同的面孔。

车厢里的人很少，严肃的德国人与不那么严肃的我们的人大相径庭。人家大都捧着一张报纸在埋头阅读，没有互相间交头接耳，更没有说说笑笑的。而我们的人在车厢里却要活跃得多。那个我说不出名字的女选手很爱说笑，好像她不是自费的，要么就是她的钱很多,拿这点钱花销丝毫不影响情绪。反正她想得挺开。

自费前来参赛与公家派来总还是不一样的。这次中国报名前来参赛的选手分两批前往,公费和私费。公私真是分明,这从乘坐的班机上就可以分出不同来。公费选手乘坐中国民航班机,由文化部领导带队;当时中国民航票价肯定要贵一点,但公家拿钱嘛!而他们这种自费选手乘坐法航班机,法航班机肯定比国航班机票价便宜。自己掏腰包即便再有钱,也还是要算计的。郎国任是借钱买机票,当然,他要买便宜点的。从飞机上下来,郎国任就不曾流露过笑容,走路脚步也很沉。晕飞机的感觉似乎还没有从他那里消除掉,一脚高一脚低,总是落在最后边。相形之下,那位自费的女选手似乎没有任何压力,她好像是出来旅游似的。她坐在地铁车厢里谈笑风生,毫不掩饰她第一次走出国门的兴奋。那爽朗的笑声始终具有着感染力,却无法感动低头看报纸的德国人。

郎朗在镜头中更是一个活泼好动的顽童,从他的带有夸张色彩的顽皮中透示出某种补偿成分。下了地铁,他们走在法兰克福的大街上。细瘦的郎国任肩挎一个肥大的包裹,手里还拎着一个包,面色苍白而无任何表情。撞到眼里的异国风光似乎引不起他的任何兴致。或许他在飞机上晕机的那股难受劲儿还没有消解吧?他走得很慢很沉,似乎跟不上儿子那欢快的跳跃。郎朗蹦蹦跶跶,快活极了。他见赵老师的镜头在身边晃动时来了调皮劲儿,他铆足劲儿,居然往斜上方高高的镜头里一跳,咧着大嘴“啊”的一声,做了个怪脸。这一个怪脸他做得好轻松好痛快,然而却“砸”了他的赵老师的镜头。赵老师不无疼爱地说他净捣乱。

蹦蹦跶跶的郎朗对什么都感兴趣,街头上的民间艺人以放浪的身姿扭动着舞蹈,还有的在敲打着鼓,居然把鼓夹在裤裆里两手拼命敲打。店铺橱窗炫耀着城市的富有,而名人的雕塑却在述说着城市的历史。熙熙攘攘的街头弥散出丰富多彩的诱惑。郎朗、赵老师还有那位女选手都被这些西洋景弄得很开心,只有郎国任依然面无表情。

当晚,他们一行就下榻在女孩哥哥的住处。房间很窄,可供使用的空间都充分利用了,事先没有准备够床铺,他们爷俩就睡在地上,把好的床铺让给赵老师。翌日清晨,法兰克福的天气不是很晴朗,雾气很浓。赵老师与郎国任立于窗前,望着外面院子里的各种树木。

赵老师很有谈兴，他瞅着窗外兴致勃勃地谈论着。他说出两三句话，方能引出郎国任一句。镜头是从窗口逐渐向院落扫动的，于是，一排排繁茂的植被像绿色的波浪高低错落，起伏有致。赵老师说，你看，这么多树呵，那房子盖得多好，典型的德国房子。赵老师语气中充满感叹。看得出他是性情中人，到了这片土地上就免不了要发出一些感慨，而郎国任呢？大概是为了照顾对方的情绪，随声附和，完全是一副被动状。

突然，插进来一个稚气的声音："这是一个小院！"字正腔圆，声音脆利，从这个声音中可以听出来这孩子睡了一宿好觉起来，心情好极了。

没有人去接郎朗的话茬。

赵老师沉稳地边移动着手中的镜头，边自言自语道："这是一棵假树。"郎朗马上接话说："不是假的，是真的。"

那些树大多是栗树，还有白果树。还有花坛，花坛中有五颜六色的花。赵老师说，这些花我过去都养过。郎朗又立马接过话茬：哪个花？赵老师说差不多这些花我都养过，只是后来太忙，就顾不过来了。

出了那个小院，他们到了外边一条小街。小街有着一副严肃的面孔，在这种街道，你是不敢大呼小叫的，就连走路的步子都不得不放轻一点。昨晚是他们父子在国外度过的第一个夜晚，父亲和儿子的感受是决然不一样的。儿子做的梦肯定是带甜味的，而父亲呢？带苦味儿的梦恐怕都没做成。郎国任几乎一夜不曾合眼，简直可以说他是瞪着眼睛神游八极。他不能不回到那个小小的困了他多年的工厂。进了那个小工厂熟悉的大门就摆脱不开那些个烂熟的面孔了。越是不想见这些面孔就越是摆脱不掉，也真怪，郎国任走得越远，时间越久，处境越好的时候，却偏偏会掉进那个小工厂的环境出不来。他走到哪里都出不来，走到天边外国更是越陷越深。何况还有对即将到来的比赛的担忧。等待他们的结果到底会怎样？他心里没有底。

郎朗躺下时兴奋，爬起来依然兴奋。我不知道他们父子当时用的那个傻瓜相机是不是借的。没睡好觉的父亲给睡好觉的儿子拍照。拍了几张，郎朗那双不安分的眼睛突然一亮，竟发现了一处中国式的住宅，便好奇地跑过去。他站在那里向爸爸招手，让爸爸快过来，在那里给他拍照。郎朗当时穿着白色的短袖衫，黄颜色的短裤，腰板拔得倍儿直。郎国任那时偏瘦，脸色也看不出什么光泽。他半蹲半跪地将镜头对准儿子，一副鞠躬尽瘁状。就在他刚刚按下快门时，从那座中国式的宅院里走出来一个人，一看就是广东人。他微笑着与郎朗打招呼。当他听说郎朗他们是来参加国际钢琴比赛时，非常高兴，随后，就把他们请到家中。

走进这座中国式的宅院，令他们惊讶！这简直就是一座花园，而不像一户人家。有养鱼池，有草坪花坛，有品种不同的树木，最让郎朗惊讶的是地上还有可爱的小松鼠在神气活现地跑动，正跑着却又突然停下，两粒黑豆似的小眼珠充满警惕的好奇。

迈进中国建筑的门槛，一眼看到客厅正中按着中国传统方式供奉着一处神坛，神坛上供奉的那尊神是位红面美髯、威风凛凛的古代人，郎朗眼睛一亮，认出是关公——关老爷。《三国演义》的连环画在中国的普及率是够高的了，它影响了一代又一代的男孩子。郎国任小时候也特别喜欢看《三国演义》的小人书，那个年代，在街头地角都有摆小人书摊的，看一本只需 2 分钱。郎国任曾被仗义勇为、武艺高强的关羽迷住过。他还曾拜师练过一段武术。他不仅崇拜关公的武艺，更敬重关公的仁义。在异国他乡的这位陌生中国人家中，能够把关公的神位如此供奉，除了让郎国任感到惊讶之外，也使他感觉到这位姓黄的主人很重视中国的传统文化，很崇尚关公的仁义之德。

果然，黄先生很仁义。他是台湾人，从商，主要经营皮革制品。迁居德国已有十几年了。他有一个女儿，年纪跟郎朗相仿，也喜欢弹钢琴。黄先生把郎国任父子他们当成了尊贵客人，让进了客厅。房间陈列摆设的都是中国古典式家具，一台立式斯坦威钢琴摆放在墙边，钢琴质地很好，声音也不错，郎朗手一触键，就感觉格外兴奋。黄先生和他的女儿都是郎朗的认真听众，郎朗一上手就弹起了肖邦的《黑键》。清泉飞瀑般的爽朗节奏，大珠小珠落玉盘的脆快声音，引起了黄先生的啧啧赞叹。他没有想到凭空飞来了一位钢琴神童。黄先生当即挽留他们吃早点。

广东人的早点是颇为讲究的。这么多年黄先生出门在外仍然保留着广东人的生活习惯，至少吃早点的习惯他没有改变。黄先生没有亲自动手去做，而是由他的亲戚去做。那天做得不是很复杂，却给郎国任留下很深印象。特别是席上有一种菜贵得吓人，一斤要 65 马克。郎国任粗略算了一下，65 马克合人民币将近 400 元。他注视着那种名贵的菜却没有把这种菜的名字记住。其实，这种天价般的菜不用记名他也永远忘不掉了，他说这种菜的形状有点像菠菜，我们不妨管它叫德国菠菜。

黄先生很好客，尤其是接待这些送上门来的同胞。黄先生中午在法兰克福一家中国餐馆设宴招待他们。餐馆坐落在美茵河畔，我们一般只知道莱茵河是德国的主要河流，却很少知道美茵河。美茵河虽然不如莱茵河大，却也是一条很美的河流。特别是它流到了法兰克福，为这座世界著名城市增添了许多光彩。是这条河流的美带来了城市的美，还是城市的美装饰了河流的美？到过法兰克福的人都会对美茵河南岸的文化设施留下记忆的，这些设施是这座城市最具魅力的地方，也是法兰克福新风貌的体现，是这座城市上流社会人士的"宠儿"。这里是歌德和叔本华的故乡，见多识广的赵屏国老师到了这里显得异常兴奋，他瞅着面前流淌的河，对身边的人说，瞧，这是莱茵河！

赵老师希望对他的学生多说一点，因为他知道郎朗是头一次出国，就应该让孩子多知道点什么，从中也可以看出中国教师的责任心。但是，他却把脚下的这条河流说错了，他说成了莱茵河。别人不知道，黄先生马上予以纠正，说这是美茵河。

穿着蓝底花衬衫的赵老师，一直那么乐呵呵的，说错了被当即纠正，从他的表情看，尴尬自然有那么一点，但更多的还是感激。他感激黄先生及时予以纠正。

尾随其后的郎国任面对这条河流却全然没有赵老师的那份热情，莱茵河也好，美茵河也罢，都不能改变他的情绪。他深深知道此行的目的，花这么多钱不是来游山玩水的，而陶醉于异国风光中的赵老师显然是希望多领略一些，多逗留一些。赵老师那种不假掩饰的兴奋感时时刺激着郎国任，心境反差越来越大，对眼前同时看到的美好景色，其感受的差异也自然越来越大。似乎赵老师越高兴的时候，郎国任就越显得深不可测。有一点是不必掩饰的，赵老师希望在看光景中让郎朗多一些见识，而郎国任却直截了当地说不希望耽误时间，只想着抓紧时间练琴，以便投入比赛。他们绝没有旅游的心情。

这是 1994 年的 8 月 10 日。

美茵河畔。他们在一座铁桥上留影。赵老师的表情很积极，生动，郎国任表情很淡漠，竟看不到一丝笑容，哪怕是勉强的。在他身后的铁桥斜上方交错的那排铁拉索，也显得格外冷峻起来。

黄先生是不会揣摩到围绕着郎朗这个让他喜欢的孩子，两位大人之间的某种差异。黄先生只是一味热心地尽着地主之谊。

也许这种热情中有着客气应酬的成分，但是，他对郎朗的喜欢是不掺水的。他非

常看重郎朗的钢琴天赋，作为父亲，他何尝不希望自己的女儿也能弹到郎朗这种程度呢？但是，相比之下，他只剩下了感慨。他问郎国任是如何培养孩子弹钢琴的，他说他也想好好培养女儿弹琴，可是，他不知道该如何培养。两位父亲关于孩子的话题还是有共同语言的。

黄先生把郎朗父子留在他们家住下了。一来，郎朗可以有这台质地不错的钢琴练习；二来，也可以教教他的女儿。郎国任正在犯愁到哪里去练琴呢，他不能让儿子一天不摸琴，却不曾想居然会这么容易就得到如此好的练琴条件。住进黄先生家中，郎朗父子算是真正享受到了法兰克福的幸福与美好。

他们在法兰克福差不多呆了四天。离开法兰克福时，黄先生亲自驾车为他们送行。由法兰克福到埃特林根只需 1 小时 40 分钟。黄先生开的是辆奔驰车，车体很宽大，坐进去很舒适。"大奔驰"在世人眼中是豪华富有的象征，但在德国人的眼中，对这种车大概不会引起什么注意，因为在这片土地上到处都是好车，他们见怪不怪了吧？而我们中国人见了这种车就不免会引起足够的注意，岂止是注意，简直就是一种盯视。经历坎坷、在荣辱中起伏不已的郎国任，对世态炎凉有着深刻体验的郎国任，从小就喜欢玩车的郎国任到了这种地方，见到这种车，能不让他感慨万千吗？

奔驰车并不按着郎国任的情感思路行驶，它没有情感，像一艘只求稳健的大船，跑得越快越平稳。只见公路两侧的树木纷纷退后，透过挡风玻璃看到迎面而来的是一片茂盛的森林。挨近这片森林，就挨近了埃特林根。在德国，许多城市或城堡的边缘都有这种森林，这种森林跟德国人一样讲究秩序，讲究严谨，讲究整体的庄严与神圣。

埃特林根街头很清幽，看上去这是个人口不多的小城。灰瓦与红瓦的楼顶构成了小城空间的基本格调，认真去体悟这种建筑便会感受到日耳曼人那种恒定的性情。赵老师仍然充满对异国风光无限眷恋之感，而郎国任也仍然是与之相异的神情。赵老师肯定意识到他们之间的距离在拉大，所以，他到了埃特林根时对郎朗说：你看这几天多好，玩也玩了，琴也练了，都没耽误……

在旁边的郎朗和郎国任都听到了，但他们爷俩谁也没有应和。才几天时间，郎朗的情绪与刚到德国时完全不一样了。他像突然间长大了，他的表情渐渐接近了他的父

亲，他竟然也学会了缄默。

面对埃特林根比赛场地院子里那个椭圆形花坛中心的旺盛的喷泉，我相信他们三个人的胸中都是无法平静的。作为恩师的赵屏国，作为父亲的郎国任，他们对于少年钢琴天才应该有着同样的期待，同样的责任，而在郎朗的心目中，他们也应该是同样的不可或缺。然而，当这位聪明过人的少年一经发现了他们两人中间有着不同的心境时，他变得更乖巧了。他肯定不想得罪他的恩师，他更不可能让他的父亲伤心，他知道自己在他们心目中的重要性，哪怕是一句话该向着谁说都是至关重要的。沉默？这哪是郎朗的天性！生活呵，真正在难为我们的天才！他没有什么可以选择的，他只有拼命练琴，只有拼命去争取，他必须获奖，必须成功！他不能失败。哪怕稍有闪失，恐怕彼此的怨怼情绪都会更甚。

在埃特林根时面对大赛的郎朗，心里的压力是可想而知的。他不但需要承受比赛气氛的压力，他还得学会承受来自生活的巨大压力。

这是在德国埃特林根比赛现场的出入口——那扇开启的门使郎朗走向世界

第三节　房东尼曼娅和一条与郎朗同龄的大狼狗

参赛选手一律被安排在乡下居住。其实,所谓的乡下与城里没有什么两样。距离城里仅有10公里。如果硬要去找一点区别的话,那便是乡下的空气比城里更沁人心脾。德国房东很是热情,实心实意地为这些远道而来的异国他乡的朋友提供帮助。郎朗父子被安排到一处庄园般的别墅,他们一下子就被这里的景致吸引了。葱茏的院落,带有坡度的柔和光滑的草坪,都铎式的红瓦尖顶小楼,阳台精致得像雕刻的工艺品。天,那么蓝,蓝得把云彩衬得格外白。而格外白的云彩在格外红艳的楼房尖顶处飘移,简直是美轮美奂。房东是位热情豪放的胖太太,她是纯正血统的日耳曼人,满头金发,长长密密,把她的性格渲染得一片炽热。她是一所中学的音乐教师,与丈夫都爱好音乐。他们夫妇刚刚出外度假回来,就迎来了中国的客人。她喜欢郎朗,不仅喜欢郎朗的弹琴,也喜欢郎朗那欢乐可爱的性格。她养了一条大狗,那是一条颇有教养的德国黑背,它的年龄跟郎朗相同。第一次见到它时,郎朗有些胆怯,小心翼翼地企图绕开它的盯视。或许正是这一绕,让这位狗绅士不高兴了,它凶凶地狂吠起来。胖主人对它的呵斥也是充满阳光的。她(它)们之间似乎有着一种难以言说的默契。

房东胖女人叫尼曼娅,跟她在一起,充满快乐感。她对生活的热爱不仅可以感染别人,还可以感染房间感染草坪,甚至可以感染丛林群山。她大笑时,那朗朗的带有共鸣腔的声音跌瀑般响彻云天。在这种笑声中,郎国任内心的压力正在悄然散失,眼里的忧郁也有所改观。

最难忘的是每天用餐时,白色的餐桌餐椅摆放在茸茸草坪上,还摆放着音质非常好的音响,吃饭时,主人打开音响,一股旺盛的音乐亮闪闪地奔突而出,郎国任一下子就被这熟悉的《田园交响曲》打动了。这首曲子虽然在国内没少倾听，但都没有如此这般坐在德国的如诗如画的草坪上，倾听德国乐圣也是世界乐圣的倾吐，那种独特的感觉只有懂音乐的人身临其境时才能体味。

郎国任后来对我说那条德国狼狗懂音乐。这话我信。动物都能听懂音乐。我在朱雅芬教授家看到她养的那两只波斯猫就能听懂音乐。它们与朱教授交流对音乐感受的唯一方式是随着节奏摇动那蓬松着白毛的长尾巴。我还相信植物也能听懂音乐。我家养了一盆达木兰，平时花开得并不动人，可是，当我买来了丹麦的音响放在这盆花的旁边时，不长时间这花就开了，那花朵比平时增大了至少有一倍，而且开放的时间也比过去长一些时日。郎国任说那条德国犬一身黑毛无一根杂色。他说只要音乐一响，它就极其乖巧地趴伏在草地上，黑黑的毛色显得灿亮起来，尖尖的耳朵会随着旋律起伏而微微耸动。后来，这条音乐狼狗跟郎朗特别亲。只要郎朗一弹琴，它就贴过来，拜倒在郎朗的脚下。郎朗什么时候弹完，它就什么时候离开。郎朗弹琴时多次注意了这只狗的眼睛，郎朗看到了这双眼睛不时地眯缝着，郎朗弹得最具光色时，狗眼就会放出光亮，弹到平淡处时，从狗眼中也可以透示出来。郎朗在枯燥的练琴生涯中还是头一次感到如此有趣。等到郎朗练完琴站起来时，黑背也拱了个挺舒服的懒腰站起来，它会冲郎朗感激地点动脑袋。那表情好像在对郎朗的练琴作出评价。练琴练累了，郎朗就会跑出门外，往光滑柔和的大草坪上一扑，就地打上几个滚儿。尾随其后的黑背也会顽皮地跟着郎朗一同戏耍。阳光和草地在这时会跳荡出动人的气蕴。这种异国风情给郎朗带来了许多灵感和激情，他似乎忘记了比赛临近的压力。要是能够长久这样该有多好？但是，他不能放松，只要有父亲在身边跟着，那就得督促他，他就永远不会真正放松的。父亲那张忧郁的脸总是无形中给他带来不可名状的压力，在他最开心的时候，冷不丁注意到了父亲那张脸，他就会突然接到了无声的命令，马上坐回到钢琴前。他默默地不知多少次对自己下达命令：一定要拿到好成绩，绝不能白来！他盯准了公费派来的选手，他下决心要超过他们。只要一看到他们，郎朗就涌起一股练琴的劲头，这种劲头无时无刻不在他的身上涌动。从他走进中央音乐学院附小大门的第一天起，他就用这种方式激励自己。他会把比他强的人的名字挂在嘴边，一到弹琴弹累了时，就会高声喊叫着这个名字，以其刺激自己，鞭策自己。他参加过许多重要比赛，但那都是国内比赛，这种国际赛事对于他们父子而言，还是第一次。背负着那么大的压力，命运之神会向他们微笑吗？

第四节 泪水的真实分量

毕竟临近比赛了。比赛是在这座小城的中心位置，好像是一所音乐院校的比赛厅。周围环境很好，有树木花草，还有一个圆形的喷泉。音乐厅的建筑有些陈旧，墙体爬满了青藤绿叶。有一张郎朗在门前照的相片，角度是仰拍的，郎朗位于台阶下边，身后的大门洞开着。他两手掐腰，脸上是一副心想事成的笑容。我想这一定不是比赛前拍的。可想而知，比赛前郎国任能有心情给儿子拍这种照片吗？再说，郎朗赛前能有这样的表情吗？瞅着他身后的那扇大门不妨可以设想一下，临近比赛那天，他们父子和别人一样拾阶而上，进入大门时，心情能不紧张吗？所有的努力，所有的担心就要在进入这扇大门里边发生了——命运的大门对他们父子没有丝毫温情。

赛事始于 8 月 19 日。先是青年组比赛。赛前，选手们都在琴房练琴。精明细心的郎国任在青年组选手中一眼就发现了一位盲人选手。他来自日本。这位盲人选手凭借着失明之后的最敏锐感觉去触摸键盘，他几乎不是在弹琴而是在抚摸键盘，抚摸那每一个光滑的玉块，其感觉犹如抚摸贵重的珠光宝器。这使键盘在他的手下变得高贵起来，而由此发出的声音也高贵无比。这简直是一种大师级的抚摸，伟大的霍洛维茨曾在演奏中有过这种抚摸，在大师的手指下，最美的声音就是这么抚摸出来的。

郎国任是非常识“货”的，他盯住了这位日本盲人选手不放。那双充满魔力的抚摸键盘的手有着不可思议的灵感。在练琴房里郎国任被迷住了，他从中悟出门道。他把儿子拉过来一同屏住气地听着，聪明的郎朗很快从他的抚摸中悟出了一种自己缺少的东西。于是，他悉心学习，把对方的好东西变成自己的。数年来，郎朗的钢琴所以有着突飞猛进的提高，就是因为他有着这样一种吸收方式。不管是谁的，只要他父亲看好

了,就一定想法变成他自己的。

盲人选手并不保守,他愿意跟郎家父子谈演奏。郎国任问他啥他就照实说啥,没有任何遮掩和提防。他听了郎朗的练琴,对郎朗印象很好。

由于郎朗从盲人选手那里学到了抚摸键盘的那种奇异感觉,使他在演奏时更多了一份沉着和自信。

比赛定在下午。前一天,尼曼娅领着郎朗父子去了教堂。她跟上帝祈祷,希望能够保佑这位住在她家里的中国男孩获奖。在郎朗离开她家准备前去参赛时,尼曼娅还为郎朗父子准备了午饭和水,让他们带上。郎朗父子上路时,很是感激这位德国房东的热情。还有那条高大的德国黑背,它也出门目送郎朗去比赛。比赛的紧张气氛一般都是体现在赛前,特别是抽签的时候。下午 3 点准时抽签。郎朗抽签的结果还不错,是在吴驰的后边。吴驰是公派的参赛选手,来自四川音乐学院。他和上海音乐学院附中的陈韵劼都是本次大赛少年组的夺冠人物。这两位都比郎朗大几岁,也都比郎朗成名早,却与郎朗分在一个组。他们两人都在全国大赛中拿过第一名。陈韵劼是在 1992 年的全国首届钢琴大赛中夺冠,而吴驰是在"珠江杯"全国大赛中获得第一名。他们都是国内的钢琴骄子,都是以公费的身份代表中国出来参赛的。身份不同,连说话的口气似乎都与自费来的不一样。他们两人在这次比赛中夺冠的呼声要比郎朗高得多。甚至可以说,一些人的眼中根本就没有郎朗,特别是正规的文化部派来的人对郎朗的希望肯定不如对人家那几位正规的公派选手。敏感的郎朗和他的父亲不会迟钝于任何一个细小的眼神和表情,有多敏感就有多自尊,有多自尊就有多少感伤。这就更加坚定了郎朗的志气。那几天,他们父子的劲儿都憋得足足的。

郎国任的头脑是清醒的,越是临近重大赛事的时候他的头脑就越是清晰。这种国际赛事从来就没有家长光临,只有老师带着学生前来,可是,郎国任这位特殊的父亲来了,他的到来,究竟能对儿子的比赛产生什么样的影响呢？他是儿子的主心骨,他很善于审时度势。他总在观察,总在合计,他的心劲比任何人都更强。他很看重吴驰与陈韵劼这两位公派选手,他曾听过他们弹琴,他知道两位都是出自名师之门,都很有潜力,他俩是郎朗主要的竞争者,这是来自国内的熟悉的选手方面,还有国外那些不很熟悉的选手中又潜藏着怎样的竞争对手呢？这一切他充分估计到了,想得越多压力就越大。

第一次大步流星走向国际舞台——
郎朗上场参赛时的情景，他的步伐充满自信的力量

下午3点开始抽签，每次比赛抽签时郎国任都在场观看。在抽签前后，他观察着那些熟悉的和不熟悉的选手们，心里如同十五个吊桶打水——七上八下。他的期望值越来越小了，他觉得郎朗这次能够取上名次，就算不白花钱。他最怕的是万一连名次都没取上可怎么办？那还有什么脸回国呢？

郎国任是很有眼光的，他所看好的那位日本盲人在青年组比赛中以超群的音乐感觉夺取了第一名。他从台上下来时，观众掌声如潮。在这么热烈的掌声中，他步子细慢，戴着墨镜，摸索着缓缓前行。一般的日本选手在这种比赛时，通常是技术上好得无可挑剔，而音乐方面则相对的要差一些，但这位盲人选手的音乐奇特的好，深深地征服了在场的听众，人们对他报以热烈掌声。郎朗父子的巴掌也拍得够响亮了。

由于青年组先进行比赛，与郎朗一块来的那位自费女选手在二轮时就遭淘汰。还有一位中国女选手也是中途翻车。她们的沮丧情绪不能不影响郎朗。不能说同来的选手没有获上奖便不希望郎朗获奖，但至少在她们心目中那种平均主义的面子观是起

作用的。但是，郎朗很快就从她们的失败情绪中摆脱出来。他在吴驰弹奏之后，昂然登台了。郎国任照旧采取在国内时用的招法，在儿子将要登台的一瞬间，往儿子后背拍了一掌，郎朗全身抖擞，腰板挺得更直了，腰板一直溜，人就显得格外精神。

郎朗穿着一条蓝裤子，白上衣，打着黑领结，一个挺帅气的小绅士。他迈着稳健得有点刻意的步子从后台的那扇白色的欧式玻璃格门中跨出来。台面很低，只有两个踏步，不似通常意义上的演出舞台，所以，走在这种台上与下边的观众显得很是亲近。

郎朗规规矩矩地走到钢琴前，一手扶着钢琴边角，一手往胸前部位一搭，朝观众行了一个大礼。一个只有12岁的平民儿子，正是无拘无束的年龄，能够规矩到举手投足都这般考究的地步，怎能让人去联缀他在北京简陋粗糙的房子里度过的那些充满磨难的日子？

中国有句老话，叫作“出水才看两腿泥”。紧要的时刻到了。郎朗坐下了，而郎国任的心却忽悠一下子吊起来了。他眼中的儿子坐得挺稳，琴凳腿下面铺着一块地毯，郎朗的脚一只伸向踏板，一只踩在松软的地毯上。他若有所思地沉入了瞬间的平静。

在这个陌生的国度和陌生的空间，面对如此多充满挑剔的外国听众，郎朗显得那么孤立无援。被巨大而敦实的三角钢琴一衬，他显得单薄而瘦小。在那些聚精会神的蓝眼睛里，他比前几位黑头发的男孩子更乖巧，也更招人怜惜。因此，从他的指尖下弹出的声音就更容易对周围发生作用。

五年之后，我与已经是深圳艺校的钢琴教授但昭义先生通电话时说到郎朗，他还以情感强烈的口气盛赞这个少年在埃特林根国际比赛中的杰出表现。他认为郎朗那天发挥得太好了，有如神助，明显比其他选手高出一截。一开始郎朗就很自信，不急不躁，技巧与音乐都很好。在他的这个年纪能够有着如此好的自控力，确实令人惊叹。

郎朗先弹肖邦练习曲，又弹了肖邦的回旋曲。他没有一点多余的动作，一点也不夸张，弹得那么自然那么慰藉，一丁点儿的矫揉造作都没有，他把内心的情感逐渐融化到声音中弥散开来，使得淡漠的空间迅速变得温柔起来。

郎国任坐在二楼一个最不引人注意的地方在最认真地聆听着。他的担心越来越强烈，因为今天下午临上场之前走一遍曲目时，赵屏国老师发现了郎朗在弹肖邦的圆舞曲时，有一处弱音没有处理好。他当即予以纠正。那时候，与正式登场比赛只有半个小时了。在这么短的时间内能够改好吗？平素他已经习惯了那种处理方法，弄不

好，会弹糟的。他的担心使他在听到儿子进入这个曲子时，紧张得简直不会喘气了。

郎朗像什么事儿没有似的，温柔自由地划动着键盘。他的任何一下触键都在有分量地击打着父亲那颗敏感而脆弱的心。父亲以极大的意志力忍受着这种击打，终于欣慰地接受了那一处弱音的处理。就像一处堵塞的河流突然变得通畅一样，郎国任感到了异常的舒服。他从心里佩服儿子的头脑，能够这么冷静、这般严谨地记住这小小的一处弱处理，多么不易！好儿子！真是爸的好儿子！

郎朗越弹越得心应手，他仿佛不是在进行这么重要的比赛，好像是在一个人练琴似的，爱怎么弹就怎么弹。尤其到了弹奏那种激情洋溢的曲子时，更能见到他的魅力。

随着他的手指在键盘上热烈地跳跃闪烁，随着他那奔放的情感恣肆涌荡，演奏大厅急剧升温，以至沸腾起来。到了《塔兰泰拉舞曲》，已经把不同肤色的听众的情绪推向了高潮。那疾如马蹄的节奏，那狂放不羁的旋律，使台上台下浑然一体，一同激动，一同狂热。等郎朗弹到最后一个曲子——中国曲子《浏阳河》时，那些外国听众好像都变成了中国人似的，他们完全听懂了这首中国曲子并且听不够。于是，他们以黏稠得化不开的掌声不让这个天才的孩子与他们剥离。人们喜欢他，听不够他的述说他的表达。

郎朗幸福地被难为着，一遍遍行礼，行大礼，一遍遍学着去迈大师的稳当步，上来下去地折返，听众却不依不饶。修养极好的观众居然发出兴奋的狂叫，这种喊叫对于场内的情绪起到了推波助澜的作用。坐在前排的赵老师兴奋得满面红光，他使劲为自己的学生鼓掌，他非常满意郎朗今天的演奏。特别让他高兴的是郎朗在练习时弹错了一个音，他给予纠正，他担心郎朗在比赛时会忽略这个音，却没想到郎朗完成得极其精确，令他这位朝夕相处的老师都叹为观止。在他看来，郎朗是超水平发挥，但是，这种发挥能否被本次大赛的评委会认可呢？仍然是个悬念。

评委们来自好几个国家，都是具有世界级影响的专家。只是没有我们中国人。观众们对郎朗的演奏反响强烈，而评委们会持什么态度呢？

一下午的比赛结束了，评委们聚到一起开始了评比。赛场气氛得以松弛，人们谈笑风生。而郎国任却丝毫不得放松，他甚至都不敢离开座位。他再清楚不过了，儿子的发挥有多么好，但是，他的担心也由此更甚。经验告诉他不能把事情想得那么好，往往想得越好其结果越惨。所以，在漫长的等待过程中，他反复对比反复权衡，他觉得儿子应该进入前六名的。他只敢去想第六名，或者第五名，而不敢再往前提了。

不知过了多久，会场出现躁动，台上有人在安放桌子，随后，一男一女从后台那扇白色的玻璃格门走出来，径直进入前台。男的个子很高，一身黑色西装很是挺拔俊俏，女的着一身白色连衣裙，领口是圆的，还有一圈黑颜色的花纹，显得气度不凡。两人手里拿着一张纸，用纯正的日耳曼语宣读着。全场屏住呼吸，郎国任能够听见自己的血管膨胀的声音。尽管他听不懂德语，但他能够听出中国人的名字。起码他可以听出郎朗的读音。

公布获奖者的顺序是从后边往前念。先是鼓励奖，然后是第五名获奖者陈韵劼。郎国任对于这个名字太熟悉了，在到德国来之前，他还特别打懵碰到这位选手。这位国内的钢琴骄子在这次大赛中仅得了个第五名。伴随着掌声，坐席上站起一个男孩子。估计他就是陈韵劼。他看到文质彬彬的陈韵劼从人头攒动的观众席上站起来。他渴望下一个就是郎朗的名字，却落空了。又念到第四名得主，那是乌克兰的一位金发大个子。接下来的是第三名，法国选手。郎国任紧张地仄着耳朵倾听下一个，也就是第二名了，他的心都快从胸口跳出来了。他希望是郎朗，郎朗只要能得到第二名，他也就心满意足了，他不敢奢望得第一名。然而，第二名的名字他听得再清楚不过了，是中国选手吴驰。吴驰的个子很高，得了第二名，当然也是非常高兴了。每公布一位获奖者，台下就是一阵热烈掌声，就见到从观众席上站起的一位选手，每一次站起就犹如平静海面掀起一股耀眼的跳荡的波浪。稍事平静下来后，随着再一次的公布名次又再掀起更大的浪花。郎国任快昏了，第二名都公布了，只剩下最后一个了。最后一名获奖者无疑是第一名得主。郎国任的所有期盼在这时都已经破碎，他的心裂了，裂开的缝子全都灌满了绝望的黑暗，而他正在这种黑暗中坠落。

郎朗坐在最前排，就挨着赵屏国老师。每站起一位获奖者，他都禁不住要回过头去打量一下。如果是认识的，他就笑着向人家表示祝贺。轮到最后一名了，也就是第一名的得主了，他怎么一点都不紧张？

会场紧张得十分宁静，所有人都在认真听着关心着最后公布的夺冠者。

公布者操着一口流利而听不懂的外国语。在一嘟噜一串的外国语中，终于吐出了“郎朗”的发音。郎国任简直不敢相信。他不敢奢望最后一个名字会是那个他最熟悉的发音，何况那个有着欧洲绅士风度的男士在进入到最后一个名字公布时竟说了长长的一段话。这段话让郎国任彻底绝望。因为他在听到前几位名次时，都是很简短的，

这么一长拖拉肯定不对劲，是在说明第一名空缺吧？郎国任的脑子闪过这个念头时，就像遭到了当头一棒，嗡的一声，眼前金星飞溅。郎国任觉得脑袋越涨越大，两耳全是轰炸的声音，整个会场都被轰炸得一片喧哗，他什么也无法听到。他努力分辨着场上瞬息间发生的事情。他看清了，他的宝贝儿子像足球运动员射门成功一样，从座位上狂蹦乱跳，高举着两手，连连朝他这边挥舞。

他的血液在这一瞬间肯定凝固了，他失去了应有的反应。他迟钝了，他这位精明过人从未迟钝的父亲平生第一次面对儿子创造的奇迹发呆发傻了。赵屏国老师好像早有准备似的，当身边的学生一蹦高跳起来冲全场激动时，他也不失时机地站起来，用他那高大的温暖有力的怀抱搂住了郎朗。郎朗趁势搂紧了他的赵老师。众目睽睽之下，师生两人父子般亲昵无比地拥抱着，全场都被他们搂抱得火热起来，记者们端着相机纷纷拥上前为他们拍摄。郎朗是中国第一个获得此项比赛第一名的少年钢琴家。他不仅夺取了桂冠，他还获得了"杰出艺术成就"特别奖，这在历史上也是从未有过的。该庆贺了，该激动了！

这时候，没有人会去寻找他这位父亲。儿子，也没有过来找他。他全身散架子般地瘫了，拿不成个了，这时即便是有人发现了他需要他站起来接受荣誉他也无能为力了。他就像把飞船推向轨道的最后一节火箭，完成最后的燃烧，心甘情愿地悄然坠落。没有人会注意到萎缩在二层看台的角落里默默接受着意想不到的幸福冲击的郎国任。可是，郎国任偏偏平静不了，他心潮翻滚，翻滚出那么浓的酸楚，要把他从里到外淹没了。在一阵阵窒息中，他的出气通道酸得没有缝隙，积聚了多年的期盼，多年的苦楚，多年的委屈顽强地堵塞，顽强地涌动，终于火山般喷吐而出——那是一声幽长的地动山摇的抽泣，被欢乐气氛淹没的楼下过道处有几位中国选手被这种奇怪的声音震惊了，一个男孩回头朝声音发出的地方寻找，紧接着，这个男孩身边的两位女孩更为敏感地捕捉到了目标。他们实实在在地看到了郎朗的爸爸双手捂着脸在哭。他捂不住那奔突的眼泪，也捂不住那动人心魄的抽泣声。可惜他的儿子没有留意到这个场面。回国后，他听到别人问他你爸怎么哭了呢？他马上予以否定，而且很是坚决。他没有看到他的爸爸在哭，他从来没有看到父亲的眼泪。他那刚强的父亲也绝不会把这脆弱的一面呈现给儿子。我有幸从录像带上看到了郎国任的痛哭场面。那是让我最辛酸的镜头，什么时候想起来就什么时候觉得鼻子发酸。当我在写此书之前坐在出版社那间

繁忙的编辑室对繁忙的编辑们讲述这一幕时，我发现一位女编辑的眼圈轻而易举地红了。我相信，凡是对自己的孩子有着中国传统式的期待的家长们读到这段文字时不会不动情的。要是能够看到录像，看到郎国任用宽厚的手掌去封堵眼泪，堵不住竟抹得满脸湿迹时，你会作何感想？在场的外国人有的肯定看到了这位中国父亲的眼泪，但是，他们能够看懂这眼泪吗？他们能知道这眼泪有着实实在在的分量吗？

郎国任不等眼泪揩干，就飞身离去。他要将儿子成功的天大喜讯告诉尼曼娅，让她一起分享。果然，尼曼娅高兴得强烈，尼曼娅的狗也像明白了似的，围着郎国任一劲儿摇动高傲的尾巴。

尼曼娅动员了丈夫，还有周围的人去看郎朗的获奖音乐会。那是个迷人的夜晚，那个夜晚的美茵河水在幽幽月光下充满了乐感。郎朗的情感通过闪亮的声音不仅照亮了夜色中的河面，更照亮了情感丰富的尼曼娅。她那张宽阔的脸被郎朗的琴声感动出一片泪迹，灯光映衬下像幽亮的河面。她为郎朗自豪，她特别愿意告诉别人，这位获

大赛获奖时师生同乐

大奖的男孩就是住在她家里的那个中国男孩，她加重语气说是住在他们家里。她那一脸的得意与幸福表情就好像郎朗是她的儿子，至少郎朗的获奖与她有着十分重大的关系，她为此有着足够的自豪与欢欣。

德国人尼曼娅以德国人的特点，把一个中国男孩子获奖的喜讯告诉越来越多的德国人，这些德国人与郎朗并不相干，但是，他们同样为这位中国男孩子祝贺。热心肠的尼曼娅还和丈夫开着车拉上郎朗父子到美茵河尽情游玩。她下到水里像个孩子般地嬉水，她的笑声震得河水发出金属般的音响。

多么令人难忘呵！美茵河在郎朗的眼里糅入了美妙的音乐，尼曼娅的笑声也糅入了美妙的音乐。郎朗是不会忘记埃特林根这个小城的，正如郎国任不会忘记一样。赵屏国老师呢？他很有头脑，也很有感觉，他将自己拍摄下的那盘录像带送给了郎朗，录像带写了一段殷殷赠言：

郎朗：

1994 年 8 月，是你走向世界的第一步，这里记录了你努力奋发、结出硕果最珍贵的镜头，也是我们师生共同努力以及情谊的珍贵纪念。祝你前程无量！

赵屏国

1996 年 1 月 12 日

还有一盘带上赵老师这样写着：

送给郎朗留念。

1994 年 8 月德国埃特林根之行

俗话说，万事开头难，但你却获得了一个光彩的开头，你的老师为你喝彩，为你祝福。

赵屏国

1996 年 1 月 12 日

那天晚上，郎朗父子回到住处，第一件事就是往家打电话报告喜讯。埃特林根与沈阳时差是8个小时。这边进入深夜，那边已经烈日当空。找不到周秀兰，就把电话打到了郎朗的叔叔家。也许是路途太远那边电话线路不清，也许是那边被郎朗获得的重大成功震惊得不敢相信，反正那边反复问了几遍，像没听清也像不相信。郎朗的声音在深夜显得过于响亮，赵老师不得不提醒他小点声。

国内这边所有的亲属都被郎朗获国际大奖的喜讯惊动了。自打他们父子负债走出国门，人们就为他们爷俩捏着一把汗。郎朗的母亲周秀兰惦记着比赛情况，寝食不安。她算计着比赛的日程，她知道什么时候开始抽签什么时候开始比赛，她一点消息得不到，心里七上八下。她像以往一样，自做了几个纸团抓阄。她在灯下紧张地打开纸团，她抓的是一等奖。儿子在国内得一等奖她已不再震惊，但是，到了国际上，那么多国家的好选手云集在一起，郎朗能获得第一吗？她不敢相信。星期天周秀兰来到婆婆家团聚，一大家子人谈的话题就是围绕着郎朗。婆婆说她昨晚做了两个奇怪的梦，记得清清楚楚，她感到很费解。第一个梦梦见了儿媳妇周秀兰，一见了她就管她要一顶帽子。那顶帽子金鳞金翅，价钱非常昂贵，儿媳拉着老太太在明光瓦亮的大商店的柜橱里指点着要这顶放着光的帽子；还有一个梦，是她在傍天亮时做的，把她吓醒了。什么梦呢？老人家梦见了儿子和孙子被人家用石头把脑袋打破了，包扎之后，鲜血又从纱布往外洇出来，洇得一片红。老太太说完这两个梦时，就有人给破译，认为这是大吉的梦。儿媳妇要帽子，这一定是郎朗在国外为他们家争了一顶桂冠，这次郎朗肯定第一了；另一个梦是儿孙头上冒血，这岂不是红透顶吗？你的孙子肯定获得最高大奖了，你等着好消息吧！

老太太半信半疑时，德国那边就传来了喜讯，把个老太太乐得不得了。

郎家出人才了，沈阳出人才了！每两年举办一次的埃特林根国际钢琴赛事中国都要派选手参加，差不多每次都有获奖者，但是，获得第一名的仅有郎朗，而能够同时获得“杰出艺术成就特别奖”的更是没有任何人。红透顶了，郎朗真的红透顶了！郎国任的钱没有白花，老太太的梦没有白做，郎朗在埃特林根为祖国争得了荣誉，赢得了国际评委们的由衷喜欢。评委们和郎朗合影留念，他们笑容满面，一个个显得那么慈祥，像喜欢自己的孙子一样把手疼爱地搭在这位中国少年的肩头。

Chapter 5

命运之神还能朝你微笑吗

郎朗获得了埃特林根国际大赛历史上从未有过的辉煌荣誉——双奖，这对于郎国任是怎样的安慰啊！但是，他并没有从此成为“人上人”，窝囊的事情照样一桩桩涌来。中国人的弱点，窝里斗、妒忌什么的，令郎国任愤愤不平。期末考试，郎朗成功弹奏了李斯特的《匈牙利狂想曲》，而考试成绩却只排列在第三名。这在郎国任看来是天大的不公平，是在整人。何况他风闻有人说郎朗父子太傲，就要打打他们的傲气云云。打掉傲气有什么好处吗？郎国任再次做出了惊人之举。

——本章题记

第一节　特殊公民

披着满身彩霞顶着耀眼光环,郎朗父子回到了祖国。第一次走出国门就为学校、为祖国赢得了如此殊荣,也为他们郎家争了一口气。终于到了他们父子特别是郎国任扬眉吐气的时候了。

迄今为止,在这种档次的国际少年选手比赛中,中国选手从没赢得过第一名,更为了不起的是,不仅获得了第一名,而且一举获得“杰出艺术成就”特别奖。这个特别奖只能奖励最出色的选手。以往几届比赛都不曾涌现出这种选手,所以,从来也就不曾设立这个“杰出艺术成就”特别奖。就是说,这个奖迄今为止,只为郎朗一人而设。用郎国任的口头禅:了不得啦!

的确是了不得。当郎朗的光芒照亮了埃特林根的国际赛场时,也把郎国任那始终压抑的胸膛照得一片透亮。

回国的时候与来的时候气氛完全不同了,万米高空一碧如洗,棉絮状的云海给人以无限的安逸与温馨。赵屏国老师的情绪好极了,从他那张阅历丰富的面孔上挂着的不衰的笑意,就足够郎国任欣慰了。

郎朗的喜庆更是溢于言表。从小看着他长大管着他长大的父亲,见到儿子取得了如此值得庆贺的成绩,能不从心里往外高兴吗?

然而,郎国任就是郎国任,他的高兴几乎就没有表现出来。他既没有像赵老师那样紧紧搂抱着郎朗共同分享了埃特林根的巨大荣誉;也没有像郎朗的母亲那样,在家中与儿子尽情享受母子亲情。妈妈可以瞅着儿子笑个透亮,乐个痛快,妈妈也可以搂着儿子亲个没完,但是,郎国任却不能。郎国任好像找不到更适合的方式来表达内心的情感,似乎他从来就不会似的。至少他没有抓住机会表达和宣泄出去,因而，他的面部依然让人看上去不够晴朗。于是，就连相濡以沫的周秀兰都无法理解。

郎朗是个非常热爱荣誉，非常适应欢庆的孩子，哪怕夸大一些欢乐，延长一些欢乐的时光，他都会非常适应的。他是那种极富激情的孩子。然而，他的亢奋劲儿还远远没过的时候，可以说，全家人期盼已久地为郎朗庆功的宴席还没有摆好的时候，郎国任瞅了眼表，马上和以往一样，黑着脸，打断了正在高声演讲着有关埃特林根比赛的过瘾场景的郎朗，命令他马上开始练琴。这种口气与脸色，使满家的欢娱气氛骤然煞住，也使得周秀兰和儿子很是尴尬。当然，同时尴尬的还有家里的一屋子亲戚。

习惯了，周秀兰习惯了，郎朗习惯了，一屋子的亲戚哪个不习惯呢？郎国任在儿子取得第一名时，他以泪洗面，那泉涌般的泪水，恣肆奔涌，他用宽厚的手掌怎么抹也抹不净。事后，他自己也说不清为什么那一刻泪水那么多。泪水揩净之后，他变得异常冷静，他冷静得几乎不近情理。他天天与儿子耳鬓厮磨，居然从没有搂抱过儿子亲一亲，哪怕一种简单的亲昵举动，在儿子那里都不曾感受过。从儿子懂事起，他郎国任一直扮演的是严父形象，在儿子眼里，他成功地以威严取代了温情。他从来没有像人家父亲那样亲过儿子，哪怕一次，也没有！一次次成功，一次次辉煌，一次次激动人心，郎国任却依然没有改变严父的本色。或许正是源于这一点，在郎朗任性活泼的可塑性格中，注入了顽强与冷峻的理性力量。

郎朗为中央音乐学院争得了荣誉，郎朗也为他的鞠躬尽瘁尽遭人家白眼的父亲争得了一份光彩的脸面。郎国任走进中央音乐学院的大门可以挺胸昂首而不必目光顾盼担心门卫阻拦了。郎国任在郎朗上课时可以理直气壮地在教室外边听课了，哪怕趴墙根也不会再有人扔白眼，更不会被疑为黑社会头子，相反，倒会赢得家长们的一片艳羡和盛赞。有时候，学校上大师课，国外来的著名钢琴家如阿什肯纳齐、阿格丽奇等，钢琴系本科生、附中、附小学生全都抢着涌进新楼的 502 教室。再宽敞的教室也会被挤窄的，于是，学校三令五申，严加管理，不许任何家长入内。但是，被挡在大门外的家长们眼睁睁看着郎朗的父亲郎国任潇洒而入，竟无人拦挡时，便指点着郎国任质问把门的何以让郎朗他爸进去。把门的说，你们谁要是能赶上郎朗他爸，你们就可以进去。人们面面相觑，再也无言以对。

郎国任从此成了中央音乐学院的特殊公民,进出自如,无人可以攀比。郎朗出名了,郎国任也随之出名。尤其在这些整天围在音乐学院望子成龙的琴童家长心目中,郎国任成了权威。只要郎国任一出现在中央音乐学院,就会被来自全国各地的家长们围拢起来,他们请教他培养孩子弹琴的若干问题,他们遇到什么总是都愿意听他的指教,一度他的话所起到的作用超过了学校里老师的话。比如家长们时常会咨询他哪位老师水平更高之类,到哪个班级更好什么的,这些话说出去是会有分量的。于是,学校有关人员找郎国任正式谈话,非常客气地对他说,你了解我们学校的事儿挺多,正反两方面的事情你都了解,你说的话家长们都挺听的,有些话,你尽量别跟他们说,你多说些对学校有利的话,帮着学校做些工作。千万别起副作用。

该说什么不该说什么,郎国任自然心中有数。他从来不是乱讲话的人。他既不会因为当初在这里受到的歧视而说这里的坏话,拆这里的台,也不会因为如今受到的礼遇而无谓地为这里捧场。他有他的做人原则,也自然有他的说话原则。他轻易不说什么,一说就一个准,所以,他在家长们心中有威望。家长让他听听他们的孩子弹琴,然后问他这孩子能考多少分。他只要一开口说多少分,准保八九不离十。在学校大门口的家长渴望自己的孩子考进这所院校,便让郎国任给听听,看看有没有希望考进来,郎国任凝眸听后,大约琢磨个三五分钟,要么点点头,要么摇摇头,凡是他点过头的就真能跨进这所高楼深院。家长们对他几乎达到了迷信的程度,有的家长请他辅导自己的孩子弹琴,出的学费并不比音乐院校教授们得到的少一分。也真有郎国任的,一位默默无闻的女孩经他手教过一段时间之后,参加了国际少年钢琴大赛,竟然获得了第三名。

由此,郎国任在北京的处境有了一定改善。他除了每天要管儿子之外,他手里还有了学生。教学收费,这样他的拮据状态多少有了缓解。

但是,他仍然得回到白纸坊那座条件简陋的旱楼住,仍然得天天去刷除了他之外就没有人刷的公共厕所。他出国这些天,公共厕所已经被糟蹋得无处下脚了。他回来受到邻居们的笑脸相迎,不知道是不是完全出自他刷厕所的功劳。他还得自己上街买菜,自己收拾屋子,自己给儿子烧饭,当然到了早晨,他仍然还得留心为儿子抢占厕所的位置。每每到了这种时候,他能不醉心于埃特林根尼曼娅家的那片草坪,和那摆放整洁的白色餐椅餐桌吗? 多么强烈的反差,多么巨大的刺激。在西方世界,像郎朗这

么大的弹琴孩子，怎么会有这种生活条件呢？当郎朗像王子一样骄傲地挺立在领奖台上时，外国人怎么会想到他回到中国竟然每天生活在这样一种环境中呢？

改变！一定要改变！郎国任向往着上层人的高贵生活，从小他就向往，坚韧不拔地向往，越是处在艰苦的环境中，他的这份向往就会愈加强烈。或许这一点是他永不满足永远让儿子攀登高峰的最本质动因吧？其实，这何尝不是贫穷落后的中国家长们普遍的心理定式呢？

越穷越革命？差不多就是这个道理。

然而，成功多么不易！尤其选择了钢琴去成名尤其不易。考进中央音乐学院，这是多么了不起的一步，但是，中央音乐学院在墙外看一片鲜花一片美丽，可是，进到墙里边，则完全不同了。这是一种什么样的环境呢？

可千万别以为进到这里就会一举成名就会光宗耀祖，弄不好，你的孩子就会在这里葬送前程！葬送你的全部心血。这绝不是耸人听闻。

2002年郎朗和郎国任在北京

第二节　这里也有陷阱

经过 20 世纪 60 年代的人大概都不会忘记这样一部片子《霓虹灯下的哨兵》。说的是一批年轻战士到了灯红酒绿、香风糖弹的大上海如何抵御资产阶级腐蚀的问题。战士们的抵抗力还是不错的，另外部队的思想教育也还是能够跟得上的，所以，糖弹没有能够打中我们的战士。然而，到了纪律与管理相对松散的音乐学院，特别是处于青春期的男女孩子整天混在一起，所从事的音乐无不与感情相联，这种环境，要是家长们不盯得紧点，管得严点，那么，这些好奇心极强、自控力较差的孩子就会掉进陷阱里，不定会惹出什么祸来。何况他们所处的是一个全面开放的时代，从各种游艺厅录像厅所得到的教育会瓦解节衣缩食的家长们为孩子顽强筑起的那一道并不结实的防御堤坝。他们所处的环境何止是一条南京路？他们所面临的诱惑又何止是一个班长或指导员的能力所能管束的呢？弄不好，不仅成不了什么音乐家，能否成个正经人都是疑问。

改革开放，学校也不再封闭。过去一个班只招几名孩子，而且都是人尖子，考不上，是不可能跨进这所音乐宝塔中来的，但是现在，挤进这所校门的人多了，成分也复杂了。有没考上但可以出钱的自费生，还有水平更低但家长可以凭借势力和金钱能够让孩子成为支教生——即支持教育的学生，这种学生得先拿出 3 万，而且要逐年增多。这种学生一经介入，就为过去相对平稳的班级注入了一股激流，意志薄弱者就会受到这种激流的强烈冲击。我们的天才少年钢琴家正是生活在这样一个环境里，他无时无刻不在经受着诱惑。

说不清楚从什么时候开始，他们家中多了一个成员——一个年龄与郎朗相仿的男孩子。这是一位亲戚的孩子，也是从外地来到北京，交给了郎国任辅导看管。如果仅仅是辅导,对于郎国任来说并不难,但要很好地看管,那实在不是个轻松的事情。如果当初他要知道会因此带来那么多的麻烦,他或许不会接受这个孩子。

郎朗父子在一起呆惯了,彼此都适应了,他们创造的家庭空气就是一个紧张得没有多余闲心的奋斗空间。电视没有,游戏机没有,什么乱七八糟的东西都没有,只要是涣散意志的东西,一概与这个家庭无缘。然而,进来了这位男孩子,情况起了变化。

开始几天,那个男孩子表现得比较听话,也挺守规矩,规定他练琴他就练,跟他说啥事,他也瞅着你直点头。但是,搞过公安工作的郎国任却发现这个孩子有双不肯安分的眼睛。他和郎朗一个在这屋,一个在那屋,创造一种比赛的气氛。有时候郎国任出外办事,就给他们规定了练琴时间。家中有一个闹钟,郎国任临出门时,把闹钟拨到规定的时间。那个男孩我们不妨管他叫小军。这是个极聪明的男孩子,从他那双叽里咕噜的眼睛里就能看出来。他很会来事儿,很会讨大人喜欢。他还抢着帮郎国任干家务活。当然,郎国任不会要他干,但,毕竟这孩子由此而给他以好感。既然亲友相托,他得负起这份责任。小军能否考进中央音乐学院,这也对他构成了一种压力。他像要求自己孩子一样要求小军,甚至比要求自己孩子更严更细。因为郎朗是属于那种基本上不用管的孩子,响鼓不用重锤嘛!而小军呢?则完全与郎朗不同。他坐不住,他好动,他对外部世界的诱惑充满神往。他可以装两天样子,而到了第三天,他怎么也装不住了。特别是等二大爷一走,他就觉得屋子里像搬开了一座大山一样,眼前一阵豁亮,那个轻松呀!他可以自由伸伸懒腰,可以随便从凳子上溜下来,还可以打着口哨溜到郎朗这屋里东瞧瞧西撒撒,摸摸这儿摸摸那儿。这儿兜一圈,那儿兜一圈,有事没事跟郎朗搭讪着。郎朗也跟他搭话,却绝不影响弹琴。郎朗有这个本事,可以在不影响练琴情况下左右逢源。小军在郎朗这里找不到什么有趣的好玩事情做,就有点悻悻的样子回到他的房间接着练琴。练着练着,他就腻了,就去瞅闹钟。闹钟的指针像锈得不会移动了,这小子灵机一动,悄悄过去把时钟拨动了……

郎朗正在尽兴弹奏一个大曲子,还没有弹到一半,就听到一阵脆利的闹钟铃声。只见小军一声狂喊,兴奋得在屋里乱蹦。郎朗的习惯是得把一首曲子完整弹下来,因此,小军怎么喊他,他也坚持弹完。男孩子到了一起总不免要玩的,玩起来当然比弹琴更有意思。郎朗不会想到闹钟会被小军拨快了,虽然他也多少觉得有点蹊跷时间过得太快。还是让郎国任察觉到了。他第一次没有发现,第二次,他觉得这闹钟怎么快 10

多分钟呢？他照着手表把闹钟拨好，可是，没过几天，他又发现闹钟走快了 10 多分钟。当他认定是小军这家伙搞的鬼时，他质问小军，小军却矢口否认。他在否认时，郎国任认真盯着他的眼睛，这孩子表情很是坦然，绝没有惊慌更无失色一说。这使郎国任意识到他遇到了一个难对付的孩子。有句俗话：狐狸再狡猾也斗不过好猎手。把这句话用在小军与郎国任身上不一定合适，但他们之间确实有着一些精彩的较量。

小军不定性，瞬息万变，管好一个郎朗就够郎国任忙累的，还要再带上这个淘气的皮小子也真够受了。为了管理好这两个孩子，起码不能让小军影响了郎朗，郎国任很是动了一番脑筋。有一次，郎国任发现郎朗的脸被什么抓破了，便问郎朗怎么回事。郎朗没吱声，小军也不吭气儿。郎国任一眼就看出来他们是趁他不在家时打架了。起因是郎朗管小军，小军不服气。郎朗尽管有委屈，但他没有向爸爸告小军的状，这一点，倒挺让小军感激的，从而也承认了错误。小军一般情况下是不爱认错的，除非你证据确凿他再也赖不掉了。

小军怕二大爷，二大爷只要一瞪眼睛他就哆嗦。但是，哆嗦归哆嗦，犯错误照样不耽误。他特别爱玩，一玩就要影响练琴。二大爷看得紧了他就受不了，坐不住了，浑身像生了虱子。他说他要上街去买本，老师要求必须买。二大爷知道他这是撒谎，编的理由，却也没有更充足的理由否定他。于是，就同意了。小军得到了获释般的自由，兴高采烈地朝闹市晃去。他做梦也不会想到郎国任睁着一双鹰隼般的眼睛尾随在他的后边，看他到底要干什么。

这位获释的公子哥儿专朝热闹地方走。得啥看啥，只要有热闹，只要能消磨时间。他根本不知道马上就要考试了，而且这种考试将会对他的一生都产生重大影响。他转悠到哪儿，特警就跟到哪儿，他丝毫不会发现的。事实证明了郎国任的判断，他哪里是去买什么作业本，他是到大街上散心来了。一想到他的父母节衣缩食，苦挣苦盼、望子成龙的那份心情被孩子如此践踏，郎国任的气就不打一处来。他真想立刻冲上去，教训他一顿。

小军仍然抱着膀子，摇摇晃晃，无事一样。他不会知道竞争时代，这个时间人家孩子都在争分夺秒地练琴，可他这么闲逛，如果让他的父母见了该有多么焦急！时间在慢悠悠地流去，郎国任越来越没了耐性。但是，他只能挺着。眼见天暗下来，小军晃到了一处摆摊那儿，买了当时在孩子们当中最为流行的不干胶上印着的彩色小人儿。当

他心满意足地捧着那些时髦小人儿，只顾低着头美滋滋地瞅着往回走时，突然感到面前的路被人挡住了。他停下脚抬头一看，惊得差点叫出声来：他的二大爷凶神恶煞般地瞅着他，脸上挂着一片冷笑。一贯伶牙俐齿、反应机敏的小军这时候可没了感觉，他狼狈极了。往回走的路上，他像个在押的俘虏。

或许正是这种管束，这孩子总算考取了中央音乐学院附小。小军的家长像所有考上中央音乐学院的孩子家长一样，高兴得不得了，以为孩子这回总算出人头地了，可以放松地喘口气了。但是，郎国任却劝他们别乐得太早，他说更难的任务还在后头呢！

果然，郎国任与小军的斗智斗法在升级。

音乐学院的学生自由度要比别的学校学生大得多，主要原因是许多时间靠自己支配。每周的一、三、五上午上文化课，四、五、六下午上专业课，其他时间就属于自己练琴。社会风气太差势必要影响校风，有人拦路堵抢小学生的钱，不给就威胁，定好时间定好地点索要，然后就拿着这非法得来的钱去游艺厅挥霍，由此而荒废学业荒废前程的孩子并不鲜见。

每天出入这里的郎国任很担心小军学坏，因此，他对小军看得更紧了。小军精明得很，他知道二大爷那双眼睛时刻在寻找他的毛病。问题是他如何不让这双眼睛发现什么。他对付这双犀利的眼睛最好的办法就是闲暇时看书。也不知真看假看，也甭管能否看得进去，只要把书本一捧，他就会偷窥到二大爷的眼睛变得温存起来。

在二大爷看来，小孩子的心计不过是些小把戏。这点他看不透还能算特警人员吗？当然了，除了练琴，能够坐下来装相看看书，自然也是他最为满意的。尽管他再明白不过小军看书是专门摆给他看的。

但是，他仍然发现了问题，而且是不小的问题。他发现小军手里的书怎么变厚了呢？好像书页里边夹着什么东西。

他指点着书问："书里边夹着什么？"

小军神情有点紧张，嘴却挺硬："什么也没有呀！"

郎国任一把将书抓过来，一翻，竟然是一迭人民币，数一数，47 元。郎国任马上质问他这钱是哪来的。平时，他最注意掌握孩子手里的钱了，他认为孩子学坏就是从钱上开始的，所以，他对小军的钱的来源格外敏感。

小军应变能力极强，不用多么培养，将来大概也可以搞公安工作了。他把眼睛一

眨巴，不慌不忙地说是同学的。郎国任问同学的怎么在你手里？答曰借人家的。穷追不舍：借谁的。小家伙当然可以说是借谁的了。于是，郎国任说他明天就到学校去对证。第二天，小军早早去上学，找到那个同学，两人订了攻守同盟。这已是郎国任意料之中的事。他不紧不慢到学校去找到那个同学。

郎国任一出现在操场上，就被小军班里的同学认出来了，他们一迭声地说二大爷来了！他们都管他叫二大爷，也都怕这个二大爷，他们都知道这二大爷的厉害。二大爷在中央音乐学院这些孩子的心目中，特有威，那种威有点像正哭的孩子，母亲哄不了，但一说：再哭，狼来了！孩子马上就不哭了的效果差不多。

郎国任把那个孩子从教室里叫出来问这钱是借你的吗？那孩子说是的。真是借你的？那孩子说真的就是嘛！回答得非常肯定，不给老郎留一丝空隙。怎么问，都是咬定了钱是他的，一副哥儿们够意思状。对付这种事情老郎可是有一套办法的。他把脸一拉，极其严厉地说，“那好吧，要是不是你的，可别怪我不客气。走，你现在就跟我

2003年郎朗在接受中央电视台《大篷车》栏目采访时，讲述自己的童年

到学校保卫科去，到那里要是查清了钱不是你的，我就让保卫科把你跟小军一块开除！”说这话时，他发现那个男孩子脸色顿时苍白了。他说，走哇，跟我到保卫科去！那孩子怎么走得动呢？腿，开始打哆嗦了。于是，他交待了小军如何跟他订立的同盟。

郎国任把一切都搞清时，小军并不知道。他得意洋洋于自己的小聪明。他见到郎国任时先发制人，拉着二大爷哭丧着脸说：快把钱给我呀，我借同学的钱，得还给人家！他表演得那个像呀，郎国任乜斜着他，终于让他胆寒了，承认了错误。

郎国任掌握了小军的秉性和特点，但要想一下子把他扳过来，也着实不易。常常是在他放学时，郎国任把饭做好了，就等他回来吃饭，却迟迟不见他归来，好不容易把他等回来了，你还没等问他为何回来晚，他倒劈头来了个先抱怨，他抱怨那倒霉车坐的，耽误了这么长时间，就像他当真特别心疼时间似的。这个孩子的聪明处就在这里，他每次要是犯了错误，底气不足时，就会先声夺人，先朝你发脾性，就像他有着多么大的委屈。要是被他唬住了，那他就会窃喜不已。可郎国任哪是这么容易唬的呢？

魔高一尺，道高一丈。郎国任自有治理他的办法，只是需要多劳些神的。不过，识破小军那一个个得意的小阴谋小把戏，倒也乐在其中。郎国任就是这样日复一日地把握着小军，使他在专业课和文化课上都还取得了不俗的成绩，也算他对小军父母有了个满意的交待。如果不是郎国任这么高明地驾驭这个男孩子，那么，真不知道他会滑到什么邪路上去。即便是郎朗这样自控力很强的孩子，也不时会遇到陷阱的。他们班里有位支教生，常常是男孩子们挑逗的对象。她穿戴特别扎眼，有股与她的年龄不相符的妖冶之气。她耐不住寂寞，最高兴的事情就是让男同学挑逗。她生在香港，家里边特别有钱。有一次，一个男孩子当着她的面对郎朗说：我昨天还摸过她呢！你想摸不？这个女孩子听了这话，就朝郎朗发出艳笑，郎朗掉头就走开了。他特别讨厌这种不自尊的女同学。

像郎朗这样性格活泼、专业和文化课又都是拔尖的学生，尤其还获过国际大奖，自然是学校的白马王子，也成了女孩子们注意的角色。有个挺漂亮的女同学对郎朗非常亲近，常常没话找话跟他套近乎。她问郎朗：“除了弹琴之外，你最喜欢什么？”

“还是弹琴！”郎朗不爱跟她黏糊，故意这么说。

“难道你就不喜欢点别的？”那女孩子见郎朗走了，自己嘟哝着。

随后，她就给郎朗写了封信（郎朗说是信，其实，那就是情书）。郎朗记得非常真

切，信封是白色的，上边有个图案，一个男孩子搂着一个女孩子。郎朗说，肯定是她用心选的。郎朗看了那信，他认为文字写得一般化，不打动人，至少郎朗看了没什么感动。他把这封信交给了爸爸。这是郎朗接到的第一封情书，交给父亲处理。父亲说，你别给她回信了，这么忙，哪有时间。

郎朗就没给回信。哪知上学见到那女孩子，她两眼热辣辣地盯着郎朗令郎朗无法躲避。她单刀直入地问他为什么不给她回信。郎朗只能支吾。这女孩子不死心，回去后，又连着给郎朗写信。郎朗照例不能回，她就照例盯着郎朗问为什么不给回信。这个女孩子虽然年龄不大，好像在这方面挺有经验。她说不爱回信就别回了，给我打电话吧。于是，她又把家里的电话写给了郎朗，还叮嘱他千万别弄丢了。

郎朗当面尽管烦她，但他不想伤害人家，就假装点头应允，可回到家，他就把那电话纸条给扔到抽水马桶里了……

后来，郎朗到日本比赛时，也接到了日本女孩写给他的信，还有照片，照片签着名字。这位日本女孩还让郎朗给她照片，也要求在照片背面签上名字，郎朗自然不会照办的。他认为这一切都是浪费时间的。

郎朗曾多次接到过女孩子的信，我问他那信上都写了些什么，郎朗的脸上挂着羞涩说我也没看清都写了些什么乱七八糟的东西。我问他怎么处理这些信的，他说，统统都扔抽水马桶里了。

都扔了？一封也不留？

当然啦！

郎朗跟我讲到那个比较适应改革开放的女同学时，用一种稚气的男孩子的正义口气说，她可真不要脸，她当着好几个男生喊，你们过来，看谁敢把我的裤子扒下来？

我问郎朗，有没有人敢过去扒的？郎朗摇头作怪状：我的妈呀，那谁敢。（郎朗说“我的妈呀”时，有股特别的回味。）

音乐院校与其他院校不同，管理上也相对要松散一些，而生源情况又是大中小学学生混杂，不同的年龄段互相影响。小学生与大学生混在一起，不学好的，学着抽烟，说下流话，小学生中学生抽烟现象严重，老师看管不住，有时来了烟瘾，会跑到厕所抽。还有的学生夜不归宿，在校外包了一个住处，天知道都干了些什么。校方对此很恼火，凡是抓着抽烟的、夜不归宿的就严肃处罚，情节较严重者，立即予以开除。校方希望能

够杀一儆百，却仍然杜绝不了。令则不行，禁则不止。

胆大妄为的男孩子如果失去了家长管束，是很危险的。与郎朗差不多一块成长起来的一个男孩子，就是掉进了这种陷阱而无法自拔。那是一位非常聪明、音乐感觉非常好的孩子。在他 10 岁以前，与郎朗的感觉非常相似，也是属于表演型的，只要一坐到琴凳上就会兴奋无比进入状态。他年龄与郎朗相仿，看上去却是一副十足的小孩相，显得比郎朗更小更活泼。那年，我曾听过这个孩子演奏中国曲子《闪闪的红星》，那个天真可爱的样子伴随着潘冬子的回忆，深深感染了我，令我至今无法忘记。但是，更让我为之痛惜的还是他所犯下的错误。

那得从女生宿舍的洗澡间说起。洗澡间开着天窗，每天有一股股乳白的气流从那房盖上袅袅升起，对于那些遐想非非的异性极具诱惑力。最早对此注意的是那些干活的民工。他们先是爬到高处偷窥，再不就用望远镜观望。他们甚至有更为大胆的爬将上去"扒眼"。后来，这一秘密被一些思想不健康的男同学发现了，他们也学着民工的样子，悄悄爬到女洗澡间的屋顶上"扒眼"。在这些大胆好奇的男生中，就有那个音乐感觉极好的男孩。谁也说不清他究竟爬到屋顶上扒了多少次眼，但是，许多人能说清那天他是怎么出事的。其实，那天他也活该出事，当他趴到屋顶上面的那块透气玻璃窗往下边偷窥时，在雾气缭绕中看到了迷蒙的肉体在走动着。也许是他过于紧张，也许是在他之前趴的人多，把上面的承载系统破坏了，反正他在顶上往下偷窥时，突然把一块天窗连带着玻璃压掉下去，只听山崩地裂般的一声巨响，玻璃落地跌得粉碎，吓得里边光身子的女生一片惊叫。惊慌失措中，她们看到了这位男孩子斜挂在屋顶上，她们更是惊叫不已。学校保卫科被惊动了，当场把这位男生抓住，然后，一个无法改变的处分决定断送了这个极有钢琴天赋的孩子——他被学校开除了学籍。

当我不断看到郎朗在钢琴上突飞猛进时，我时常会为那个男孩惋惜。我们都是家长，将心比心，那个孩子的家长面对这种突如其来的事件，该受到怎样的打击？我想，他的家长还是有责任的，他们准是觉得孩子既然考上了中央音乐学院，那就是他们培养成功了，他们松劲了，忽略了对孩子的要求和管束。如果能够像郎国任那样管束他的亲戚小军，那么，这个男孩肯定不会掉进这种陷阱，丢那份人，现那份眼。

孩子正是处在成长发育阶段，可塑性极强。面对诱惑的陷阱，孩子们都有自己的选择。家长管束只是一方面，孩子自身的品格则起到至关重要的作用。当我们盛赞郎

朗那么心无旁骛，那么有毅力苦练钢琴时，我们怎么能够忽略他那种坚定的奋斗意识与健康向上的心理品质呢？

第三节　仍然受气　绝不再忍

德国载誉归来，郎朗在中央音乐学院所受到的礼遇并不如他们所期待的那样。并不是一顺百顺，甚至相反。郎朗去德国参赛之前，在中央音乐学院参加了选拔赛，是要选出代表中央音乐学院参加由中国主办的首届国际钢琴邀请赛。前边已经写到了那次选拔赛上，郎朗非常遗憾地落选了。正是这一落选的刺激，导致了郎国任背水一战。而今，他是载誉而归，他希望郎朗还能够有机会再到这次我们中国自己搭起的国际舞台上一显身手。

按着国际邀请赛的规定，即使没有被选拔上的选手如果想参加比赛，也可以为大会提供自己的录像带及有关资料。郎朗也在比赛前夕将录像带递交给了大会筹委会。按郎朗的水平，至少具备参赛资格。也有人希望郎朗能够参加比赛，但也有人反对。反对的人认为如果让郎朗参加比赛，那么，中央音乐学院组织的选拔赛那些评委不是显得太没面子了吗？中国人讲究面子，郎朗失去了参加中国北京首届国际钢琴大赛的可能。

在《钢琴时代》一书中，我比较详尽地书写了这次国际邀请赛事。四川姑娘陈萨横空出世一举成名。而代表中央音乐学院的那四名排在郎朗前边的骄子如何呢？无一人进入前六名，等于全军覆没。有记者为此撰文惊呼：全国最大最重要的音乐院校何以全军覆没。我不知道应该不应该提出这样的诘问：难道这所院校真的没有人才吗？如果郎朗也能参加这次比赛呢？

竞争时代，应该是公平竞争，然而，我们复杂的社会现状也只能把应该简单

的竞争搞得复杂化了。家长和孩子一块参与竞争，还有一些别的因素特别是人际关系也构成了竞争中的重要筹码。因此，应该神圣的音乐殿堂也无法圣洁。音乐学院原本应该单纯的环境变得复杂起来。我们常常可以套用这样一个术语：微妙。

我们前边已经说过，郎国任是个何等精明之人，他什么事情看不明白？对于那些在竞争中靠不正当手段拉拉扯扯的猫腻，他更是敏感。他最看不惯那些有钱有势的家长跟学校把关系搞得那么不正常，使他们的孩子那么受宠。他们受宠，占了便宜，郎朗就得相对吃亏。竞争本来就是一种靠孩子们弹琴的真正实力的较量，谁有本事，谁就应该受宠，而一旦掺入了别的什么关系，竞争就变味了。

郎朗获得了国际赛事大奖，确实引起了中央音乐学院的重视。但是，这种重视程度在郎国任看来，还是很不够的。比如，郎朗是自费前往德国参赛，他获了大赛，为国争了光，国家理所当然地应该给报销这笔路费。据说以往也有这种先例。可是，郎朗却迟迟得不到报销这种安慰。过去得到过这种安慰的人肯定不如郎朗获奖的规格高，影响大，这就越发使郎国任心里边不平衡。

事情总是不以人的意志为转移的，特别是不能以郎国任的意志为转移。如果仅仅是不给报销(至今郎朗那笔路费也没给报销)，那么郎国任也不会怎么样，该怎么干还得怎么干，甚至得比过去更努力。问题出在某些人对于郎朗的偏见，或者借用郎国任的话说，就是对郎朗的不公平。“人怕出名猪怕壮”，这话在这里也适用。但，郎国任不但要让郎朗出名，而且要让郎朗出大名。

郎朗很看重期末考试，因为这是他在小学阶段的最后一次考试，也是对他的一次检验。为了迎接期末考试，郎朗精心准备了曲目，他想再创造一个里程碑。既然在国外得到承认，在国内他也要创造辉煌。在去德国之前的那次国际邀请赛选拔赛上，他的落榜就让他一直耿耿于怀。他暗暗把这股劲儿用到了这次期末考试上。

郎朗那天弹奏的曲子是李斯特的《匈牙利狂想曲》和《轻盈》。这是他们爷俩精心研究的曲目。两首曲子既是对于技巧的检验也是对于音乐的测试。在郎朗这个年龄段上能够熟练演奏这两个曲子还是很不容易的。《匈牙利狂想曲》那天让郎朗弹得犹如疾风骤雨，横扫千军，郎朗的手指犹如安装了马达，他的炫技完全可以再现李斯特当年的光芒。

《轻盈》不如狂想曲那么璀璨炫目，在郎朗手下却也能够传递出一种意境。应该说，郎朗那天发挥得非常之好。起码令郎国任很满意。但是，他并没有如愿以偿地听到期待的掌声。

也罢，考试毕竟不能等同于比赛，考官们是带着挑剔而来，观众则是为了欣赏而来。

郎朗的才华与他的同学相比，确有过人之处。放在这个圈子里边，郎国任不会担心有任何闪失。但他还是耐心地听完别人的演奏。他想看看郎朗到底比他身边的同学高出多少。

在郎国任看来郎朗确实比他们高出一块。其他参加考试的同学固然也都拿出各自的看家本领，选自己最拿手的曲子演奏，也弹得很有光彩。特别是有个“小孩相”的学生弹奏中国曲子《绣金匾》很有感染力，这从评委们的表情上就可以看出来。郎国任对这个孩子的印象还不错，但是，把他放在与郎朗相比的位置上，就不会发出太多光泽。所以，郎家父子胸有成竹地认为在这次毕业考试中，成功地交了一份满意的答卷。

然而，他们父子无论如何也不会想到考试结果与他们的感觉大相径庭：郎朗的成绩仅排在第三名。排在第二名他郎国任都不干，何况第三。

排在第一名的就是那个“小孩相”的同学。他的《绣金匾》即使弹得再好，能好到哪去？郎国任对这孩子研究得挺透，他认为这种靠“小孩相”的魅力去打动人只能是一时的事，稍一长大，就会失去一切。从《绣金匾》这个曲子的技术难度看，根本无法与郎朗弹的李斯特曲子相比。如果弹给外行听，那么这个曲子通俗易懂，听起来悦耳亲切，倒容易得到欢迎，然而，作为毕业考试的严肃课堂，一首《绣金匾》即使弹得再好，在打分上也不应超过郎朗演奏的李斯特吧？这是再明显不过的事情了。

获得第二名的孩子与郎朗同班，他的一双小手平时就很难创造奇迹，这次考试也肯定比不过郎朗，而得到的成绩却居然比郎朗高出一分。这一分更让郎朗不服气。一贯争强好胜的郎家父子怎么咽得下这口气？

郎朗对父亲嚷着不公平，要到学校去理论。郎国任比儿子还生气，他铁着脸，一声不吭。他意识到这不是一般性的考试问题，而是有些看不上他们的人借此机会给他们一点眼色瞧瞧，是有意让他们出丑。自从郎朗声名鹊起，就伴随着另外一种声音：认为郎朗弹琴匠气太足，是“小大师”，故意拿样，也有人说郎朗自从在国外获了奖就有了傲

气等等。莫不是要借这次考试机会压压郎朗？郎朗的老师赵屏国明明在场，可郎国任想不通他为什么不替郎朗争呢？郎朗在国外获奖时，他那么高兴那么激动，郎朗为他争光了，可是，郎朗在家门口受到了不公平的待遇，他倒像没事一样，细一想，赵老师为什么不争呢？人家老师都为自己的学生力争，学生就是老师的脸面，大有一荣俱荣、一辱俱辱的效果，可赵老师坐在那里为何不为郎朗争呢？他郎国任想不通。

在儿子面前，郎国任心里再不满，也不愿多说。他强压着愤懑，尽量不表示什么，他怕激起郎朗更大的火气。郎国任手中仿佛有着一条看不见的小绳拴着儿子，控制着儿子，如果他把手中这条“小绳”松开，那么，郎朗就不会像现在这么规矩。在这一点上，郎国任确实教子有方。他可以做到不怒自威。

郎国任在郎朗面前是虽然能够努力控制情绪，私下里却越合计这事就越无法下咽，他由刚迈进这所院校所受到的种种冷遇种种委屈，联想到一次次有人在他的背后搞动作，他觉得这不是一件小事，这就是要让他们出丑，是要杀杀他们威风。不出名不行，人家拿你不当回事，出了名也不行，人家还是鼓捣你，让你不得好。他郎国任左想右想也不得劲，刚刚在音乐学院挺起了腰板，就有人跟你过不去。对此他无法忍受，他必须找个地方发泄。但是，他又不能不为之犹豫：这事只要一闹腾，势必就要惹怒赵老师。那以后的关系怎么处呢？思来想去，他还是不肯压下这口气。

郎国任真正向权威挑战的日子开始了。这是他大英雄性格的真正一次亮相。他那天把音乐学院附小的楼道视作自己的舞台。数年来的委屈、憋闷，都在那一瞬间爆发开来。那里有着来来往往的人，有学校的老师也有学生家长出出进进，人越多越好，他郎国任高声大嗓地叫着：

你们就这么考试打分呀？你们懂不懂？你们的眼睛长哪儿去了？偏向也没有这么个偏法啊？太不像话！这简直就是欺负人！凭什么给郎朗分打得那么低？有种的站出来我们找个明白人评评理。

音乐学院从创建到如今，哪位家长敢这么叫号？敢这么藐视学科老师？家长与老师的关系不说是主仆关系，起码也可以喻作上下级关系。下级得罪了上级那还有好果子吃？下级得变着法儿恭维人家。何况郎国任这么一叫喊不仅得罪老师，他等于向整个附小学科发难。仅凭这种勇气就令在场的其他家长唏嘘不已。

你的孩子还想不想在这里呆下去了？

郎国任绝不是那种头脑简单易于冲动的一勇之夫。他这么做自有这么做的道理和勇气。音乐学院确有不正之风,确有一碗水不端平的现象。他郎国任最受不了这个。如果要是一星半点的失误,他郎国任也许不会这么大动干戈,他认为这分明是与他过不去。以往那些过不去,他能忍则忍,但现在,他绝不想忍！因为有些事情越忍越不利。

中国人有着爱看热闹的习惯。有些家长上前探问出了什么事。既然有人搭茬,郎国任就把期末考试如何压制郎朗,一五一十地诉说开来。

在郎国任盛怒面前,学校的有关人员怯怯地躲着走。也有的平时跟他关系不错的人上前劝他,总之,围观的人越来越多,影响也就越来越大。郎国任才不怕大呢！

但是,他再喊再闹,也不会改变考试结果。相反,对他们有意见的人更是以此为话柄,认为他们父子多么狂妄,多么不守规矩。这一闹,使得赵屏国老师很不愉快,这不是伤了他的面子吗？在他看来,郎朗受点挫折,也许不是坏事。一个孩子即使获得了殊荣,也不宜把他捧得过高,这会使孩子骄傲起来。从孩子成长的角度来看,受点委屈,也许更为有利。他毕竟是搞教育的。在赵老师这个角度看问题,不能说没有他的道理。

即使不可能骄傲的孩子,人们受传统的教育心理影响,或者别的什么复杂心理影响,也是希望孩子经受点折腾,就是我们通常意义上的考验。其实,说穿了,也不过就是一股惯性的力量:门户之见,门第意识,这在中央音乐学院简直是约定俗成的局面。别说一个家长郎国任,即便是位置再高的人又能奈何几多？因而,看明白了的家长如果有钱有势,就会恰到好处地利用权势为自己的孩子谋到益处,而那些无权无势的家长们就只能甘心当顺民家长了。

郎国任骨子里充满叛逆,他可不是那种知足常乐、见好就收可以当顺民的家长。他不仅在人际关系上敢于挑战权威,他在钢琴艺术上,也仍然敢于对权威提出怀疑并且敢于冒犯。这在具备中国特色的音乐学院环境里就等于犯了大忌！他不仅犯了大忌,甚至还硬顶着这种大忌不思悔过。他的主观意识越来越强,强一分,就是对老师的冒犯,何况他一直咄咄逼人。因此,郎国任这位特殊的家长在这里就成了一个既让人敬、又让人怵、更让人恨的角色。这种角色的人生注定是不会平静的,无论干什么总要掀动波澜。

任何老师也不能没有个性，有个性就免不了冲突，某教授和郎国任之间的关系只能逐步升级，到头来已经不是家长与老师之间的矛盾了，而是个性与尊严之间的较量。知识分子爱面子，非知识分子也爱面子，中国人哪有不爱面子的？事情再小，牵涉到面子，便如同分子与分母的关系——分母是面子。

郎国任与某教授之间的矛盾，这次算是一个导火索。导火索的燃烧，逼近了爆炸。彼此的客气礼节应酬等在这种行将爆炸的压力面前显得多么脆弱。

在爆炸还没有到来之前，我仍然得按部就班地叙述郎朗父子。

他们父子俩受到这次考试的刺激，更加憋足了劲，更加刻苦地投入练琴。郎朗在过去受挫时就愿高喊着名次排在他前边的对手的名字，以此来激励自己，现在，他带着气练琴，更是把那考第一和第二的名字叫得响亮。伴着坚定有力的和弦，他觉得特别痛快特别过瘾！

郎家父子秣马厉兵，希望寻找一个新的机会，更强有力地向世界证明自己的实力。他们要向门第之见、门户之见宣战，要向世俗宣战，郎国任天生就有这么一种不信邪的好斗性格。从这个意义上说，他还真有堂吉诃德的那股子战风车的悲壮感。不过，他可是比堂吉诃德精明得多，也实际得多。他坚信，最有说服力的还是实力，还是比赛——国际比赛，只有国际比赛的评委那才公平，你就是再有本事，你能跟国际评委拉上关系吗？

他们渴望着更高规模的国际比赛，就像被圈起来的骏马等待着辽阔平坦的大草原。

机会又一次来了。

1995 年为郎朗提供了一次千载难逢的机会：第二届柴可夫斯基青年音乐家国际钢琴比赛将在日本仙台拉开帷幕。这次比赛的规格要比埃特林根的国际比赛更高，更有影响力和说服力。对于青少年选手来说，这是迄今为止，世界上最高水平最具影响力的比赛。

众所周知，柴可夫斯基钢琴大赛是国际上影响深远的重大赛事，国际上许多重要钢琴家都是通过这个赛事而一举成名，比如美国的克莱本，比如中国的钢琴家刘诗昆、殷承宗等。也许是受成年人赛事的影响，1992 年在莫斯科举办了首届柴可夫斯基青年音乐家国际钢琴比赛，一下子就轰动了世界。三年后，轮到了第二届比赛，将在日本仙

台举行。郎朗得知这个消息,乐蹦高了。他们父子按着赛事要求将郎朗的录像带及有关资料寄给了大赛筹委会。

中央音乐学院报名寄材料的一共七人。他们都盼着自己能够取得参赛资格。郎朗也是如此,甚至比别人更急切。埃特林根大赛取得显赫成绩,如果这次连资格都得不到,那多掉价。这次比赛,是对郎朗的进一步承认。因为上次埃特林根比赛有人说怪话,认为还有更好的选手没有到场。言外之意这一回如果郎朗能够一举拿下嘛,这还差不离——

然而,过了一段时间,郎朗周围同学已有好几位接到了回复。最先接到信的是个女孩。她乐得有些忘形,四下里张扬,结果,那不是一封承载好消息的信,而是一封仅仅告诉她寄去的材料收到了的信。过几天,那女孩子又收到一封外国字的信,她以为这回一定是参赛通知了,却不想她得到的是没有入选的通知,令她沮丧至极。

其他人陆续得到参赛通知。凡是接到回复的都是一副兴高采烈的样子,而偏偏郎朗没有接到。郎朗起初还能稳住劲儿,他成竹在胸。可是,3 天过去了,仍然没有见到回信。已经过 5 天了,凡是得到通知的选手名字都被写在黑板上,那黑板很醒目的。得到通知的选手名单,就得报文化部。可郎朗迟迟没得到。怎么办?爷俩都很焦急,赵屏国老师也是急得没法。这时候,他很怕别人问他郎朗怎么样?拿到通知没?更让他不舒服的是有些人抄着一种酸不拉唧的口气劝慰他:别着急,郎朗还能选不上?

郎朗那几天也特别难受,别人见到他时只要一问这事儿,他就心烦,他看来很清楚这些探问的人表面上做出同情状,心里边才乐着哩!他们巴不得能看到郎朗出丑。

怎么办呢?往组委会打个电话问问?又觉不妥。就在这焦躁万分的时刻,有人告诉郎朗,二楼有一封外国来信,全是外国字,可能是郎朗的。郎朗平时在一楼上课,不到二楼去,所以,来信了,他也不知道。当有人告诉他时,他蹦着高冲上二楼,却发现老师不在,二楼的门锁着。郎朗一直等到下午,才算拿到那封望穿秋水的信。他立刻跑去交给了赵屏国老师。赵屏国老师喜笑颜开,当即高举着这封信,像接力赛一样,跑着去追撵校长,边跑边喊:“郎朗,郎朗的通知来了!”

赵屏国老师跑得呼呼急喘,令人感动。校长接过通知看看,也替郎朗高兴。她希望郎朗能够再创辉煌,为学校争光!

不过,也有人认为郎朗这回够呛。甚至有人当面对郎国任说,郎朗这回要做不得

奖准备。郎国任就不爱听这话,他当即没好气地说:凭什么呀?不想拿奖还去干什么?我从来不做不拿奖的准备。

获得参赛资格的郎朗这回可不用自己花钱前往了,文化部把他列为公派选手。郎朗出国比赛自然需要去一位监护人,老师想去,家长也想去,谁更应该去呢?他们对郎朗都很重要,都不可或缺。从监护人的角度说,父亲应该是第一监护人。但是,最终,他还是让给了老师。他只能自费前往日本。

老师当然支持郎朗参加比赛,但他与家长的想法总是难以默契。从制定比赛曲目上就有分歧。家长主张弹肖邦的《F 小调第二钢琴协奏曲》,而老师就认为不妥。老师有老师的经验,家长有家长的道理。老师求稳,甚至有些保守,他担心这首为爱情写的曲子,情感复杂,特别是第二乐章与乐队合时,很难出效果,万一有个闪失呢?把握性究竟有多大?

家长也不是没有考虑过这些,但他认为在这种大赛上必须要有点冒险精神,才能出奇制胜。他的魄力让他冲出一切保守和束缚。另外,他对自己的儿子还是了解得比较深透,他认为郎朗更适应弹肖邦的协奏曲。郎国任与郎朗合计,郎朗自己也愿弹肖邦。老师觉得郎朗还小,才 13 岁弹这首描写爱情的曲子合适吗?他没有把握。何况这是去比赛,没有绝对把握的曲子是不该往外拿的。老师完全是替郎朗考虑,是为郎朗好,这一点郎国任什么时候都认可的。他们之间的矛盾在于他们的差异,性格的差异,思维的差异。主要还是思维的差异。

郎国任敢想敢干,敢于让儿子拔高、跃进,敢于打破常规,敢于向权威挑战,敢于去创造奇迹。这一点,他颇有点像马俊仁。没有多少书本文化,也没念多少大书,没有什

么像模像样的理论,却敢造！敢于打破条条框框,打破常规。他对郎朗的要求是不能跟别人一样的,别人两天拿下一个曲子,郎朗就得一天拿下;别人16岁可以弹的曲子,郎朗13岁就得拿下,别人一下子迈一个台阶,郎朗一下子得迈两个或者三个台阶,郎朗就得破格,要不,怎么能够显出郎朗呢？超常规思维才能培养出天才。因此,他常常觉得老师过于保守,在留一些曲目时,对郎朗的潜力估计得不够。他只把郎朗当作人才去培养,而没有当作天才培养。所以,当老师让郎朗按部就班,按着程度进展时,郎国任总爱挑剔,总让老师给郎朗多吃点,再拔拔高。这一点很让赵老师不舒服。何况郎国任在处理人际关系时向来不那么讲究方式方法,过于急切地表达个人想法,很容易让人难堪。

老师不是不掌握郎朗的能力,他只是觉得郎朗在打基础时,还是应该慢慢来,急不得。家长心急,希望孩子一步到位可以理解,但是,郎国任这种家长绝不是一般家长。他对音乐的理解对儿子的理解都有独到之处。从一般意义上讲,孩子这么小,连爱情是怎么回事都搞不清楚,却让孩子弹肖邦《第二钢琴协奏曲》,这能弹好吗?

其实,不仅郎朗的老师不赞成这次比赛让郎朗弹肖邦这首大曲子,就是别的老师也不会赞同。他们都认为这么小的孩子,怎么能够理解和准确表现肖邦那复杂的爱情呢?

不错,郎国任也承认这是一个大胆的选择,带有一定的冒险性。F小调的肖邦《第二钢琴协奏曲》实际上是一首爱情诗。它是肖邦疯狂地陷入情网而不能自拔的时候,对自己情感和灵魂的唯一救赎方式。这首感天动地的爱情篇章让一个13岁未有任何爱情体验的孩子去演奏,确实有点耸人听闻。

但是,郎国任毕竟是郎国任,他一经决定的事情是不会受到别人干扰的。为了更把握起见,他请周广仁教授给郎朗上一课。周广仁教授连续数年担任国际评委,是中央音乐学院的钢琴权威。她得知郎朗要弹肖邦这首协奏曲时,也连连摇头,觉得不合适。演奏肖邦的音乐重要的是对于他的音乐内在东西的理解,可让郎朗这样一位涉世不深、没有任何爱情体验的孩子去理解这样经典的爱情曲子,岂不太难为孩子了吗?

郎国任平素就很尊重周广仁先生,尤其得知这次在日本仙台举行的国际赛事上周广仁先生又将出任评委(她是中国唯一的一位评委),所以,周先生的意见郎国任格外看重。他必须得认认真真地倾听周先生的意见,认认真真地请她听听郎朗弹奏的这首

协奏曲。郎国任想，如果周教授听完后认为弹得不行，那就没办法了，只能再换另外一首协奏曲。

周教授那天听得非常认真，表情深沉而端庄，精明的郎国任不时地投去一眼，观察周教授的表情，但他什么也看不出来。等郎朗在键盘上完成了最后一个挥洒的手势，周广仁终于面露喜悦。她毫不掩饰心中的兴奋，她觉得郎朗对音乐的理解很准确，这种理解非常了不起。她终于首肯了。

后来，许多人听到郎朗弹奏这首如泣如诉缱绻悱恻的爱情诗时，无不被郎朗投入的情感所打动。他们惊讶于这么小的一个男孩子，而且从来不懂爱情之类的东西，何以弹得这么感人。这简直成了一个谜。我也觉得难以理喻。就此，我曾问过郎国任先生。他一句话揭穿了谜底。他说，他告诉郎朗要用整个心去想对祖国的爱和对母亲的爱。

2005 年刘元举与郎国任在沈阳

天呀！把肖邦死去活来的爱情借代为对于祖国和母亲的爱，郎国任，可真有你的！

然而，我不能不为之担心，这种借代到了真正比赛的场合，在那么多那么有资历有水平的国际评委们听来，能被首肯吗？再说，此番大赛的参赛选手水平之高竞争之激烈是可想而知的。在第一届柴可夫斯基青年音乐家国际钢琴比赛中，选手们就竞争异常激烈，以至于赛到最后，第一名获奖者竟然轮空，这说明了对于大赛荣誉的捍卫。

郎朗父子，命运之神还能朝你们微笑吗？

Chapter 6
好儿郎朗

仙台第一宾馆居住着世界各地的参赛选手，每位选手都给配备一位日本翻译。但是，给中国选手配的翻译只负责第一轮的比赛，那么进入第二轮怎么办呢？显然人家没有瞧得起中国选手，认为中国选手第一轮下来就得打道回府。

郎朗练琴的条件可想而知。练累了没地方休息，就地躺下。在琴房的地板上郎国任脱下衣服给儿子盖上，用胳膊给儿子当枕头。儿子倒是挺舒服地睡着了，可他的胳膊被压得酸痛不已，连动一下子都不可能，他怕因此影响儿子睡眠的深度。

真正的国际赛事有着真正的强手，强手之间的较量只凭实力，而没有任何后门可走。国内的钢琴骄子到了这里才见真本事。

然而，从未合过乐队的郎朗，以不可思议的天才带动着庞大的乐队走进肖邦协奏曲那迷人的境界。一曲下来，震惊了所有的评委。

——本章题记

第一节 通往仙台

大赛之前，学校放假了，郎朗父子回到了沈阳。回沈阳练琴毕竟不是上策，但是，他们也只能作出这种选择。

回沈阳的一个主要目的，还是郎国任办理去日本的签证手续。他自费去日本，只能在沈阳办。而郎朗和赵老师他们公派出国在北京由文化部统一办。郎朗可以留在北京跟老师练琴，但是，他更离不开父亲。且不说郎朗在沈阳练琴下了多大功夫，但说临近比赛时，他们父子离开沈阳奔北京的狼狈劲儿，就够折腾记忆了。

赵老师不知郎朗练得怎样，心里边特别惦记着，眼见还剩下一周时间就要起飞日本，可郎朗仍然留在沈阳不见回来，赵老师往郎朗家一劲儿打电话，催促他赶快回去。本来应该是郎国任陪郎朗回北京，机票都买好了，可郎国任的签证偏偏拖着他走不了，领馆那边明明说好了某天可以取到签证，所以，郎国任才买了机票，不想那天签证根本下不来。北京那边又催得急，再说赵老师还没给郎朗检查呢，万一发现点啥问题，时间太短了怕不够用，所以，只好临时改由母亲周秀兰陪着郎朗坐飞机回北京。问题来了，机票明明写的是郎国任的名字，周秀兰要用得改名字。机票改名是件多么麻烦的事呀！但，那也得改。

周秀兰本来就是个急性子，托人托脸的好不容易将机票上的郎国任改为周秀兰之后，汗水未消，就带着郎朗赶到了北京。赵老师的脸色显然不太好看。好在郎朗的曲目练得还让他满意。

那几天北京持续高温，差不多零上 40 来度。学校照顾郎朗即将参加国际比赛，允许他到 14 层楼上去弹那台平时摸不着的斯坦威。得到了好琴，郎朗往死里练。天热

得受不了，汗水从他光着的脊梁骨沟不停地往下流淌。这天别说弹琴，什么不干，光呆着，那汗就不会消失。郎朗脱了背心，仅穿一条小三角裤衩，眼见汗水顺着儿子的后脊梁滚滚而下，这当妈的心里边要多难受有多难受。

豁出来了，为了儿子！周秀兰为了给室内降温，让儿子多少能够舒服一点，简直是发疯了——她用郎朗喝水的瓶子一次次接水往琴房的地面上泼（因为找不到盆子）。第一次泼时，燥热的水泥地面一下子就把倒上的水咽掉了，周秀兰就再去接一瓶，再往上泼。汗水比她泼出的水还要多一些。这镜头完全被儿子看在眼里，感动在心里。周秀兰一说到当时的情景，声调就会因激动而拔得很高很颤。

在陪儿子练琴的日子里，周秀兰见到了很有权威的老师。她平时也从郎国任那里得知了一些他们之间的矛盾，她是不希望扩大这种矛盾的，也只能随时随地劝劝丈夫。这一次，她从权威老师那里感受到了这种矛盾正在加剧，这样下去，肯定对郎朗不利。她也想从中做些调解工作。其实，他们彼此都是为了郎朗好，这一点毋庸置疑。只不过各有各的个性，各有各的思维方式。权威老师说话比较直率，他一直为那天郎国任在学校吵闹的事情而想不通。所以，他以抱怨的口气说郎国任有点太过格了，因为郎朗考试的事儿在学校当着那么多人的面吵闹，影响太不好了。

权威老师显然是希望能够得到周秀兰的支持，以便让周秀兰劝说一下郎国任。如果是说别的什么事情，也许周秀兰还会比较客气地附和权威老师，说到这件事，她周秀兰似乎比郎国任更有想法更不满意。周秀兰觉得这事很憋气。因此，老师的话音刚落，她马上表述自己的鲜明观点。她说，你说期末考试公平吗？别人我不知道，郎朗他班那个我见过，就冲那双小手他也不该排在郎朗前边。权威老师说，郎朗排靠后点也有原因，郎朗自从德国获奖回来，有点骄傲，人家都有反映。周秀兰说，郎朗骄不骄傲我还不清楚？我问你，你们学校有没有一碗水端不平的时候？有些事情咱不说装不知道就是了。

面对周秀兰咄咄逼人的拷问，老师只能苦苦一笑。他为不能说服周秀兰而深表遗憾。

因为说服不了郎朗的母亲就更不可能说服郎国任了。而他们之间的关系彼此都清楚愈来愈僵，愈来愈不好办了。

人与人之间的交往过频了，就不可避免会有矛盾。问题是有些矛盾是可以用交换意见的办法解决，有些则不可能凭借交换意见来弥合缝隙的。而有些话，要是不说开不捅明，则会憋在心里发酵，发到一定程度就会酿出大的冲突。权威老师对郎国任的一些做法免不了会有想法的。比如，郎国任非常看重殷承宗，非常珍惜殷承宗给郎朗上课。殷承宗给郎朗授课分文不取。殷承宗给郎朗上过肖邦《第二钢琴协奏曲》。殷承宗确实潇洒，上课居然可以不用钢琴。他们是在宾馆的一张桌子上比比划划地走进了神圣的音乐领地。这有点像下棋中的“手谈”，有着另外一种妙处。郎朗上殷承宗的课格外兴奋，接受能力强，学到的东西自然就多，收获也比平时更大。作为学生而言，佩服更高水平的老师，也是自然的事情。作为学生家长，更是有着站在这山望那山高的心理，因为家长望子成龙心切。

殷承宗的出现，从客观上说加剧了他们之间的矛盾。

但，郎国任并不顾及这些对于权威老师意味着什么，只要对儿子有利的事情，他坚决去做。

人都有狭隘局限的一面，伟人也不过如此。

2003年郎朗回到母校——沈阳宁山路小学

郎国任在沈阳这边因拿不到签证而忧心如焚，沈阳—北京两地犹如天河之隔。他每天都给北京那边的郎朗打电话。他一天不看儿子弹琴就闷得慌，就心里边没底。郎朗跟老师他们的签证已经下来了，文化部那边已为他们预订了23日的机票。郎国任这边因拿不到签证，只能放弃与郎朗同行。他在电话里对儿子千叮咛万嘱咐，那个不放心呀。

郎国任是在23日上午10点多，才从日本领事馆那里取回签证。他满头大汗，恨不得插翅飞到北京机场与儿子同行。他马不停蹄地忙着行前的准备，一遍遍往北京打电话，落实那边的订票情况。他肯定赶不上郎朗那拨公派出去的班机了，他只能与自费的选手们同行。人家自费选手机票定在23日下午6点，也把郎国任的机票定好了。而他在沈阳如果赶不到北京，那么机票作废不说，他也去不成了。当时，唯一的选择就是乘坐飞机，可沈阳到北京的飞机只是一早一晚才有，早晨7点左右是不用想了，晚上6点的也不可能赶趟。急得郎国任真像踩在了热锅上。周秀兰在北京那边着急，郎国任在沈阳这边着急，两个人再急，有什么办法？

郎国任真算幸运。那天临时有一架过路飞机。郎国任慌忙坐上飞机时，还有点惊魂未定。他甚至连手表都不肯相信了。到了首都机场，已经4点多了，自费前往的那几位都在机场里等着他，他连机场都没出，就直接转乘。面对同行者的惊叹，郎国任只是一劲儿擦汗，竟说不出一句话。

谢天谢地，总算抵达日本成田机场了。想到儿子已经先于他到达仙台，他心里边更加惦记。成田机场到仙台乘汽车有6小时的路程，郎国任头一次到日本，头一次一个人出国，神经绷得很紧。到达仙台时，已是深夜11点了。还算顺利，他很快找到了郎朗他们居住的宾馆。郎朗一听说爸爸来了，脸上涌现的那份惊喜令郎国任感到无比欣慰。形影不离的父子，从沈阳分开才两天多点，就好像分别了许久。郎国任怕郎朗过于兴奋睡不好觉影响第二天的练琴，便督促他快躺下。有郎国任在身边，郎朗睡得格外踏实。既然赵老师带郎朗来参加比赛了，何必再多来一位家长？全世界参赛选手似乎也都是老师带来的而没有任何家长尾随。郎国任是个特例。他这么急三火四地追来，在一般人看来是件费解的事情。但是，郎朗需要。郎朗比赛太需要他的父亲了。不仅生活上需要，弹琴上更需要。哪怕父亲的一个眼神，都会对他产生重要影响。父子之间的默契常人又怎么能够弄懂呢？或许这就是郎国任不可替代的价值所在吧。

第二节 头顶五星红旗

日本的城市干净透亮，那些建筑物都像精致的玻璃器皿，极有规则地排列成序，没有灰尘。仙台也是如此。除了那些带有东方韵味或者直露点说是带有点唐人余韵的建筑之外，城市更多的还是那些现代西式建筑。日本有著名的建筑大师丹下健三，还有一批才华横溢的后来者，如矶崎新、黑川纪章、安藤忠雄等，他们的建筑思想与建筑艺术影响了日本的城市风貌。所以，城市的建筑无论体现古典风格还是表现现代气息，无不浸润着日本自己的“和风”。

我们介绍一个城市常常可以写上这种说明词：历史文化悠久，云云。把这个词用于日本的仙台，其实也是合适的。(关于仙台城市介绍不在这里浪费版面，可以到旅游手册查找。)我们在中学读书时不是读过鲁迅先生的作品《藤野先生》吗？那篇文章记述的事情就是发生在仙台这个地方。

仙台有条河流，叫作广濑川河。看上去，这条河基本上还是保持着自然韵味。在城市流经的河流，能够少一些人工雕饰而多些自然风味，这很不容易。我没有研究过第二届柴可夫斯基青年音乐家国际钢琴比赛何以选择这座城市，也弄不清楚跟这条河流有没有关系，但是，仙台这座城市举办这样一次重要的国际钢琴赛事还是蛮有能力的。从比赛场地到选手们休息的住处，都组织安排得很有气派。日本人操办事情很精细，即便像布置会场这类事也像制造高级轿车似的。

郎国任为儿子那种全身心投入的精神是任何人无法想象的。这一次在日本他所承受的压力并不比在德国第一次参加国际比赛时小。因为这次比赛显然比那一次更为重要。那次郎朗获得第一名和杰出艺术成就奖，有人就说什么有更好的选手没有去

参加比赛。这次好手都来了，看郎朗真本事了。别说与外国选手比，中国选手之间就将有一场真正的较量。他郎国任一定要让郎朗获胜！这不仅是面子，更是志气和尊严！

郎国任对于郎朗的比赛所起到的作用，绝不是一般意义上的家长甚至是老师可以理解的。比如，他对整个比赛形势的判断分析，他在战前的“火力侦察”，他对郎朗内心稳定所起到的作用等等。也许因为他起的作用太大了，甚至有点越俎代庖了，才引起老师的意见？郎国任是个精明人，却不是个周全的人，他在处理和老师的关系上会不会有什么疏漏，以使老师感到对其缺乏应有的尊重？

老师就是老师，父亲就是父亲，他们对于郎朗都很重要，缺一不可。他们之间有了矛盾，也锻炼了郎朗的处事能力。好在他们都是要对郎朗负责的，都怕会因此而影响郎朗弹琴，尤其面临着即将到来的国际大赛，他们肯定会劲往一处使的。

郎国任一到仙台就将目标对准了参赛的 79 名选手。他敏锐地从中窥视着能够与郎朗一争高下的选手。他越看越觉得这些选手都很棒，特别是日本的上原彩子。她是上一届比赛的第二名，那一次第一名轮空，她实际上就是第一名。此番在她的国度里比赛，评委会主任是中村广子，一个地道的日本女士，她能不偏向他们日本的选手吗？对于上原彩子来说，天时地利人和样样具备，再从那些围前围后的记者，还有那一直对准了她的摄像机，就让郎国任不敢做非分之想了。何况他还看到了俄罗斯的选手也弹得那么棒，他更是觉得郎朗没有多少戏了。因为这是人家柴可夫斯基的比赛，同样的条件，能够比过人家吗？前三名选手中，怎么都得有俄罗斯选手。这样一比较分析，郎国任的心里越发没底了。

郎朗本次参赛的曲目中有一首中国曲子，郎国任一直觉得不够把握。那几天，他们也下功夫抠这首曲子。这首曲子是《舞曲与序曲》，是根据台湾高山族民歌改编的钢琴曲。这首曲子有难度，主要是其中的鼓点强弱把握不好。高山族的鼓点是极有韵味的，用钢琴表现这种鼓声稍有差失，就会失去应有的味道。所以，郎朗除了正常地听赵老师的指导之外，更重视与父亲每天细细地一遍遍抠着曲子的个中味道。经过反复研究，他们发现了最好的处理方式是将鼓声弱下去，弱到了一定程度而不影响音乐的起伏时，竟出现了一种意想不到的效果，令他们爷俩欣喜不已。果然在比赛时，郎朗的这首中国音乐弹得非常成功，就连在场的外国人也激动地说这虽然是中国音乐，但是我们听懂了。

写到这里，读者千万别以为郎朗的比赛全靠他的父亲，而前来的赵老师没有起到什么作用。这可是有悖于作者意图的。（由于本书写作过程中没有专程采访赵老师，所以，没有从他的角度正面去写到他。）不管到了什么时候，郎家父子都得承认郎朗在赵屏国老师身上学到了重要的东西，那是来自俄罗斯的东西，也是赵老师长期教学生涯和科学概括与总结的东西。赵老师有着自己的不可替代的教学法，郎国任说，郎朗从赵老师那里学会了放松，弹琴时能够松弛下来，这很不容易。他说，还从赵老师那里学到了俄罗斯的音乐。当然还有一些更为基本的东西。郎国任与别的厚道家长不同之处在于他并不满足从赵老师这里学到的东西，他贪多，求快，他还要努力地自觉地想方设法地从别人那里学到更多的东西。比如，从外教那里学到了弹贝多芬时的跳音，原来郎朗一直处理不好这种特殊的跳音。从外教身上，他们父子一块总结出弹贝多芬的跳音不能像弹浪漫派那么蹦蹦跳跳，就是说不能纯跳，要非连那种跳，只有充分理解这种跳，才能接近贝多芬的风格。还有弹肖邦时，最重要的是处理好连音，因为肖邦的东西主要在旋律线条上，郎国任让儿子从小提琴的那种连音"黏糊"上去体会，他要求儿子能够弹出小提琴的连音效果。这样一来，郎朗手下的肖邦就增加了动人的魅力。

郎国任还非常看重殷承宗先生。他毫不掩饰对殷承宗的热衷，为了让儿子学到或者说得到更多的东西，他郎国任并不怎么顾及郎朗现在老师的态度，这不能不对老师构成了刺激。但是，郎国任一向是以儿子弹琴利弊作为自己行为的最高准则的，他以此去量事度人，舍此，他不会旁顾别人的情绪。

郎国任就是这种"不老老实实听老师话""惹是生非"的性格，只要他的儿子能够学的东西比别人多，弹得比别人出色，惹恼了什么人他都不在乎。

现在还接着说日本比赛吧。

日本人对这次大赛的组织安排就像他们制作家用电器，特别精细。从居住地到比赛场地，都很用心，只是他们的家用电器很看好中国这个大市场，而他们对于这次比赛，却并没有把注意力放在中国选手身上。或者干脆一点说，他们根本就没有瞧得起中国选手。他们为中国选手配备翻译时，只配备第一轮的，他们连第二轮比赛的翻译都不给准备，他们认为中国选手进入不了第二轮就得打道回府。这使郎朗的自尊心大

受伤害。他在上场时信誓旦旦地对郎国任说:“看我的！看郎大爷的!”

比赛安排在仙台的21世纪大剧院。剧院空间有种豪华的景深感。过道处的墙壁上张贴着所有参赛选手的照片和简介,中国选手王笑寒和郎朗的照片都在上面。王笑寒当时在中央音乐学院很受宠,他是周教授的学生,到日本比赛,又由李其芳教授指导。名师出高徒,王笑寒的成绩确实眼见着提高,这对于条件远不如他的郎朗也构成了压力。郎朗最不怕压力了。在仙台期间,他抓紧点滴时间刻苦练琴。中午休息时也不离开琴房。实在累了,就往地板上一倒,立马入睡。而郎国任就会守在儿子身边,把自己的胳膊垫在儿子头底下当枕头。儿子睡着了,把他的胳膊压麻了,十分难受,无法忍受的难受,但他怕抽动胳膊把儿子弄醒,就那么坚持着,胳膊打着战,额角流着汗,一动不肯动,直到儿子醒来,他的胳膊都不会动弹了……

郎朗练琴也够狠的了。李其芳趴在窗口一看琴房的郎朗光着精湿的脊梁,挥汗如雨的架式,她不禁惊呼道:“郎朗在游泳!”

好一个游泳！这是对郎朗在仙台比赛前夕练琴的生动描绘。而那些条件好的选手呢？他们可没有郎朗练得这么苦,这么酷,他们有的还买了一支枪,成天打着玩。其

赵屏国老师在给郎朗上课

结果怎样?

柴可夫斯基青年音乐家国际比赛是从 1992 年开始的。第一届赛事在俄罗斯举行。这是第二届,在仙台。比赛包括钢琴、小提琴和大提琴三项。仅钢琴参赛选手就有 79 人。这些选手分别来自二十多个国家。这些选手无不经过严格的资格审查,才来到这里。他们无疑是全世界选拔的这个年龄段上的最好选手。比赛的竞争程度是可想而知的。

比赛的抽签与以往不同,所谓签,其实是一份纪念品:一个非常精美的小盒,盒子里装着工艺精湛的木质小人。选手们可以在摆放的这排小盒中随便拿。将小盒拿到手之后,揭开来,就能发现里边的小人是一个套着一个的,一共是三个小人。在最小的那个小人身上,是决定比赛次序的,谁发现了自己手里这个最小的小人身上有标号,谁就是第一个出场比赛的选手。余下的便按着选手的姓的英文字母排列顺序。这样,郎朗的 L 字母排列在第 12 位。也就是说,他第 12 个出场。

"第一轮我弹巴赫平均律第 18 首、贝多芬第四奏鸣曲、肖邦第二练习曲、柴可夫斯基《夜曲》。"

"练琴时,我爸挨屋去探听各屋情况,如实向我'禀报'。听到和我弹一样的曲子,就叫我去偷听。上届老柴比赛第二名的一位女选手弹得好,我爸让我偷听。我正在偷听时,她突然出来了,一眼就看见我站在那里。我马上装着喝水,一仰脖……"

"第二轮,我弹柴可夫斯基变奏曲、黄安伦的《序曲与舞曲》《塔兰泰拉》。我发挥得非常好,淋漓尽致。有人居然给我献花。比赛哪有献花的?不让上台献,就到后台献,是一位舞台管理人员在间歇时送我手里的,我没见到送花人,至今也不知道是谁送来的。"

"我在弹第二轮时,先到后台等着。后台空调特凉,吹得挺难受,脑子倒是挺清醒。我就想我爸的话:前边那个小孩弹得挺冲,你先稳一下,稍稍等一会儿,等平静了,再弹,不要怕超过时间限制。没事,你弹吧,不要太急。三个曲子有点相像,激烈程度要有区别。老柴不要太强,要收敛一点,黄安伦弹得要揪心,后边要潇洒,要像击鼓似的。《塔兰泰拉》要野一点,精明一点,不要砸琴,使劲不能过大,沉稳,再沉稳一点……"

郎朗说,他每次上琴前,都会把要弹的曲子过一遍脑子,如何处理,如何弹,细细地想,这是经验,也是他们爷俩总结的经验:前边选手要是弹得强,你就弱下来,要有

区别;要是前边选手弹得弱,你就一定要以强开始,反差鲜明,增加记忆,也能把观众吸引住。

郎朗在第二轮发挥得确实不错,还没弹完,就听评委席上喊:停!

郎朗小心地问:“不是落选吧?”

周广仁说:“不是,是进决赛!”

决赛安排在三天后举行。

仙台第一宾馆门前的那排旗杆上悬挂着各国的国旗,五颜六色,把仙台的蓝天映衬得格外绚丽。这些国旗就是各国选手比赛成绩的晴雨表。随着比赛的进展,这些密实绚丽的国旗在日渐稀少。郎朗每天回到宾馆或离开宾馆时,第一眼总要看看这些国旗。他特别注意门前那些旗帜。因为,每淘汰一位选手,就要降下他们国家的旗帜。郎朗觉得中华人民共和国的五星红旗格外鲜艳,格外亲切。那是他的荣誉,他代表着自己的祖国。比赛第一轮结束,剩下39人进入第二轮,中国所有参赛选手都进入了第二轮。再往下比,仅有六位选手进入第三轮;在这六名选手中仅有一位中国选手,那就是郎朗。

其实,郎国任的内心并没有放松。他到仙台来并不是只为自己出口气,和中国选手一决高下,他是要和所有选手比高低。当郎朗真正进入第三轮时,他觉得压力格外大起来。因为从郎朗头上顶着的这面五星红旗,他就感到了足够的分量。如果郎朗一旦有了闪失,那么,这面国旗肯定要从仙台的上空降落无疑。而如今一片国旗中,还剩下四面国旗,它们依次为:俄罗斯、乌克兰、日本、中国。在这四面国旗中,最后剩下的国旗能是哪个国家的呢?

郎朗父子仰望着中国的五星红旗,那种眼神是坚定地向往。

比赛期间,郎朗遇到了来自台湾地区的选手,是三个女孩:一个叫詹未英,一个叫张晓荧,还有一个姓李,名字郎朗已经记不得了。他记得最为清楚的是她们的问话:

“你是大陆来的?”(瞅他这么高这么胖,不大相信)“你们是不是住茅草房?”“这是什么东西?”(一个女孩指着电视考问郎朗)“你们有吗?”

郎朗听了这种问话当然十分气愤。不过,当郎朗如实回答并且对中国大陆改革之后的人民生活现状予以说明后,三个女孩的敌视情绪消失了,她们用歉意的口气解释,说她们是从电视上看到的,你们的小孩子都在做苦役。郎朗告诉她们事实真相,她们相信。她们后来都对郎朗非常好。她们还为郎朗取得的成绩衷心祝贺。后来,当这几位台湾地区选手遭淘汰后,还恋恋不舍地向郎朗告别。由于参赛选手仅剩下六名,拥挤的宾馆里也显得空荡了。郎国任为了省钱,退掉自己那一百美元一宿的床位,与郎朗挤在一张床上。瞧不起中国选手的日本人也不得不因对郎朗恭敬而转为对郎国任的恭敬。起码没有因为他与儿子挤在一张床上而轻看他。

比赛进入了最后一轮,6 名选手分两拨,一天 3 名,逐一登台,与乐队合作协奏曲。在历次国际赛事中,中国孩子在与乐队合作时常常是吃亏的,因为我们平时条件有限,所以,与乐队合作的机会几乎等于零。作为评委的周广仁先生也是深为郎朗担这个心,她知道郎朗要弹的那首肖邦协奏曲与乐队合有相当的难度。特别是进入第二乐章时,乐队速度慢,万一钢琴带不了乐队被乐队拖着走,那就得弹散,一散,就抓不住听众,更抓不住评委了。

周先生坐在评委席上暗暗替郎朗捏把汗。祖国的荣誉高于一切。这时候的国际评委周广仁先生真正希望郎朗能够一举夺冠。

时间:1995 年的 9 月 9 日。

地点:仙台大剧院。

乐队:莫斯科交响乐团。豪华阵容占满舞台,占满人们视线。一架三角大钢琴。舞台的帷幕正中,挂有一个人的头像,那是——

第三节　一张忧郁敏感的斯拉夫面孔会被中国孩子感动吗

帷幕上的头像有着刺绣的效果。那是一张忧郁敏感的斯拉夫人面孔——柴可夫斯基,这是一个能够让人类忧郁的名字。看上去,就连他的胡须都是忧郁的。那双深陷在眉骨下边的眼睛在注视着会场，注视着豪华的莫斯科乐队，也在注视着那架闪着珠宝般光泽的三角钢琴。全世界只有一个柴可夫斯基，一个不朽的时时可以伴随我们的音乐之魂。

然而，他会关注这个中国孩子吗？他绝不是来自高贵的有教养的家庭，他对于西方上流社会的文化礼节几乎一无所知，他对宗教还缺乏起码的理解。他还太小，乌黑的中国式小分头，让他那位不会化妆的父亲不知往上面涂抹了什么发乳头油，使薄薄的那层头发紧贴在头皮上，像粘了一张黑颜色的纸，没有一点蓬松感。他坐在巨大的钢琴前，脑袋只比钢琴高出了那么一点点，所以，他在看指挥时，脑袋得使劲往上探仰着才能看见。这样一个孩子端坐在如此豪华的乐队丛林中，大有被淹没之感。而这个孩子，则不肯被淹没，他那张涂满稚气的脸上，顿时充满了童年的全部神圣和灵性。

“我从未合过乐队，比赛前我感到非常疲倦。当时练琴在一所大学里，好像是工程学院。我在琴房的椅子上睡了一觉。从琴房到比赛场需要坐一个多小时的车。决赛六个人，分两天比赛，每天三个人，都是晚间七点开始。我是排在第一天。”郎朗是这样回忆当时比赛的。

“我排在最后边，等前边那两个人，一直等到了九点多，特着急。我爸让我睡一觉。把两张桌子往一块一拼，我爸给我盖上演出服装，把灯关闭了。我闭眼养神。快到点时，我爸叫醒我，让我再遛一遍曲子，我爸听了说好了，没问题，你就尽情发挥吧！”

“舞台监督是个中年男子，日本人，他给我一递眼神，打个手势，我就往台上走去。我很轻松，没任何压力。赵老师和我爸都说，没事，得前三名就行。但，我心里边想，必须拿第一。决赛就比一首协奏曲，36 分钟……”

最关键的时刻到了：长长的前奏仿佛专为指挥准备的，似乎从根本上忽略了这位中国神童的存在。这种冗长句子的前奏是对一个 13 岁孩子的耐性与心理的真正考验。指挥有着一头浓密的金发，像戴着一顶皇冠般的假发。他立于郎朗的斜上方。郎朗能否成功，就看他与这位指挥之间的交流是否默契。

莫斯科交响乐团有着足够的辉煌。郎朗置身其间犹如裸露在炽热的阳光下。黑色光亮的三角钢琴像一块沉默千载的礁盘，等待着这位身着白色礼服、扎着黑色领花的中国男孩去唤醒。男孩与钢琴黑白分明，对比度极强，令人神清气爽。

前奏为这个孩子铺展开一条暖色的音乐通道，他很舒服地抬起了双手——这是一个至关重要的衔接，不仅靠指挥的手势，更要靠一种音乐的悟性与敏感。郎朗天衣无缝地完成了这种过渡与对接。他以飞翔的姿态靠近键盘，一串干脆利落的触键，清亮亮地带着洁白的感觉去扣击这块千年礁盘。于是，一片灿烂与乐队营造的这片美妙空间得到了动人的呼应。

F小调，OP.21，肖邦《第二钢琴协奏曲》，其实应该算是肖邦的第一钢琴协奏曲。因为它是作于1829年，比他的第一首钢琴协奏曲早作了一年。可这首曲子因出版晚而成了第二。

肖邦在写这首曲子时，正值青春季节，他疯狂地爱上了一位学声乐的姑娘，她叫康斯坦莎·格拉德科芙斯卡。恋爱过程与感觉完全是西方式的一见钟情。肖邦陷入情网，整天相思，却羞于向对方表达自己的这份感情。单相思的折磨，硬是把他折磨出这首可以流传千古的名曲。对于青春期的肖邦来说，不吐不快，不写不快，而当他写出这首曲子并且于1830年3月17日在华沙首次由他自己弹奏时，该是多么淋漓尽致的场

郎朗在第二届青年音乐家国际钢琴比赛中获得第一名（1995年8月在日本仙台）

面。听懂的和听不懂的肯定会同样陷入那种音乐气氛。肖邦等于向全世界表述他的初恋，他的死去活来的痴爱。只是不知道那次演出时，被他倾心狂爱的姑娘是否在场。

郎朗还是个孩子，是个在中国视爱情为不正经的保守封闭状态的家庭中成长的孩子。父母之间长期分居，到了一起还免不了拌嘴，即使在有限的条件下温存一番也会严格地提防他，回避他。所以，他接到女孩子的所谓情书统统扔到马桶里，连看都不看一眼。他是个多么纯净透明的孩子，对于爱情深渊他不仅不敢迈步，甚至连瞅一眼的可能都没有。而西方的音乐大师如莫扎特、李斯特们却在爱情的接触与涉入上要早得多，深刻得多。这大概就是东西方的差异。问题是这种差异能否影响到对于肖邦音乐的理解与演奏呢？

其实，也真难为了郎朗这个正派的好孩子。父亲告诉他，带着对祖国的热爱去弹这首爱情的曲子，带着对母亲的爱去弹，总之，要投入真正的感情去弹。然而，这种感情能够真正表现出肖邦那种缠绵悱恻、充满浪漫主义的美妙的幻想情趣吗？

像大多的协奏曲一样，肖邦的这首乐曲也分三个乐章，第一章是快板，庄严、雄伟，乐队演奏出很长的引子，好像是铺垫，在渐弱下去的衔接处，钢琴脱颖而出，以脆快明亮的击键，表述着动人的语言，晶莹璀璨，充满勃勃生机。郎朗正是以洒脱的感觉和精确的触键，还有那种随着音乐节奏而起起伏伏的身子，楔子般地为辉煌乐队定了基调，并且使自己成为人们关注的焦点。他不断上仰的额头，是否是不断做着升华的努力？特别是他的眼睛、眉头被一种成熟情感揉搓得极富变化，从镜头看去很是耐人回味。他完全把自己融入肖邦的情感中。他在第一乐章中得心应手，完成得非常之好。他被乐队拥抱着，宠爱着，他进入了合作的佳境。

进入第二乐章，便转入广板。这是个慢板乐章，令人沉醉的爱情描述，如梦似幻，用幻想和热情去编织浓郁的诗境，从中托浮起肖邦日思夜想的女神——格拉德科芙斯卡。这是最难弹奏的部分，只有用惊人的手法才能让钢琴在声乐风格中歌唱。钢琴进入最优美的意境时就是进入了这种声乐风格的歌唱中。郎朗最爱歌唱，所以，他还是比较适合弹浪漫派的东西。然而，这种歌唱不是一般的歌唱，它是梦境的歌唱，李斯特是这样诠释这种歌唱的："它所表达的意境有时光芒四射，有时充满柔情的忧伤。"郎朗表达明亮、表达光芒都不成问题，可是，表达那种充满柔情的忧伤，确实需要一种更为内在的东西。更难的是节奏的掌握，不光是自己的钢琴节奏，还要控制好整个乐队的节奏。

尽管郎朗 7 岁弹完车尔尼 740，9 岁弹《黑键》，11 岁弹《匈牙利狂想曲》，12 岁弹肖邦第一、第二协奏曲，肖邦《24 首练习曲》，13 岁弹拉赫玛尼诺夫《第三协奏曲》、柴一，进度惊人，功夫扎实；尽管数年寒窗，郎朗苦心练琴，通过《塔兰泰拉》把他的指尖和弦练上来了，通过《狂想曲》把他的八度和弦练上来了，通过肖邦的练习曲、回旋曲把他的音乐练出来了；但是，他若想在这样重大的比赛中真正弹好肖邦的《第二钢琴协奏曲》，战胜对手，征服观众，征服来自世界各国的口味不同的评委也仍然让人深深担心。

最令人担心的时刻到了。那就是看郎朗弹第二乐章时如何处理与乐队的关系。这个乐章本身要求就得弹慢，而弹得太慢，就极容易使整个乐队松散疲沓下来，那可就无法收拾了。而只有带着乐队、牵着乐队，与乐队浑然一体，达到深度默契，那才能使散开的音乐拢起来，拢出一团黏稠的深情。太难了，对于从未与乐队合过这首曲子的郎朗来说要想左右乐队，牵着乐队确有不小的难度。但是，郎朗做到了。他不仅征服了乐队征服了指挥而且征服了在场的所有人。我们之所以称道他，赞美他，皆在于他做到了。他做得好极了，他不仅准确传递出了肖邦的感情，而且，他弹出了他郎朗自己的感情。真分不清哪些是肖邦的哪些是他自己的。他与乐队达到了高度的默契，他的

（右二）郎朗、（右三）萨瓦利什

指下飞迸出了火花——能够在如此紧张的比赛中迸溅出火花,这本身就是一个奇迹。

郎朗在谈到当时情景时说:

“开始乐队起得太慢,周老师和赵老师都怕我带不起来,曲式比较散,慢起来很容易越弹越慢,弹散,后来,我把乐队带起来了。我带得特巧妙,看不出我在抢速度,我与乐队融为一体,一点间隙没有,完全合为一体。指挥与我眼神交流,特和谐。第二乐章太感人了,是爱情的倾诉,我爸让我去想爱祖国,爱山河……”

“我感情完全投入了,我把台下弹哭了,他们感到我是在跟上帝对话。”

郎朗越弹越来神儿,到了末乐章时,他发挥出东方人的全部灵性,把旋律表现得美极了。他仿佛是天使,驰骋在一片高远圣洁的天空,那么轻松,那么明快,那么辉煌。仿佛手底下有着无穷无尽的珠宝任他拨弄,每一下拨弄,都发出了水晶般清澈透亮的声音。郎朗的技巧与音乐达到了高度的和谐,随着他那出神入化飘忽不定的手指,旋律生动欢快,隐隐透出了马祖卡舞曲的节奏。这种节奏在郎朗翻飞的指尖下缀联成一片洁白轻盈的浪花,而郎朗正是在这片浪花尖上尽情跳跃,将情感一次次推进推向高潮,最后,和他的乐队一起完成了一次辉煌的情感仪式。指挥感谢他,乐队的人感谢他,观众更是感谢他。悬挂在帷幕上的音乐之魂——柴可夫斯基是不是也会感谢这位中国的孩子呢?

郎朗受到的欢迎是激动人心的,就是不得第一名,光享受这种掌声、喝彩,也是不虚此行。他一遍遍返场,一次次地行着大礼,依然迈着他父亲为他精心设计的那种过于沉稳的“小大师”步子……

别忘了,我们是在日本仙台比赛。别忘了,还有一位叫作上原彩子的日本女选手。她是上届柴可夫斯基钢琴比赛的第二名,第一名轮空,她耿耿于怀。她此番出征,就是要夺冠,夺取第一名!这是不含糊的。否则,她没有必要参加比赛。她是日本的希望,也是夺冠呼声最高的选手。从一开始那些记者就围着她转,那些火箭炮筒似的摄像机和照相机,都对准了她,而没有任何记者会注意到中国的郎朗。这倒也好,让郎朗有了安宁,他可以有足够的时间集中精力练好曲目。

上原彩子占尽“主场”之利,是雅马哈公司出钱培养的她,送到美国深造,还为她请了一位俄罗斯著名钢琴家指导。她有着一种天然的优越感和自信心,好像她是当然的无可争议的冠军。我们通常认为日本孩子弹琴注重精确,而往往在音乐上弱,可是,上原彩子在技术和音乐上同样出色，在精神上更不肯示弱。她的确很有实力，演奏时显得沉实坚定，充满自信的力量。她当然会大受欢迎。

还有一位来自俄罗斯的选手，普列马托夫，他长得人高马大，弹钢琴时有种居高临下之优势。他比郎朗大两岁，却要高出差不多一个脑袋。郎朗是纯粹的小孩，可他却是个真正的大人。从他来自的国度看就有优势，老柴属于伟大的俄罗斯民族，以他的名义命名的音乐会怎么能够不看重来自他们国度和民族的选手？如果从有利角度而言，他们都比郎朗更有着夺冠的优势。冠军究竟会落在谁手？

最忠实的听众郎国任，在听完六位参加决赛选手的演奏后，他深感震惊。特别是日本的和俄罗斯的选手发挥极佳。他们都有可能折桂。但是，他更看好自己的儿子。郎朗比他们更能打动听众，郎朗弹得更有光彩，因此，郎朗所受到的欢迎是空前的。他一次次谢幕，一共谢了四次，还是难以抚平场上的热情潮水。观众们涌到了后台，把后台门堵得严严实实，为的是找郎朗签名。看到儿子在这片欢呼的潮水中起伏，郎国任更是心潮难平。

比赛结果，郎朗如愿以偿，获得第一名，而那位上一届的第二名日本的上原彩子这次又得了个第二名，又一次遗憾。获得第三名的是俄罗斯选手普列马托夫。

9 月 10 日这天，获奖选手表演。已经获得第一名的郎朗震动了日本舆论界，他们将原先对准上原彩子的一片镜头齐刷刷调转过来，对准了郎朗。镜头面前的郎朗多少有点不适，他有点腼腆地应答着记者们的采访。记者问他喜欢吃什么，他说喜欢吃肉，吃蔬菜、水果；问他业余时间喜欢干什么，他说喜欢体育，爱看足球。

记者采访第二名上原彩子。记者问她你有什么感受？她答道：我又参加了一次比赛。这句话说得多有意味。

郎朗在日本名声大噪，人们热情相邀郎朗来日本演出。俄罗斯的资深评委谢尔巴克马上与郎朗签了合同，订于翌年邀请他到莫斯科、日本、朝鲜、以色列、意大利等国家巡回演出。日本“NHK”公司录制了郎朗与莫斯科交响乐团演奏的肖邦协奏曲 CD 光盘。“JVC”唱片公司还录制了郎朗钢琴演奏专辑。一家演出公司还问郎朗是否愿意留在日本。郎朗回答得非常明确，他说他不会留在日本。但他答应了这家公司的邀请，来日本演出。后来，郎朗母亲周秀兰也随同儿子一起来到日本。这是她第一次出国，第一次随儿子到国外演出，第一次享受到儿子给她带来的荣誉。每每说到这里，这位

饱受风霜的母亲就会洋溢出一种近乎天真的动人状，令我感动。所有国际钢琴比赛没有一个家长到场，只有郎国任特殊，所以外国人见了他便问：你是老师？他如实答道：我是家长！外国人不会知道这位家长对于郎朗的重要性，便面露诧异：家长来干什么呢？

获奖选手表演音乐会的场面是相当激动人心的。选手们的精彩发挥，使本次大赛在辉煌中有了一个璀璨的句号，而郎朗的名字从此融入了仙台的广濑川河，汩汩流向日本岛。作为本次大赛的组委会主任中村广子在镜头上出现时，显得特别高雅，她的气质与周广仁先生有些相像，年龄看上去也差不多的样子。她说，她是第一次做这种大赛的组委会主任，也是第一次遇到中国郎朗这么好的选手。她特别称赞了郎朗。她说肖邦的《第二钢琴协奏曲》曲子好，但要表现出来是非常难的，而郎朗弹得出人意料的好，整个音乐都被他融入身体中，音乐理解得这么深，技术这么好，他水平确实很高，他理所当然地应该得第一。

中村广子还颇有感触地说：通过郎朗弹琴可以看出中国的教育水平，可以看出改革开放使得中国的钢琴与西方的距离在缩小，东西方文化的距离也在缩小。

第二届柴可夫斯基青年音乐家国际钢琴比赛获得圆满成功，而郎朗父子也大获成功。郎朗不仅与同来的中国最好选手相比得到了成功，而且与世界同年龄组的高手相比也技高一筹。

赵屏国老师更是激动万分。尽管这次公布获奖名单时，他没有像上一次在德国埃特林根时那么激动，但他确实在郎朗弹完肖邦《第二钢琴协奏曲》时流泪了。他被自己的学生感动得热泪横流，接下来郎朗所受到的欢迎越甚，他的泪就流得越欢。他在内心深处感叹着：这么小的孩子，比第二名上原彩子小两岁，比第三名俄罗斯的普利马托夫小三岁，这么小的孩子却在这个国际大舞台上发挥得这么好。多了不起的孩子呀！回国后，记者采访赵老师时，赵老师说，我兴奋得三天没睡着觉。这是我经历的比赛中最激动人心的场面，意义远远超过几场音乐会……我们真正挺起了胸脯，长了中华民族的志气。

在谈到郎朗何以能够夺冠时，赵老师说：

郎朗其实有三个不利因素：一、年龄较小；二、在国内从未合过乐队；三、决赛的曲子难度较大。对此，我抓住以下几个要点不放：

这次是“老柴”比赛，我再三叮嘱郎朗一定要把老柴的作品弹好；二是古典作品，除把握住曲子特点风格外，还要发挥郎朗自己的特点。比赛成功了，证明这几点抓对了。在第二轮比赛中，郎朗弹了黄安伦的《序曲与舞曲》，弹得也很出色。俄罗斯一位音乐学院的院长说：“这孩子不简单，虽然我第一次听中国曲子，但我能听懂它。”

赵屏国老师认为这次比赛许多选手失败在老柴的作品上。技巧都不错，但在风格上音乐上弹得不够好。一位外国听众说，我一听到郎朗的演奏就意识到，这个孩子肯定是懂老柴的人教的。赵老师说，“还问我郎朗是跟谁学的。殊不知，我几乎是研究了一辈子老柴的作品。”

郎朗全家在观澜湖总统包房用早餐

赵老师还告诉记者，有位俄罗斯选手的家长对他说：“我听郎朗弹琴一直在流泪，从他的弹奏中我感受到了阳光。”

作为中国唯一的评委周广仁先生说：

“在这次比赛中，中国选手更为突出，受到极大的欢迎。国外的评委评论说，中国代表团总体实力最强最好。对我们有三点评价：一、中国的孩子有才华；二、中国钢琴教学好，是成功的，训练整齐，技术基础打得好，较全面；三、中国孩子弹得温暖，有表情。

他们没想到我们是这样的水平。最后他们承认——中国了不起。

我作为中国的评委，感到特别的高兴和自豪。”

周先生在谈到郎朗的演奏时说：郎朗的演奏感觉好，跟观众交流亲切，很投入。作为演员这点很重要。他的抒情性能打动人。第三轮比赛时，他忽然冒出一些光彩、火花来，把大家高兴坏了。另外，他和乐队合作得很好，虽然出来第一次合，但很快就很和谐了。乐队指挥说：“这孩子真了不起！”这也是一种能力。他得第一，是当之无愧的。

听到这么多美好的评价，郎国任心里边所有的委屈都可以得到慰藉了。

比赛结束的兴奋余绪并未结束，郎朗他们从仙台同机回到北京。载誉而归，校长陈南岗亲自到首都机场迎接他们。她把一束鲜花献给郎朗，她的笑容比鲜花还灿烂。她与一行人一一握手，握到郎国任时，她说，谢谢你。

郎国任呢？一下子语塞，竟什么话也说不出来了。

Chapter 7
再起波澜

郎国任在音乐学院成了著名人物，他居然可以给老师布置作业。一时间，音乐学院大哗，纷纷扬扬要召开对郎国任的批判会。

一波未平一波又起，中央电视台要给郎朗录制节目，录制现场又起风波，原因是郎国任又出面安排儿子演奏曲目，这使老师十分反感，当场让他下不来台。他在极其尴尬的境地中出尽洋相。只能绝望地透过人缝去瞅他的儿子。

郎朗把一切都看在眼里。他看到了胜利者一方，也看到了失败者一方。他很震惊。他震惊于他的父亲怎么会陷入如此难堪的境地。灯光在烧烤他，他觉得浑身不自在。他比他那尴尬的父亲还不自在。父亲让他弹的曲子与老师让他弹的大相径庭，他究竟应该听谁的？他知道这么多人都在盯着他，都在等待着他做出选择。弹什么，这本来是最简单的事儿，可现在复杂得令这个孩子透不过气来了。

但是，他突然作出了令在场的许多人难堪的决定。他以罢弹声援他的父亲。这是一种真正的冲突。

——本章题记

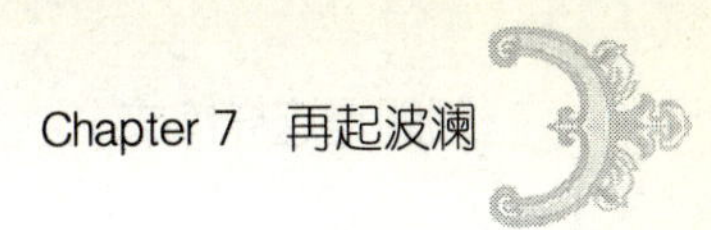

第一节 与殷承宗的缘分

众所周知，殷承宗是中国著名的钢琴家。他的知名度之高不仅来自他曾经荣获的柴可夫斯基钢琴比赛第二名，而且，还因为他在“文革”的特殊年代中的特殊经历。他弹奏的钢琴伴唱《红灯记》曾给我们这代人留下了不可磨灭的记忆。我更喜欢他弹奏的《黄河》，那是一条大气磅礴的“黄河”，那种力度与厚实简直令人不可思议。我尤其喜欢结尾部分那种超迈与豪放的《东方红》旋律，每次听到那里，都令我激动不已。他弹出了中华民族的精髓。

殷承宗的《黄河》有两个结尾，一个是《东方红》的结尾，一个是别的。这两个结尾分别打着两个截然不同的时代烙印。对于这两个结尾，听众各有各的喜好。但是，我更喜欢《东方红》。殷承宗自己也更喜欢《东方红》，他到台湾演出，台湾听众也更喜欢《东方红》，他们为《东方红》这种“最强音”激动得近乎癫狂。

那些年，殷承宗走出国门，经香港到美国，最后在美国落脚谋生，可以说历尽沧桑。也许随着年龄的增长，多了一种回归渴望，也许是在外漂泊的时间久了，更勾起某种故园情思，总之，他对国内钢琴的发展特别关注。尤其是对于有才华的琴童更是看重。由于钢琴狂热的持续，中国涌现出一批天分极高的琴童，他们在国内外的比赛中脱颖而出，已经越来越为世人瞩目。

在中国这么多琴童中，郎朗是最抢眼的。他在埃特林根国际钢琴比赛中获得两个最高奖项，这很为香港钢琴界看重。殷承宗到香港时，听到钢琴界有关人士谈到了郎朗这个孩子，那种盛赞的口气一下子就让殷承宗产生了兴趣。他非常想见见这个天分极高的孩子，他不仅是爱才心切，他更希望能够得到一个天分高的学生。几年来，他一直想在国内物色一个学生，他所要物色的学生绝不是一般意义上的学生，他要找到最好的。

殷承宗揣着一个美好的愿望风尘仆仆来到了北京。

在中国的玄学界，我们时常可以听到一位传教传功的大师会有这种神秘的经历：即儿时的某天，突然被一位素不相识的道士或高僧认领为弟子，遂撇开庸碌的世俗，从而踏上仙途。这是某种天意还是天缘？反正是越玄越好。

写书人不一定非要把殷承宗找郎朗一事往玄里写，但，这确实是件与众不同的事情。因为中国的钢琴老师奇缺，高水平的钢琴老师更是罕见，要想投入到他们门下，即便交纳昂贵的学费，恐怕也难以承诺，而如殷承宗者更是求之无门，焉有送上门来找学生之理？

事实上，殷承宗正是抱着找到郎朗亲见一面的愿望，来到了中央音乐学院。

也许殷承宗先生的了不起处正在这里。这点，让我想到了李斯特。

肖邦第一次到巴黎时，没有人认识到他是一位多么了不起的钢琴家。但是，李斯特听了他的演奏却激动不已。李斯特为了把肖邦介绍出去，想了一个绝妙的办法，那就是在他自己的钢琴音乐会上，他正在弹琴时，突然停电了。等到一阵忙乱中把蜡烛点燃时，钢琴重新弹响。人们只觉得这琴越弹越好，却不知道李斯特已经换成了肖邦。就这样，李斯特甘作人梯，让肖邦一举成名，轰动巴黎。钢琴家之间亲密感人的故事可谓俯拾皆是。

殷承宗与郎朗之间的故事也很多，很感人，他带着郎朗去美国，一路精彩。容慢慢道来。

殷承宗第一次见到郎朗时，郎朗坐在中央音乐学院的新楼大教室。他是早早坐到教室里，准备听殷承宗上大师课。郎朗父子都非常看重上大师课。中外著名大师有好多来过这里讲课，阿格丽奇来过，阿什肯纳齐来过，还有意大利的康巴内拉也来过，他非常看好郎朗，他要把郎朗带到国外去深造，并且愿为此创造一切条件。这位意大利的著名钢琴家也有着李斯特的那种品格。听了这些大师的上课，郎朗见识了很多，视野开阔，学到了很多宝贵的东西。郎朗是个好学生。听课时，很守规矩。他对殷承宗早有崇拜，他的父亲也非常敬佩殷承宗的《黄河》。郎国任在谈到殷承宗时，操着那种世俗的精明口吻：殷承宗老有名了！

仅凭父亲这种评价，就可以把殷承宗的权威在儿子心目中矗立起来。听说殷承宗来授课,郎朗格外高兴。

殷承宗来了,教室里发出一阵兴奋的骚动。郎朗朝殷承宗望去,只见殷承宗跟照片上差不多,一袭深色的西装,领带笔挺,高贵,个子不太高,却显得很结实。他脸上挂着笑容,那笑容既像属于每一位收在他眼中的学生的,又像是单独赐给郎朗的。

“你就是郎朗吧?”殷承宗慈祥地盯视着郎朗。

郎朗孩子气地点点头,竟有些腼腆。

讲课的时候,殷承宗的眼神一直注意着郎朗。仿佛他早就认识郎朗似的,只要郎朗在,只要郎朗听得有兴致,他就很兴奋。他做示范的时候,朝同学中极自然地喊了一声:郎朗过来试试。

郎朗就过来了。按着要求,坐下就弹。他能够非常准确地表达出老师的要求。看到郎朗这个挺招人喜欢的小胖子,大大方方,还虎虎有生气,殷承宗眉开眼笑。他觉得郎朗很像自己小时候的样子。尤其是郎朗在弹琴时,那份投入,那份激情,那份乐感,更让殷承宗回到自己的童年。他一动不动地盯着郎朗,特别入神,一时间竟然忘记了自己在给那么多人上课。

郎朗活泼爽朗,快人快语,这也与殷承宗很对味儿。他太喜欢郎朗了,他们师生可以说一见钟情,没有丝毫陌生感,仿佛他们早就相识,只等这次会面了。于是,殷承宗主动提出教郎朗,而且分文不取。

殷承宗给郎朗上课,对于郎朗父子而言,是求之不得的。在郎国任眼中,殷承宗更高明。尽管他从未否定赵老师对于郎朗有着知遇之恩,对郎朗的成长功不可没,但郎朗到了一定份上,需要水平更高的老师予以指导,对此,郎国任是非常清楚的。所以,那时候,郎国任也还是愿意告诉别人郎朗的老师是殷承宗。郎朗从朱雅芬那里打了个好基础,从赵屏国老师那里有了至关重要的升华,他从赵老师那里学会了弹琴时进入放松状态;他从殷承宗那里学到了最宝贵的东西就是俄罗斯的发声。俄罗斯的发声太重要了,这对于成长中的郎朗简直是雪中送炭,是他产生飞跃的重要前提。

数年之后,郎国任还说,殷承宗本身是演奏家,弹琴有感情,讲课也有很强的感染力。他的基本功非常扎实,所以,他教郎朗,郎朗很有收获。他给郎朗上课,讲得比较多的是肖邦、老柴。肖邦和老柴的东西情感比较丰富。我在旁边看他怎么弹,怎么下键,怎么发声。同样是下键,这么下,就有音乐,那么下,就没有。

殷承宗指导郎朗弹琴

善于动脑筋的郎国任不放过对任何大师名家的研究与学习，从中总结出一套规律，一套属于他自己的教学法。这是最关键的。

郎国任说，我和郎朗一块研究殷承宗的发声，他的发声很有特点。在弹连音连线时，许多人只靠踏板连，我觉得应该放到手上，主要靠手来连。手连非常重要。手抬起，再用踏板，手哪怕欠点缝，声音也照样好。但，光用手把线条连在一起，起伏虽然有了，发出的声音却不是从内心发出的，也不能打动人。只有手和吸气相连(说到这时，正在练琴的郎朗马上做着抬手深情吸气的示范)，深情地贴摸键，才能增强感情色彩，这就是郎朗在弹肖邦《第二钢琴协奏曲》时，何以能够靠音乐光色打动人，能够一举夺冠的关键所在。这也是郎家父子从殷承宗等国内外大师专家那里学到的东西，然后精心地加以研究所得到的属于他们自己的绝活。

郎国任认为，许多人弹肖邦弹得不到位，在于弹得太外在了，弹肖邦的情感千万不能外在。弹好肖邦得靠悟性，悟性从听课中来。肖邦的旋律歌唱性特强，特粘连，越粘连越美妙，郎国任让郎朗多听弦乐，特别是小提琴的连音，他让儿子把钢琴弹出小提琴的连音效果。正是这种发现与努力,才使得郎朗成功地在仙台大赛中,把肖邦《第二钢琴协奏曲》弹得那么魂牵梦绕,富于魅力。

或许这就是郎国任所说的音乐奥妙。郎朗曾以激赏的口吻跟赵老师说起过他爸爸的音乐奥妙,结果,赵老师听了很不以为然。郎国任的确不是科班出身,也不是正规的钢琴老师,他在教学上的权威性无法得到公认。但是,他就像马俊仁,土法上马,不迷信权威,敢想敢干,有心智,出绝招,每每在关键时刻为儿子把握住机遇,因此,他就把儿子弄上去了。弄上去,就是好家伙。在国内受委屈,咱就到国外出气;在中央音乐学院不受宠,咱就到国外受宠,在国际上获奖,比什么都强。就像马俊仁如果不培养出一批打破世界纪录的弟子,他能被承认吗?马俊仁至今也是个极有争议的人物,而郎国任也正是这样一个人物。起码,他并不怎么被赵老师这种科班出身的人看好吧?郎国任才不在乎这个。他一贯奉行我行我素。只要对儿子有利就是最高的原则。他最明白儿子弹到什么时候需要什么样的老师。就像发射卫星时的助推火箭,是得一段换一节的,绝不可能一节火箭用到底的。

前边说到了殷承宗曾在宾馆的桌子上给郎朗讲课,给他做示范。殷承宗壮硕的手指把桌子弹得叭叭响,那声音荡起一片热烈。后来,郎朗也学着往桌子上弹,练手指的功夫。那是他从北京回沈阳时,因为钢琴搬到北京了,家中一时没琴,所以,他就一大早起来弹窗台练习。弹得来了情绪时,噼噼啪啪的声音震天价响,暖气管子也一同发出共鸣,带动了整个楼房激动起来。这下子惹恼了楼下的人,立即有人从楼下上来找了,当邻居得知是郎朗回来了,在用窗台当钢琴练,便不好意思说什么了。当然了,郎朗也不好意思再弹下去了。

殷承宗给郎朗讲弹琴技巧,也讲音乐的内在东西。响鼓不用重锤,郎朗一点就透。他的接受能力颇受殷承宗喜欢。殷承宗给他上课的次数虽然不是很多,却让他有了一个大的提高。殷承宗给郎朗留曲子,留的量很大,再大,郎朗也能消化。这段时间郎朗的进步是飞跃的,并且,眼见着郎朗在逐步往成熟走,随后,郎朗开始了国际演出活动。

殷承宗的出现,对郎朗父子无疑是个福音。他不仅免费教郎朗弹琴,而且,他还为郎朗提供了去美国演出的方便。

1996 年 7 月 31 日,郎朗父子去了美国,第一站就是纽约。纽约的大楼,纽约的繁华,到处都令郎国任目不暇接。明亮的玻璃幕建筑,像镜子一样不仅折射着阳光,也照亮了

路上的行人和车辆。立于这种镜子面前,郎国任目眩神迷,禁不住回想起他所在的工厂,和那位铁嘴书记曾对他的尖刻批评。因为他超假了,去北戴河学二胡,铁嘴书记说:你还上北戴河,你咋不上扭腰(纽约)呢?旁边听到的工友"嗤嗤"笑他郎国任。他当时好没面子!他就是再有决心,再有眼光,他那时也不敢去想数年后,他真的来到了"扭腰"(纽约)。

美国集中了世界上那么多的优秀钢琴家。如果说,以往世界钢琴的中心在巴黎,在德国,那么,现在的钢琴中心肯定是移到了美国。美国这片土地太富有了,也太有魅力了。世界各国有才华的钢琴家都往美国集中,中国的年轻钢琴家们也都涌入美国,中央音乐学院和上海音乐学院的钢琴系学生无论本科还是附中,也都想方设法去美国。光他们熟知的钢琴家就有好多在美国的。美国的钢琴家现在太多了,但是,美国仍然欢迎真正有才华的钢琴家。

到了纽约,人就觉得渺小起来。楼那么高,人怎能不变渺小呢?

郎朗此番赴美,是应美国的斯坦威演出公司所邀。第一场音乐会就在斯坦威音乐厅演奏。音乐厅呈圆形状,四周的走廊挂着许多音乐大师的油画肖像。郎朗一眼能认出的有贝多芬、霍洛维茨等。这些画像在这里看比在别的地方看要神圣得多。

斯坦威音乐厅在美国享有盛誉,到美国来的所有著名钢琴家音乐家必到这里演出。殷承宗对郎朗说:这里是钢琴家的圣殿。

于是,郎朗开始仰头瞅屋顶了。他瞅出了一片崇高和神圣来。在斯坦威音乐厅的马路对面就是更有名气的卡耐基音乐厅。后来,郎朗也到卡耐基音乐厅进行演出。越好的音乐厅就越能让郎朗兴奋,越能调动起他的激情,就越能使他发挥好。

郎朗父子非常看重这第一场演奏。一定要一炮打响。这是美国,在美国打响有多重要!为了演好这第一场,父子俩精心选择曲目:肖邦的12首练习曲、塔兰泰拉、柴可夫斯基的变奏曲、匈牙利狂想曲第6首。这些曲目都是郎朗最拿手的,他们爷俩坚信不会出什么差错。

也许是斯坦威音乐厅空间太好,也许是到了美国人就变得心情舒畅,反正,那天郎朗每一首曲子在郎国任听来都比过去弹得好。光色好,音乐也好,还不断有那种灵感升腾的火花。因而,所得到的欢迎也是够激动人心了。

郎朗弹奏肖邦第二练习曲震动了斯坦威,也震动了纽约。这首曲子对指法要求特高,一只手的大拇指与食指伴奏,其他三个指头是旋律,要同时进行,要有分有合,其难度极高。不仅技术上要求精湛，音乐上也要求极高。郎朗在吸气时很有功夫，他好像吸的不是气，而是音乐的底蕴，音乐的精华，他审慎地吸着，不敢有一丝的松懈。他对音乐有着惊人的控制力，这么小的年纪能够有这样了不起的自制力，确实了不起。

郎朗一炮打响，随后而来的另外6场，也是场场发挥出色，场场精彩动人。他们从纽约到波士顿，与了不起的波士顿乐团合作弹协奏曲。波士顿乐团唤起当年的郎国任多少崇拜啊！波士顿乐团到过中国，给中国人留下深刻印象。

郎朗完成了父亲的要求：每场演出必须弹好，必须要留下好印象，必须要有一批崇拜者跟随……来自中国台湾的一批学生听完郎朗的演奏，感动得纷纷落泪了。他们对郎朗说："你是未来的大师！"

《世界日报》一位女记者追踪采访。她问郎国任，郎朗这孩子如何练琴？几岁学琴？一天弹几小时？在哪儿上学？郎国任一一作答，她什么都问，都打听，都感兴趣，唯独没有问到郎朗弹琴的苦难和遭了多少罪。当她发现郎国任对孩子管得特别严，一点也不放松时，便不解地问：为什么要这样管孩子呀？

郎国任说已经管习惯了。不管的话，他们父子都不得劲儿。女记者对这种回答很不理解。郎国任只好向她诉说了在北京他们爷俩舍家撇业，天天在一起待了5年。5年，已经把孩子管得习惯成自然了。

管了5年？她"NO！NO！"地连连摇头。郎国任无法给她解释，越解释，人家就越费解。她怎么能够理解中国的父母？怎么能够弄懂望子成龙呢？

郎国任只好避开那些沉重的话题，拣点轻松的回答。比如郎朗弹什么曲子、获过什么奖项等，当她听完郎国任的这种回答，忍俊不禁地连声称郎朗是天才。

这位资深的女记者很敏感，她问这孩子是跟谁学的琴。郎国任一一道来：朱雅芬、赵屏国、殷承宗。这几位老师只有殷承宗在场，女记者就上前采访殷承宗。她问殷承宗什么时候开始教郎朗，怎么发现了郎朗，如何评价郎朗云云。

殷承宗的情绪特别好，他非常爱回答记者的提问。他的学生在美国为他这位老师争了光，他脸上便放起光了。那光能照亮别人，且也能给人以温暖的。殷承宗肯定地说，郎朗是中国最好的琴童。

女记者又问："像他这样的孩子在中国还有几个？"

殷承宗马上答道："什么几个，仅仅一个！"

站在美国土地上的郎朗

仅仅一个！这是殷承宗对郎朗的评价，也是对郎朗的信任。这很令郎国任感动。他在对我诉说这件事时，他的高兴是溢于言表的。

在美国这段时间，郎朗父子和殷承宗朝夕相处，彼此都觉得很愉快。殷承宗很细心地照顾着郎朗父子。无论生活上还是练琴上，都安排得很好。即便业余时间，他们也玩得很开心。殷承宗爱好游泳，可郎朗还是个旱鸭子，殷承宗就耐心地鼓励他下水，教他游泳，还让他趴在自己厚实的背上，驮着他在游泳池中前行。在外人看来他们一点不像师生，倒像是父子或者兄弟。总之，郎朗非常难忘与殷承宗在一起的日子。

尽管他们郎家父子是那样感激殷承宗，但是，最终，郎国任在为郎朗前途的抉择上依然没有顺从殷承宗的意愿。这就又一次说明了郎国任的不同寻常之处。这也是后话。

第二节 又一次惊人举措

从美国归来，郎国任的视野更开阔了，心气也更高远了。他感觉到曾经那么神往甚至不惜一切代价往里边挤的中央音乐学院，已经太狭窄了，甚至有种说不出来的憋闷。对于现在的老师教郎朗，他也觉得不那么合适了。郎朗接受能力太快，他恨不得儿子能够飞得更快更高。他有了想法，搁心里憋着，不说，那可不是郎国任。管你爱听不爱听，愿意不愿意，该说就得说。他大概也不会想到，他与老师的矛盾已经达到了一触即发之地，经不起他这一说——

郎国任跟老师接通了电话，他对老师说：你让郎朗弹“拉三”吧！郎朗有这种激情，也有这个欲望。郎国任说这话时，口气一定不柔和(郎国任从来说话也不大讲究口气是否柔和的问题)。这在对方听来，能不觉得刺耳吗？

老师马上说：那不行！得按教学大纲来。

郎国任回敬道：哪有按大纲来的？郎朗从进音乐学院起，就从未按过大纲。要是按大纲来，还拿不到金牌呢！(这话说得很冲，也很理直气壮，毕竟儿子拿了大奖，有什么比拿大奖更有说服力的？)

对方顿时语塞，好久没有回音，可想而知，作为一位资深的老师此时内心会有着怎样的翻腾不已。后来，电话是挂断的。

在对待儿子的问题上，再有责任心的老师也是不如家长动心的。更何况郎国任这种敢于打破常规，敢于藐视权威，一心要创造奇迹的家长。他的举动常常令人不可思议，更难以接受。

郎国任当时只有一门心思，就是让儿子跟世界上跑得最快的人去比，让儿子成为超级神童。他得知世界上有一位希腊的神童，13 岁时弹奏拉赫玛尼诺夫《第三钢琴协奏曲》。所以，他也要让郎朗在 13 岁时拿下“拉三”，撵上这位希腊神童。苏联有位金发神童基辛，12 岁轰动世界。基辛确实神奇，一头金发羊毛鬈，隆起的眉骨下深陷着一双瓦蓝的眼睛。那目光绝对有着超凡脱俗的感觉，弹琴时，从不旁视，异常专注地瞅着冥冥前方，仿佛在与神灵交流，并能从神灵那里获取弹琴的灵性。这个与众不同的孩子曾被喻为来自天国的金童子。他在 12 岁上能弹肖邦的第一、第二钢琴协奏曲，这对郎朗而言，已经可以达到了。郎国任非常关注基辛，他时常拿郎朗跟基辛比。他觉得郎朗并不比基辛差，郎朗不仅具备基辛达到的难度，而且郎朗还有自己的绝活——肖邦 24 首练习曲。他郎国任不相信别的同龄孩子能够弹下这 24 首练习曲。

郎国任给儿子规定的目标就是别人有的，我一定要有；而我有的，别人却一定没有！就是这种功名心切，导致了他指挥老师，让老师给他的儿子留作业，好像他比老师还明白,可以指导老师似的。

郎国任特殊就特殊在这点上,当然,得罪人也在这点上。他有点不近常理,也不怎么按常规出牌。一些学生家长在学校门口闲着议论打孩子的事儿,有的说打好,也有的说不能打。一位老师过来,听到家长们议论,便表态说:当然不能打了!孩子得心平气和地劝说,打是对孩子的摧残。家长们见老师这么一说,马上随声附和。开始主张打孩子的家长也瞬间变了态度。郎国任却不听邪,他冲着老师说,哪个弹好琴的孩子没挨过打?一百个孩子就得有九十九个挨打的,怎么能说不挨打?要是不挨打,这孩子也练不出来。

那位老师瞅瞅郎国任,一声没吭,扭头就走。这不是平白无故得罪一个人吗?如果那位老师是个小心眼儿,背后还能说一句郎国任的好话吗?

老师接到郎国任的"指示",肯定气得够呛。谁是老师,谁听谁的?这在整个音乐学院没有先例。他愣坐着,说不出话来。这不是头一回了,他郎国任比比划划,指指点点,仿佛他比老师还高明。他已经不能容忍了,上课时,他总是有他自己那一套想法,总想强加给老师。他老师教了这么多年学,还从未遇到过郎国任这样的家长。人家的学生家长无论地位多高,对老师都是毕恭毕敬,生怕老师不满意,哪有他这种专挑老师毛病跟老师过不去的人呢?他傲慢无礼,自以为是,他眼中还有我这个老师吗?当一个人意识到自己的尊严受到挑衅时,他是无法平静的。这位老师无论如何咽不下这口气,他感到窝囊,他必须找个说理的地方,必须找个出气的办法。

于是老师找到学校领导。他委屈得不得了。他说,太不像话了,哪有学生家长给老师留作业的。这是对学校正常教学的干扰,不能不管!他提议一定要开个会,专门解决这个问题。他希望学校领导给他撑腰,煞一煞郎国任的威风,让他在会上公开承认错误,向老师赔礼道歉。

这件事一阵风般在音乐学院传开了。郎国任成了人们议论的中心。

郎国任听说学校要开他的"批判会",他觉得很好笑。这让他不禁想起当年在小工厂时,因为拉二胡跟一位车间小头目干了一架,工厂要开他的批判会的情景。那是个批判的时代,批判会比什么都具有杀伤力。郎国任是个要面子的人,他真害怕批判会上出他的洋相。因此,他坐立不安,最后,不得不搬动他的母亲去找厂长,好说歹说才化险为夷。然而,今非昔比,他郎国任才不怕什么批判会哩。

这像一场隆隆作响的雷声滚过天际，声音很大，却没有带下来一点雨水。许多家长议论纷纷，都听说要开郎朗爸爸的会了。各种说道都有。郎国任不能没有压力。但他既然认准了的事情，他就坚决干到底。他的主意才正呢！他不相信老师有那么大的能耐。即便真开了他的会，他也绝不在乎。为了儿子的成功，他在乎过什么？如果需要，把命搭上他都不会说二话的。

闹哄了好一阵子，却并未开成什么会。原来，应该参加会的有分量的人都借故不参加，会就没有开成。开不成会，老师的气就没地方出。双方只能僵持着。

郎朗知名度鹊起，报社电台纷纷到学校来采访或制作节目。对外，家长与老师的矛盾还得掩饰着，彼此都很克制。老师对郎朗是充满爱心的，他给郎朗配了眼镜，还让郎朗去他家休息。记者在老师家看到了他们师生之间很亲密的样子，于是，就写出了很有利于老师的报道。郎朗是何等精明的孩子啊！他总是表现出对老师的亲昵来。在老师与父亲的矛盾中间，他当然是要向着父亲的，这一点毫无疑义。但，他绝不愿让

1997 年的郎朗

老师看出来。在这方面,郎朗有着惊人的聪明。

但是,有位记者好像看出来了老师与郎朗父亲之间的矛盾,便对郎朗提出了这样的问题:在弹琴上假如老师和你爸的意见不一样时,你听谁的?

郎朗毫不犹豫地回答:我当然听我爸的了!

这段话,在报纸上刊登出来后,产生了不小的反响,当然也有一定的副作用。特别是有些老师很反感,认为记者水平太低,不该提出这种问题,更不该把它刊登出来。我想,那时候郎朗毕竟还小,要是现在,记者再问他同样的问题,他绝不会作如此回答。至少,他更通达了事理,他学会了掩饰。掩饰,可以避免彼此的诸多尴尬。

然而,掩饰只是暂时的,矛盾终归要爆发。有两件事令他们父子难忘(为了叙述方便,这两件事不按时间的顺序):

老师给郎朗上课。上的是柴可夫斯基的变奏曲(F 小调)。这个曲子在郎朗看来有点像舒曼的风格。老师让郎朗手指往下摁键,郎朗却说俄罗斯人手指不是往下摁是往上翻。老师说不对。郎朗据理力争,他说殷承宗让我这么弹的。老师说,殷承宗也不是柴可夫斯基!

临近春节时,中央电视台派人到音乐学院来拍摄春节节目。有摄像的,也有导演,在学校有关人员陪同下,闹哄哄的一大帮人。郎朗坐在钢琴前,试了试音,一切都做好了准备。高倍亮度的灯光也打开了,把拍摄现场顿时照得锃明瓦亮,空间有种失真的晃眼。当摄像机镜头对准了郎朗时,郎国任马上盯住了导演,告诉他让郎朗弹《夜曲》。郎国任总是在这种关键时刻长精神头儿。

导演几乎连合计都没合计,就要转达郎国任的"指示",哪知就在这一刹那间,矛盾激化了。在导演旁边的权威老师听见了郎国任的话,气不打一处来。她的脸愀然变色,指着郎国任训斥道:

你个家长,老说什么?

权威老师是中央音乐学院颇有影响力的老师,其知名度和影响力无疑是这种场合的权威了。权威对郎国任的不识时务或者不自量力早有不满。这突如其来的指责,完全令郎国任措手不及,也令在场的人目瞪口呆。一时间,闹哄的场面沉静得可怕,人们刷地一下子将目光扫向郎国任。

只见高倍强光下的郎国任那张脸变成了紫颜色,五官似乎出现了瞬间的错位。他瞅着盛怒之下的权威，张口结舌，一下子就没电了。如果换了别的老师，他或许还会说点什么，起码不至于如此窘状，但是，面对权威老师，他实在不知如何是好。瞅瞅身前身后这么多人，有多少双眼睛就有多少人在看他出洋相。他最受不了这个，他郎国任什么时候吃过这种“亏”？但，他又有什么办法？他只能忍气吞声，诺诺而退。

可是，强光下躲避并不容易。他觉得脸烫得像被人狠狠扇过，一种火辣辣的滋味。他灰溜溜地从人缝中挤了出去。

郎国任是个极其要面子的人呀！即便是那种眼前亏，他也从不愿吃。他在这么多人面前掉了价，你不妨想想，他该有多么恼羞成怒。但是，他就是条龙，此时也得委屈地蜷着。这里是没有他的市场的，他很清楚这么多人是不会向着他的，相反，倒是要好好欣赏一下他是如何出的洋相。

强大的郎国任在一片哂笑的表情面前迅速委顿下去。他只能绝望地透过人缝去瞅他的儿子。

郎朗把一切都看在眼里。他看到了胜利者一方，也看到了失败者一方。他很震惊。他既震惊于权威老师这么厉害，又震惊于他更厉害的父亲怎么如此不堪一击。灯光在烧烤他，他觉得浑身不自在。他比他那尴尬的父亲还不自在。他知道这么多人都在盯着他，都在等待着他做出选择。弹什么，这本来是最简单的事儿，可现在复杂得令这个孩子透不过气来了。

这种时候有点像“文革”站队，是个一点也含糊不得的原则问题。众目睽睽之下，郎朗突然从琴凳上站起来说：我不弹了！

中央电视台的录音，中央电视台的编导和摄像，只因郎朗这突如其来的举措而沉默了。这一下子可乱了阵脚。很多人劝郎朗，导演也过来劝郎朗。他们主要是为了郎朗而来，郎朗是中央音乐学院的宝贝，惹恼了他，他不弹了，这节目就做不成了。那上面怪罪下来，责任谁负？

郎朗是在替父亲争面子，争尊严，他执拗地说，要弹就弹我爸说的《夜曲》。

到底还是按着郎国任的意图行事，最终还是同意郎朗弹《夜曲》。

当郎朗重新坐回到琴前，在灿亮的灯光下缓缓抬起手，去触键时，郎国任的心动了，动得难以控制。就像猛地涌涨起一股难言的酸楚，直顶到了鼻腔，弄得一片酸溜溜的胀麻。随着柔和宁静的旋律，郎国任的心变得很沉很沉，那是一种压抑，一种憋闷，

他听出了儿子的声音，那声音如泣如诉，令他只想哭。平日听来很轻松的《夜曲》怎么变得如此惆怅。

郎朗那天弹得非常投入，非常有感情，令在场人无不动容。他好像一下子长大了，一下子就成熟起来了。当他从琴凳上下来结束录像时，悄然走向父亲。他坚定地瞅了一眼父亲，父亲也看了他一眼，他没说什么，父亲也没说什么。他想说什么，父亲也想说什么，但是，他们都没说。他发现父亲的眼圈红了，怕他看见，故意仰头往天上看，他也故意装傻仰脸去望天——天空虽然晴朗，却不是那么的蓝，起码不像书上说的那么蓝。

笔者并不希望触痛他们彼此的情感神经，但是，我确实感受到了他们之间关系的微妙。这种微妙时时伴随着郎朗走向成功。郎朗的成功，为他们都带来了声誉，带来了兴奋，同时，也带来了各自的苦恼。郎朗无疑是老师教出来的，这是不争的事实，但是，郎朗的每一步进取，都是离不开父亲的。郎朗的成功如果没有郎国任，那谁也不会相信。对于郎朗这种钢琴天才而言，成功的路上，究竟是父亲更重要还是老师更重要？

应该说都很重要。然而，实际生活中并不这么简单。人与人之间的关系实在是复杂难处。我在跟老师通电话时，我首先作了自我介绍，然后，我说我是从郎朗那里得知您的。他一听郎朗，非常敏感，条件反射般地迅捷：郎朗怎么说我的？

我自然说，郎朗说你很好，要不，我也不会采访你，写你。对方长出一口气。

郎朗父子真的没说老师不好。起码没说什么过头的话。都是过去的事情了，此一时，彼一时，站在今天的角度，他们都不难做出自己的宽容。但是，在当时，郎国任因与老师的矛盾，以及在学校造成的影响，心里边的压力还是相当大的。有人问我，是不是因为这种压力迫使他做出尽快离开中央音乐学院的决定？我感觉不会的。

郎国任不希望再让原来的老师教了，事实上，殷承宗已经无条件接受了这个学生。从美国巡回演出归来，殷承宗更加看好郎朗。他逢人就夸郎朗，他认为郎朗到美国会更有发展。斯坦威的老板很欣赏郎朗，他把郎朗介绍给另一家演出公司。这家公司的经纪人是著名钢琴家波利尼的经纪人。他打算与郎朗签订演出合同。这期间郎国任结识了一位重要人物——陈女士。

陈女士在一家中美演出公司工作，经常往来于中国和美国之间。她有着很深的背景，这一点阅历丰富的郎国任一眼就能看出来。陈女士是听了郎朗的演出后，对郎朗格外热心。她认为郎朗是罕见的钢琴天才。她对钢琴事业非常热心，又非常爱惜人才，特别是遇到那些真正有才华的选手，她都希望给予帮助。所以，她劝郎国任及早把郎朗送到美国留学。

陈女士的提议正中郎国任下怀。其实，他一直在思考这个问题。他觉得郎朗的水平目前继续留在中央音乐学院已经吃不饱了，应该到更高的地方深造。何况他们与老师的关系也不适宜再待下去了。但是，到哪里去深造，这无疑是一次重要抉择。

郎国任虽然去过美国，但，他对于美国的音乐院校情况还是所知甚少的。陈女士答应帮忙。她让郎国任把郎朗的录像带寄到美国的柯蒂斯音乐学院。她认识这所院校的院长。

郎国任把郎朗的录像带寄出去了。不久，那边有了回音。院长格拉夫曼很看好郎朗。他特别赞扬了郎朗弹的肖邦《第二练习曲》。他热情地邀请郎朗报考他们的学校。他认为郎朗极有可能考上，但也并没有打包票。郎国任四下里打听了柯蒂斯音乐学院的状况。相比之下，这里条件还是最好的，每年可以为郎朗提供三万美金的费用，还能保证他们爷俩在美国的正常生活开销。因此，他决定报考这所院校。

殷承宗在美国那边也积极张罗为郎朗办手续。他所在的一家音乐院校可以免去考试手续，就能接受郎朗这种水平的孩子入学。他来信说，正在尽快争取办理入学手续。

走到了这个份上，郎国任就积极张罗郎朗出国留学的事了。但是，郎朗是附中二年级的学生，他得附中毕业，才可以办理出国留学，否则，学校不会批准，文化部也不会批准的。等到毕业，差不多还需两年，对于此时的郎国任而言，大有一万年太久，只争朝夕的劲头儿。

又到了人生转折最为关键的时刻。就像指挥官面临一场具有决定意义的大战。他经过缜密思考，毅然决定让郎朗退学。

这是一个令人震惊的举措，在音乐学院的历史上，还从没有人以退学为代价，去国外考学的。何况还没有百分之百的把握。万一有个闪失呢？想想当初考入中央音乐学院附小时有多难！怎么，现在说退就退了？

郎国任也不跟别人商量，甚至连周秀兰也不知道。他担心遇到别的什么麻烦，干脆来个快刀斩乱麻，或者叫作先斩后奏。在他提出的退学申请未予批准的当口，他决定让郎朗提前举行告别音乐会。

既为告别音乐会，那就不免带有点感伤色彩。连郎国任都没有想到告别音乐会搞得那么精彩，连着搞了两场，都在北京音乐厅。郎朗在第一次出场时，神态非常庄重，他的音乐会被一股浓浓的离情别绪涨满了。他弹得极其投入，他恨不得把进入中央音乐学院以来，自己学到的所有本事都使出来。他弹了肖邦的《24首练习曲》。其中各有不同，柔情的特柔情，抒情的特抒情，激烈的特激烈，郎朗以其罕见的成熟，发自内心地倾诉着。

郎朗在美国波士顿给老年中心演奏过肖邦的《24首练习曲》。全套弹下来，用了1小时20分。在场的那些老头老太太们激动不已，围过来不让郎朗走。他们互相诉说着自己的感受，他们说一辈子只听过两个人的演奏让他们如此难忘，一个是霍洛维茨，一个是鲁宾斯坦。这一次，又被郎朗深深感动了。他们争论郎朗的演奏风格到底是像霍洛维茨还是更像鲁宾斯坦。他们争论得面红耳赤。有位老人为郎朗画了一幅肖像，题上祝辞：当代的霍洛维茨……

美国听众喜欢肖邦，中国听众也喜欢肖邦。肖邦的情感其实最具东方的味道。要不，钢琴诗人傅聪怎么会用李后主的词的情感去衔接肖邦的音乐呢？郎朗对于唐诗宋词所知甚少，这是他们这一代弹琴的孩子共同的缺陷。所以，在文学和文化素养上，他是绝对比不了家学渊博的傅聪的。但是，郎朗的音乐感觉极好，他凭借这种天赋与感觉走进了肖邦的世界。

郎朗的两场告别音乐会开得空前成功，像中央音乐学院举行的两次盛典。人们走出音乐厅，却走不出郎朗的钢琴魅力，也走不出肖邦的音乐世界。听过的人，没有听够，希望再听一遍；没听过的人，更希望好好倾听一次。特别是附中的校长陈南岗听了郎朗的两次演出，激动不已。陈校长的丈夫是中央音乐学院最年轻的教授，他是从奥地利刚刚归来，他听了郎朗的演奏非常惊讶，他没想到我们中国的孩子会弹得这么精彩。他们两口子争相为郎朗的演奏感叹不已。在这两位热心音乐的家庭里，最快乐的话题就是围绕着郎朗。因为郎朗的演奏，给他们的家庭带来一片朗朗晴空。不论什么时候什么原因，两人中只要有一个人提起郎朗的告别音乐会，两个人就会同时激动，同时感慨不已。据说，他们两口子兴奋了足足一个礼拜。郎朗怎么会那么富于灵性，那么杰出呢？无论对音乐理解的深度，还是音色变化，简直达到了令人难以置信的程度。他们觉得太不可思议了。于是，这对夫妇在深夜翻开了世界名人录，开始查找霍洛维茨和鲁宾斯坦的出生年月。他们是想看看郎朗跟他们这种大师是否有着某种神秘的联系：比如转世之类。

其实，面对不可思议的天才神童研究时，我们的理论常常显得苍白乏力，我们无法通过常规研究说明那些非常规的天才。于是，一种更为神秘的解释，便兴奋了我们的平淡生活。比如，上海小学生冯遐，无师自通地掌握了英语，7 岁时，就能自如地用英语同外国人交谈，能流畅地阅读英文书，笔译能力达到了高中生水平。面对这种天才神童，人们无法解释，所以，便有传闻其前身是英语国家的居民。还有一个一年熟背 200 多首唐诗的 5 岁男孩赵安，猜测他可能是唐朝的一个文人转世。郎朗无疑是个钢琴天才，所以，人们从他身上寻找钢琴大师的生命信息并不荒唐。

郎朗是不是鲁宾斯坦转世并不重要，重要的是他是我们中国人自己培养的学生。是赵国屏老师教出来的。在他的告别音乐会上，他的内在深情的抒发，是怎样深深地打动了他的听众。一想到郎朗不久就要离开这所学校，这里再也倾听不到他那天才的演出了，陈校长的心中就有一股难言的伤感。于是，她提议再让郎朗加演一场。

加演一场，这等于郎朗开了三场告别音乐会。这在中央音乐学院的历史上也是从未有过的。能够受到校方的如此重视，能够得到人们如此欢迎，郎国任从内心感到一种满足。他叮嘱儿子一定要一场比一场演得好。郎朗又何尝不是这么想的呢？

加演音乐会如期在中央音乐学院的演奏大厅举行。时间是星期日的下午。郎国任早早就来了。他像郎朗参加的任何一次演出一样，差不多总是第一个到场。他要熟悉场地，要找一种感觉。他总是站到最后一排观众席位，听台上郎朗试琴的声音。他会及时发现问题，及时提醒郎朗调整。比如音乐厅的空气湿度如何，触键的力度都不同，都得随之变化，在台前感觉不明显，在最后一排就能感觉准确。

由于这是最后一次在学校演出，郎国任格外看重。他认为编筐编篓，全在收口。这最后的收口，一定要给人们留下最难忘的印象。就像弹一首大曲子，结尾部分一定要处理好，否则，那就是留下无法弥补的遗憾。

实际上，中央音乐学院的演出大厅就像一个大俱乐部。其内部的装饰，包括过道，都显得朴实有余。观众席位也是那种普通的可以折放的椅面。灯光亮起来也比较平淡，这对于去过美国，见识过金碧辉煌的斯坦威演出大厅和卡耐基音乐厅的郎国任来说，未免有些简陋了。

然而，这里给他留下的记忆，却是刻骨铭心的。他曾经是多么崇拜这里向往这里啊！他盼着儿子何时能够在这里进行演出。中央音乐学院创造的最好的音乐环境就是在这里。几乎每天都能看到这里贴出的海报，某某名家、某某国外大师、某某旅居海外的侨胞将在这里举办音乐会……只要有著名音乐家来北京，几乎都要在这里举行音乐会。他郎国任第一次坐在这里聆听音乐会时，有种奇妙的兴奋。这是对自身价值的某种认定。他心下里因兴奋而不免有些紧张，都不敢随便掉头往后边瞅。他生怕让人家看到说他没见识。他坐在这里边，是一种境界的升华，也是一种地位的升华，开始，还觉得不那么自在，总怕自己坐的位置不合适，怕别人来撵。可是，随着郎朗知名度的提高，随着他到这里来的次数的增多，他终于坦然起来。即便是身边坐着院长，或者什么更有名望的人，他也不至于惴惴不安了。

郎国任本来就是个爱琢磨事的人，在这最后一场告别音乐会开演之前，面对音乐厅空荡荡的坐席，面对台上那台熟悉的斯坦威钢琴，以及正在试琴的郎朗，触景生情，禁不住感慨万千。刚到这里时，那一幕幕场景，都在他的眼前回现开来。他不会忘记郎朗第一次走上这个舞台时，他有多紧张，而紧张过后，又是长时间的亢奋。这里既有辉煌的记忆，也有难言的苦衷。他在这里经受过多少内心的折磨，有谁会知道？郎朗遇到的那几个对手，那好多次的较量和好多次的攀比，为了让郎朗超过这里任何弹琴的孩子，他郎国任在这里经受过怎样的心路历程。如今，无论荣辱喜怒，都将离他而去，都将失去应有的意义。四周的灯光在他眼里完全变得轻松宽厚温暖了，他在这里可以完完全全地放松了，郎朗不会再在这里与那些同龄孩子争个高低了。对于郎朗而言，这里曾经发生的竞争已经变得没有什么意义。

他完全可以更轻松一些，不必去操心郎朗的每一件事，包括生活细节，也包括室内温湿度对钢琴声音的影响什么的。他完全可以只作为一个普通的听众，老老实实坐在听众席位上，纯粹地欣赏一下他的儿子在中央音乐学院的最后演出——告别演出。

但是，他不能够。他的心放不下，他只能是一个操劳的命。他不能不担心来多少人，能不能把座位坐满；要是演晚场，人肯定不会少了，而偏偏这是安排在周日的下午，会有多少人光临？学校的领导，还有那些有名望的教授，再加上报社电台电视台的记者们也不知道人家能不能来，要是来少了，那不是太没面子了吗？

毕竟，这是在中央音乐学院的最后一次演出，他希望能够在这里画上一个圆满的句号，能够给人们留下一点美好的东西。

那一天让郎国任永远难忘。他没想到会来那么多人捧场。演奏厅所有座位都坐

郎朗在中国交响乐团首演音乐会上弹琴

满了人，过道还站着人，都站满了，拥挤不下，最后，就连楼梯上都站满了人。郎朗是最希望人多的，从小他就是这样，人越多他就越来激情，就越能闪出火花，迸出光彩。郎朗的状态太好了，下手就有，简直是要什么就有什么。郎国任在最后一排靠墙站着，他能够感受到最真实的声音效果。老柴的变奏曲让郎朗弹得很有光芒，一段段全是灵感才气的跳荡，在所有变奏的部分更见光彩，由激烈到舒缓，由弱到强，他驾驭得极其自如，简直是信马由缰，充分体现出对音乐的那股惊人的控制力。

在弹肖邦叙事曲时，郎朗显得很老到很沉稳，如泣如诉，但郎国任担心后边高潮不容易上去，强弱对比特别悬殊，在狂放不羁的强烈中又骤然弱下来，声音虽然弱下来，但力度不减，甚至更有撞击力，这确实有难度。但是，郎朗做到了，郎国任靠在最后边的墙壁上在感受到一种最弱的声音时，却也接收到了一种最为强烈的冲动。他禁不住在内心为儿子喝彩。

《塔兰泰拉》是郎朗最为得心应手的曲子，整个旋律激越人心。郎朗说，这首曲子是表现一匹骏马被毒蜘蛛咬伤了，狂奔不已的音乐意象。奔跑是极有力度，也是极有层次的，表现空间给人以无比丰富的联想。这首乐曲极有感染力，那奔放的旋律简直可以带动整个音乐厅在旋转。郎朗最后一场告别音乐会情绪高涨，气氛相当感人。

最能打动人心的似乎还是一曲《离别》。这首曲子是肖邦在病中写的，缠绵悱恻，绝望中又不乏憧憬。也许肖邦的离情吻合了郎朗此时此地的心绪，他弹出了让人心碎的别情，那样的忧郁，那样的惆怅。郎朗深情地伏下身子，尽可能低地接近键盘。键盘好像就是带着体温的肌肤，接触得越近，就越难舍难分。台下一片感伤。人们沉浸着，沉得很深，他们只见郎朗鞠躬般将头埋入键盘，却不曾看到他什么时候抬起来，更不知道郎朗的眼中已是泪花闪闪。

一次次鞠躬谢幕，一次次告别，一次比一次来得深情。鲜花堆满了郎朗的怀抱，映得他那张稚气的胖脸红腾腾的。郎朗的面颊一片闪亮，分得清是汗水还是泪水吗？

全场观众起立，长时间鼓掌。校方领导和郎朗热情握手，那是一种怎样的鼓励！怎样的评价！学科主任感慨不已，他说，这是空前的音乐会，真是达到了国际水平！他谢谢郎朗，他也谢谢郎国任。

郎国任太容易感动了。因为他太看重名誉。一年后，中央音乐学院搞校庆时，在几十年的教学工作总结时，历数了本校涌现的人才，也不过点了四个人的名字，作为学校的光荣。而钢琴点的是刘诗昆和郎朗。刘诗昆和郎朗的名字排列在一起，他们的年纪相差几乎有半个世纪。这则消息我是从报纸上看到的，是郎国任指给我看的。

第三节　到美国考学

告别音乐会之后，郎朗父子已经不可挽留了。文化部一位新任的处长怕担责任，一再挽留。她应邀听了郎朗的告别演出，也是深受感动。她只能感叹：又一位杰出的人才提前流失了。

附中二年级学生郎朗以退学的方式，结束了中央音乐学院的学习生涯。

别了，这座神圣的院校；

别了，这所给他们父子既带来殊荣又带来委屈的院校……

拐出了中央音乐学院大门时，郎朗父子能不回头张望吗？高高墙垛处的那幅巨大的绘画，阳光下一定朝他们父子弥散出浓郁的民族风味。这种风味但愿他们能够带着上路。无论走到世界各地，都有回味的余地。

郎国任父子回到了沈阳，开始准备美国的行程。

1996 年眼见就要过去了，回想这一年，是郎朗事业上值得记忆的重要年份。

5 月，在日本东京举行题为“亚洲之梦”——天才少年郎朗个人专场独奏音乐会，由著名歌唱家翁倩玉小姐主持。郎朗还在东京、大阪、福冈等地举行个人音乐会。

7 月，在美国斯坦威音乐厅举行专场演奏会。

8 月，在波士顿广场演奏，演奏结束后，殷承宗与郎朗一同飞往纽约，拜见哥伦比亚演出公司的经纪人，这位经纪人就是著名钢琴家波利尼的经纪人。郎朗专门给他弹了一场音乐会，他高兴地将霍洛维茨的双手（工艺品）签名送给郎朗，对郎朗说，霍洛维茨若能听到你弹琴，会从棺材里蹦出来的。这位经纪人要与郎朗签合同，定于 12 月 11 日在卡耐基音乐厅演出。

9 月，郎朗在北京与中国交响乐团合作，担任钢琴演奏，当时的江泽民总书记到场观看。

11 月，在中央音乐学院开告别音乐会。

12 月 8 日，陈女士带上了郎朗在告别音乐会上演出的 24 首肖邦练习曲的录音带专程赴美，到柯蒂斯音乐学院面呈院长格拉夫曼，以便确定考试日期。

12 月，殷承宗来信，给郎朗确定上课时间。并邀郎朗 1997 年 3 月份去美国，到他所在的音乐学院上学。

仍然需要选择。摆在郎朗面前可供选择的机会太多。这种选择的重任自然是属于郎国任的。郎国任没有选择殷承宗，他毅然选择了柯蒂斯。

1997 年 3 月，郎国任带着郎朗飞往美国，去柯蒂斯音乐学院赶考。

这是一次非同寻常的旅程。尽管父子多次一起走出家门，一起同机去国外参加各

种比赛,但,这次的心境与以往都不同。这是一次人生命运的重大转折,是关键的转折,也是永久的转折,能否成功,心里没底。但是,既然迈出了这一步,头拱地也要冲上去。

信心,郎朗还是有的。这一点,父子俩多次交谈过。但,不是百分之百的把握,就不能不让郎国任忧心忡忡。毕竟对于柯蒂斯音乐学院所知甚少,万一没被录取怎么办呢?

旅途没有任何愉快可言,更谈不上轻松。郎国任依然对儿子采取惯有的高压政策,逼着他背谱子,也逼着他学外语,郎朗几乎一分钟也不能闲着,手里必须得捧本书,放下这本,就得拿起那本。郎国任来了那股不近情理的劲儿,郎朗必须绝对驯服。

这时的郎国任其体力精力已大不如前了,身心疲惫。说话再怎么严厉,声音也小多了。但是,不管怎么小,只要他朝郎朗一瞪眼睛,那郎朗就怕得溜溜的。

千万别把郎国任的教子法想得太简单了,他绝不是一味地高压,他还会准确把握儿子心理,恰到好处地进行心理调解。正像马俊仁调教马家军一样,他所采取的招法也绝不仅仅靠凶狠,也有非常精彩的绝招。比如迷信。像马俊仁对于神鹿的推崇一样,郎国任也特别信一些东西。比如,他相信转世一说,至少他在带儿子去美国的途中,他希望儿子相信转世说。因为只有让儿子相信鲁宾斯坦的转世,那么,就会让儿子更增加自信心。郎国任对于出行日期和比赛日期都比较敏感。他相信吉祥数一说。郎朗也是如此。他非常忌讳4这个数,他在弹琴时,绝不让他的亲友坐在第4排。更有意思的是吃饭时,如果是4个人坐在桌上,服务员给拿了4张餐巾纸时,他就会马上再多要一张,打破这个4的忌讳数。这种过分的敏感,我想一方面来源于紧张的竞争和比赛;另一方面,则是来自他的父亲吧?

郎朗这个名字按英语发音是长久的意思。所以,郎朗到了日本,日本人特别佩服这个名字。他们父子说,听到日本人叫这个名字,就有一种永远不败的意思。后来,他们回国到大连搞过一场演出。本来是定于周六,因故推迟两天,变成周一。结果呢? 周六、周日两天大雾天,那雾特大,而到了周一,郎朗要出台了,大天放晴。所以,郎国任特别高兴。郎朗也认为这是好兆,郎朗有明朗的意思嘛! 所以,他那次发挥得特别精彩。

总之,任何一个细节,哪怕不大相关的,都可以让他们敏感,进而都会对其内心产生一定影响。

还是让我们回到1997年的3月——

美国费城机场。

郎朗父子走下飞机。美国的城市大都可以用豪华的字眼去形容，而美国的机场更是豪华中的豪华。柯蒂斯音乐学院想得非常周到，派人去机场接他们父子。被派去的人是中国的留学生，彼此亲热地寒暄一番，帮着他们父子把行李放好，让进车里。

驱车去看满目流动的街景，真是恍然入梦。怎么这就是到了异国他乡，到了美国？虽然不是第一次来美国，但费城还是头一回来。何况上次来仅仅是演出，那没有太大压力，这次是来考学，是来谋取生路。意义完全不同，压力也完全不同。只有设身处地到了美国，到了这片陌生之地，才会觉得心里边没着没落。

他们父子被安排在一位美国人家里居住，吃住全由学校负责。这是对郎朗的特殊待遇，一般来报名考学的人是绝对享受不了这个待遇的。

考学的日子一天天临近，压力也越来越大。不断听到让他们紧张的消息。原先听

1997年10月郎朗在柯蒂斯音乐学院

说只有四五十人报名应试,现在听说足有九十多人。这九十多人全是杰出的、高水平的。有的去年没有考取,今年又来了,有的甚至考过三次。最让他们感到紧张的是有一位选手去年参加了老柴比赛(成年人的柴可夫斯基大赛),获得第二名。当时,第一名空缺。这位选手去年信心百倍地来报考这所柯蒂斯院校,结果,竟然落榜。人家学校才不管你比赛第一还是第二,人家就看你的考试成绩,就看你的现场发挥。你就是再有名气,获的奖再多,到了考试现场发挥不出应有的水平,要想考取那是不可能的。原先,他们父子都以为比赛获奖是最为重要的,现在到了柯蒂斯才算真明白了:考试才是第一重要的,才是最实惠的。

郎朗,就看你的了! 这是郎国任憋在心里的话。

郎朗承受的压力可想而知。他见到了与他一起来报考的人。他对每一个人都注意观察。因为,就是要从他们这些人中选出几个来。选上的,就可以留下来;选不上的,就得夹包滚蛋。郎朗听说某某是有来头的,某某是跟柯蒂斯的老师学的,有多少把握,肯定能考上,云云。这种消息对郎朗心理都构成足够的压力。

郎国任发现了这个问题,他生怕这种信息听多了会影响郎朗的自信,所以,他干脆看着郎朗,不让郎朗随便与什么人交谈。等于封闭性训练。但是,毕竟不能不接触人。等到人多的场合,人们爱跟郎朗聊天,人们各怀心事,谁知道他们出于什么目的进行打探摸底? 郎朗毕竟是个孩子,情绪一上来,就特别爱说。而每每到了这个时候,郎国任肯定站到他的哨位,在一边盯着郎朗,一旦发现他说得过格了,说了不该说的,就马上给郎朗递个眼色,或者咳嗽一声,而郎朗机灵得很,马上就会接受父亲的提示信息,王顾左右而言他。在这一点上,郎朗永远佩服父亲的精明。

临考前,郎国任心特别细,到了美国,他心更细了。他会观察儿子的表情,及时做好郎朗工作,以减轻他的心理压力。除此之外,他还耳提面命地告诉郎朗如何把握住自己的情绪。什么时候该兴奋,什么时候该收敛,再就是认真研究和设计每一个曲子的细部作如何处理之类,按着以往的经验分析可能出现的种种问题。可以说,爷俩是殚精竭虑了。

1997 年 3 月 7 日,决定郎国任父子命运的时刻终于来到了——

一大早,父子俩就来到了柯蒂斯学校。考场里外都是人。人越多,就越对考生构成压力。考生按着顺序进入考场。九十多名来自世界各地的考生,各怀豪情壮志,各怀绝技。初试完了还得复试，一天是考不完的，分两天考。在郎朗前边进入考场的是位台湾女孩，年纪和郎朗相仿。去年，她就到这里应试，却没有考取。她不泄气，住下了，就在柯蒂斯学校找了一位老师，学了整整一年。此番，她是二进宫。她这回是非常自信的，因为她的条件太优越了。

她弹得确实不错。但是，她弹完就轮到郎朗了。郎国任不希望在郎朗前边有弹得更好的人，这样，轮到郎朗就显不出来了。他希望的是一个弹得不怎么样的选手，这样嘛，到了郎朗弹时，就很容易显出来。

然而，一切并不是由郎国任的意志为转移。他想怎么都不好使，何况，这是在美国，不是在中国。在中国考试时，再严肃神圣的场合都是可能被打通关节的，他郎国任会想尽一切办法混进去，给郎朗壮胆，助威，起码也能通过什么方式让郎朗随时感受到他的重要的存在，以此稳定儿子的心。

但是，在美国考场，他郎国任注意观察了。一道封闭非常好的门，只有选手和学校工作人员可以进去，他郎国任作为家长连挨近那道门的边的可能都没有。那么，他如何施加对儿子的影响呢？他从郎朗的神态上感觉到了儿子心里并不怎么放松。或许是以往每次面临重大比赛时刻，父亲总是对儿子施放一定影响的缘故，这一次，儿子与父亲就像到了机场的安全检查地带一样，儿子临上考场前，就已与父亲“隔河相望”了。当儿子往那扇门里进时，郎国任开始闹心了。他觉得还有话没有嘱咐，至少还得跟郎朗说上一句稳定情绪的话。可是，他已经无法靠近儿子了。

对于郎国任而言，此时要想挨近儿子简直是不可能的。就像当年他第一次去德国大使馆取签证被挡在大门外，无法进去一样。那一次，他的智慧帮助了他——与一位长春老乡套近乎。这一次，他同样找到了希望——

他瞄到了柯蒂斯一位留学生。这位声乐系的山东大汉太出眼了，身高两米多，让郎国任一眼看到后，眼睛就为之一亮。他一摆手，就把大汉叫过来了。他贴在大汉的耳朵上，如此这般地交代了一通，大汉点头而去，推开那扇可望而不可即的大门。

郎国任见大汉进去了，才长出一口气，像卸下了千斤重担，跌坐下来。郎国任后来告诉我，外国考试特别严，他只能挺规矩地守在外面。郎朗在里边弹琴，他能隐隐听到点。他很感谢那位大汉忠实地履行了他的职责：让郎朗把胸挺起来。大汉在郎朗起身要往台上去的刹那间，照郎朗的后背拍了一掌，说：“挺起来郎朗，就你第一！”

考试与演出完全不同：虽然弹同一个曲子，弹法也应有区别。这里边是有诀窍的。郎朗深谙此道。这是因为他们父子就此多次演练过。郎国任坐在外边一把椅子上静等儿子考试结果。他看不到里边的考场，只能盯视一扇关严的深棕色的门。他心里非常不安，真替郎朗担心啊。只要能看到郎朗一眼，就能断定他考得怎样。

郎朗后来与我说起考柯蒂斯音乐学院的情景：

"那几天压力太大，美国下雨，有一次往房东家走时，走迷路了，我觉得这不是好兆头，心情很不好。我考的这一次，是历史上报考柯蒂斯人数最多的一年，我担心万一考不上咋办。殷承宗在克里夫兰，他告诉我他那里不用考，就能把我送进学校。我觉得我要是考不上柯蒂斯就没有脸去克里夫兰见殷承宗了。"

"考试之前，看那些选手都特兴奋，好像他们都有把握考上似的。有个韩国人，在仙台老柴比赛时见过。他那次比赛第一轮就被刷下了。这次见到我没吱声。第二轮，他上去了，主动跟我套近乎。第二轮张榜公布名单。我是第一个弹。第一轮弹的是巴赫18条，考官们点贝多芬作品110的第一、第二乐章。还有肖邦练习曲2号，第二轮弹肖邦叙事曲、贝多芬作品110第三乐章。比赛是在一幢古典建筑风格的洋楼里，有地毯、壁画、壁炉、柱子、雕塑……"

"考试那会儿，我从小门溜出来，我爸在下边一把椅子上坐着，老紧张了。我告诉我爸：我要弹了。我爸说，你看了吧？一定要比他们好。一上琴就要好。肖邦要轻如风，贝多芬要深沉，叙事曲要细致热情，爆发力要上来，稳重、大气、潇洒，像巴西足球与英格兰足球结合，要有王者风范，卫冕自己的荣誉。身板挺直，脸要笑点，别太绷……"

"在点到贝多芬作品110时，我沉思了一会儿，我在想，一定要弹出临近死亡的滋味儿。贝多芬面对死亡心如刀绞，要让人心里难过。我弹完之后，有个老师站起来给我鼓掌，他说太好了！格拉夫曼的表情告诉我：我弹得特好。我心里一下子就有底了。"

等在外边的郎国任当时心里可没有多少底儿。他只能眼巴巴盯着那扇门。那扇门一动，他的心就忽悠一悬。郎朗从里面出现了，一露面，就让他心花怒放。

郎朗像一名射门成功的足球队员，带着打入一球的亢奋绕场奔跑，做出自己最具性格化的动作张扬个性。郎朗举着拳头朝父亲冲来，父亲就差没有把儿子抱住。他知道儿子成功了。

郎国任说:“这是我压力最大的一次。”

考试一结束,郎国任就和郎朗马不停蹄地回到李诗然家开始练琴。那是下午,距考试结束不过三个小时,格拉夫曼竟然把电话打到了李诗然家,兴奋不已地告诉了一个最令他们父子兴奋狂热的事情——郎朗以第一名的资格考上了,而且是全票通过。

郎国任绝对记得那天他瞅着窗外的感觉:阳光明媚,空气清新,草地绿得耀眼。他禁不住内心的激动和感慨:美国真好,美国,天堂呀!

当晚,学校开“帕提”,院长格拉夫曼请他们父子参加。

格拉夫曼是俄籍犹太人。少年出名,17岁便与费城交响乐团合作演出,在美国引起轰动。他出身名门,父亲是著名的小提琴家;他又是钢琴大师霍洛维茨的学生。他有着良好的先天因素和后天条件。他个子不是很高,但额头非常鲜明,在热热闹闹的“帕提”场合,人头攒动,有一片炫目的灯光照耀着这块热烈的额头,郎朗一眼看去就感

在上海音乐学院的贺绿汀厅

到非常温暖。

声望极高的院长迎过来搂着郎朗,把郎朗介绍给尊贵的客人们。郎朗在钢琴大师格拉夫曼的亲切拥抚下,显得乖巧起来。其实,郎朗本来就是一个乖巧的孩子。

在郎国任看来,被介绍的这些人都不是一般人。格拉夫曼非常高兴地给那些来宾一一介绍:“这是郎朗!”郎朗笑得很得体,也很有礼貌,令高贵的对方投来热切友好的目光。在这些人的眼里,郎朗无疑也是出身于富贵之家吧?这时候看上去,胖胖的郎朗是一脸福相的。

郎国任很喜欢这种场面,却又很打憷这种场面。这种矛盾的心情来自他对这种场面缺乏必要的应酬能力。但是,他为儿子深深地高兴。儿子要远比他自如得多。格拉夫曼一会儿一搂郎朗,生怕一撒手,把个郎朗弄丢了。格拉夫曼的兴奋是溢于言表的。

介绍完儿子,轮到介绍父亲——“这是郎朗的父亲!”

郎国任能听懂父亲这个单词。因为只要他与郎朗一同出去,总能听到这个单词,这是他到美国听到的使用率最高的一个单词。

经过一番热闹的寒暄,彼此就座。这时候,郎国任眼前粲然一亮:他看到了院长手里拿着一叠表格朝郎朗递过来。这就是手续,是郎朗考取柯蒂斯的手续。郎朗以第一名的资格考入柯蒂斯音乐学院,成为大师格拉夫曼的门生。

值此,郎国任的一颗漂泊的心才算落稳。他感觉踩在地上的两脚这才有了真实的分量。

第一个涌上来的念头就是打电话。亲友们能不祝贺吗?一般考生考完后,得等到6月份才能发榜,从3月到6月,那得3个月时间,而郎朗得到的通知不过几个小时。这是特例。郎国任平生追求的不就是这种特例吗?得到了,他在美国得到了!

Chapter 8
说不清道不明的夫妻情

郎朗的成功令美国女记者感到匪夷所思，也令美国人无法理解。人活着究竟为了什么？是为了自己还是为了孩子？中国家长为了自己的孩子能够舍生忘死，而美国的家长能吗？按照美国人的人生观，怎么可能以全部婚姻生活为代价，去换取孩子的成功呢？

然而，中国的家长不仅能够理解，而且完全可以前赴后继，只要孩子能够成功。在中国的这一代成才的孩子身后，掩藏了多少可歌可泣、凄楚哀婉的夫妻故事。有一个前提，只要孩子能够出息，就可将一切苦难都化解了。犹如“一俊遮百丑”。

——本章题记

第一节 大病降临

郎朗如愿以偿考取了美国柯蒂斯音乐学院之后，郎国任等于大功告成。在柯蒂斯开学前的这段间歇时间，爷俩从美国回到了沈阳。

郎国任这时候回到故乡，比任何时候都风光。人们谁不羡慕？看看人家的孩子，已经考上美国了。即便当年嫉妒他们，背后不说他们好话的人，面对现实，也不得不佩服。而郎国任看重的正是来自家乡的这种羡慕和佩服。

从 1993 年 9 月份考入中央音乐学院附小，到 1997 年 3 月考入美国柯蒂斯音乐学院，不过三年多一点的时间，这三年，郎朗一年一个大奖，一步一层楼地飞速进取，引起了世人的关注，而龙头虎眼的郎国任从什么时候开始发生着变化呢？体形发胖，头发稀少，额头变宽，脸色也不好，充满疲惫感。重要的是他应该得意的时候，却偏偏有些打蔫。他不善于寒暄，即便谈一些他本应感兴趣的话题，他也打不起精神头。想一想，这位做父亲的实在不易。多年在外，犹如箭上弦，一直紧张地辛辛苦苦地带着儿子。一场战役紧跟着一场战役，就没有清闲放松的时候。就是一台机器经过这么高速旋转也是要磨损的，何况肉体凡胎。

郎国任在迎来送往的时候，显得表情木讷。他甚至连说话的气脉都不足。人们以为他是时差没有调整过来，却不曾想一场大病已经悄然降临到他的头上。

他有好长时间都觉得难受，情绪烦躁不堪，却总也腾不出空儿去医院检查。这一回毕竟儿子有了归宿，可以暂时喘口匀乎气了，所以，他回到沈阳后，到陆军总院去看了医生。结果，被查出是甲状腺肿瘤。是良性还是恶性，暂时未作出结论。医生要求他马上住院，进行观察治疗。

郎国任患病的消息不怕别人知道，他只怕被儿子知道会影响练琴。所以，他跟妻

子商量先别告诉郎朗。郎朗此时住在一位朋友家练琴，因为朋友家有一台新买的雅玛哈琴，郎朗很喜欢这台琴。另外，这位朋友家也有一位琴童——一位8岁的女孩。这个女孩叫毛毛。毛毛非常懂事，非常刻苦，胖墩墩的样子，总是笑模笑样的，显得憨厚朴实，着实令人喜欢。

住在毛毛家的郎朗自己拥有一个房间，抱着一台新琴练。毛毛在另一间屋子练琴，她弹的琴是台破琴。两个孩子各弹各的，互不干涉。郎朗除了自己练琴外，还兼任老师，教毛毛弹琴。这位小老师有时不像个老师的样子，弹琴弹累了就会找毛毛寻开心，疯闹得嘻嘻哈哈。

严格说，毛毛是郎国任的学生。郎国任教孩子弹琴的确有一套，经他指点过的中央音乐学院的一个叫孙静威的女孩就曾在国际比赛中获得了大奖，轰动了中央音乐学院。郎国任在家长中有着很高的威信，郎朗的成功，本身就是他的一张最醒目的招牌。郎国任回到沈阳后，一天也闲不着，除了正常看着郎朗练琴之外（其实郎朗已经无需人看管了，练琴已经成了他最自觉的行为，如果不让他练琴，他会感觉非常难受的），他还要给学生上课。听说郎朗爸爸回来了，沈阳的琴童家长有不少人登门拜访，希望得到他的真传。他是个非常认真的人，绝不轻易接收学生，一般情况下，他都是去给看看，看看这孩子怎么样，是否有发展。如果没有发展的孩子，他是绝不接手的，他不愿误人子弟。他对毛毛的潜力很是看好，其实，那时的毛毛父母对孩子弹琴的信心不足，他们小两口都是一般的工人，对钢琴所知甚少，但他们的人品极好，只有人品极好的人才能跟郎国任成为朋友。这小两口管郎国任一口一个"郎哥"地叫得挺亲。

郎朗是个适应性非常强的孩子。他经常到外面比赛，经常住别人家，住习惯了，什么环境都能适应，何况郎朗这种孩子到了谁家都会受宠的。这一点，郎国任还是很放心的。

郎国任回家收拾东西，心情沉重地去陆军总院住院时，郎朗并不知道。他全身心地投入练琴。他正在准备一套曲目，准备在国内巡回演出。

在陆军总院住院部二楼的一个病房里，郎国任笨拙地穿上带条纹的病号服。穿上这种衣服，好像病情一下子加重了，他面如灰土。他在病房里待不住，却又不能乱走。同房间里有位跟他年龄相仿的男子做手术前以为是良性的甲状腺肿瘤，可是，手术后

进行病理切片时,却查出是恶性的。前来照顾他的亲友们都对他保密,郎国任看到他手术后的痛苦状及被人们瞒着的状况,心里不是个滋味。因为他由此想到了自己,他可不希望被人这么糊弄。他一辈子都图个明白,无论大事小事,绝不会有丝毫的糊涂。

还有一周才能进行手术。这一周,郎国任无所事事,每天只是给郎朗打个电话,问问情况,其实,不问,也没有什么问题的,而他问一问,只是为了安慰一下自己,或者说给自己找点事做,否则,静下来光想病情了,多闹心。

医生认为郎国任的病情很重。主要是他长了两个瘤子,都有鹅蛋般大,这绝非一日之功长起来的。让大夫震惊的是这么多年长了这么大的瘤子,患者居然能够坚持得住,不到医院来,这简直不可思议。按照正常情况,患者至少应该在五年前就支持不住了。是什么力量使患者硬挺到了现在?

郎国任没有什么身份可供医生重视。医生也不爱好弹琴,家中也没有琴童,自然也不会知道郎朗是何许人才。对于郎朗的爸爸——这位没有什么头衔,也没有什么正经工作的人,当然也不会给予多大的重视。报社的记者们也不会从躺在病床上的郎国任身上发现什么有价值的热点。郎国任还是个不愿交朋友,不愿跟别人联络的人,所以,他躺到病床上时,是很孤独的。他本来就爱想事,这么一闲下来,就更是想事想得两眼发呆。他最担心的肯定还是郎朗。

刚刚考取柯蒂斯音乐学院,还没有开学,还不熟悉学校的环境,还没有打开局面,还有许许多多的东西在急等着自己去做,怎么就能病倒了呢?作为郎朗的监护人,如果真的一病不起,郎朗如何去美国闯世界?所以,他不能耽误儿子的行程,他只有一个心思:尽快手术,尽快解除危险,尽快养好病,以便能带领儿子去美国进行新的生活。他觉得儿子这是刚刚开始,是迈出的第一步,是向大师迈出的第一步。他希望儿子成为大师——霍洛维茨、鲁宾斯坦那样的大师。只要儿子能成为这样的大师,他自己得什么病都无所谓,他活不活都无所谓。但是,在儿子成为大师之前,他可不希望自己的身体有丝毫闪失。

做手术的那一天,郎国任迟迟不肯进手术室。他又来那股特殊劲了。人家手术时,患者都得早早进去,躺在床上等着大夫,生怕大夫不满意。而他可倒好,让大夫和护士们一班人马都在里边等着他。一来,他是怕弄错了名字,等人家三番五次喊他时,他才肯答应;二来呢,早一分钟进手术室就会增加一分钟的紧张感。到了生命攸关的

时刻，他必须格外谨慎。

郎国任躺在准备好的手术台上，按着手术的要求，尽量将脑袋往床头下边仰垂。可是，他突然有种窒息感，挣扎着挺起身下了手术台。他说他要出去透透气，否则得憋死。护士用一种异样的眼神看他，他装作看不见。到外边透了透气儿，回到手术室，刚躺下，又感觉不对劲儿，于是，再起来往外走，如此这般反复了三次，使得医生和护士都失去了最后的耐心。你以为这是你家呀？

手术总算做完了，切除了两个大瘤子。这两个瘤子在他的体内足足生长发育了14年，而他的儿子郎朗也恰好是14岁。瘤子在发育，儿子在成长，他在一年年付出。14年呀！一个钢琴天才在我们国度里、在我们的城市里、在我们的身边诞生了。他是那样地让人惊异，又是那样地让人折服。这里边的全部意义都在于“牺牲”两字。中国家长的狭隘是世界一流的，中国家长的奉献也是世界一流的，中国家长为了子女成龙成凤他们不仅可以鞠躬尽瘁更可以死而后已。这是多么了不起，多么伟大的牺牲精神啊！多少艰辛，多少苦楚，往事不堪回首。

术后的郎国任脸色苍白如纸，声带无法发音，说不出话，也无法进食，挂着点滴，其状痛苦万分。他连眼睛都不爱睁，好像睁开了就更加难受似的。但是，他冷不丁一睁眼，竟然呆住了。

原来,站在他面前的是儿子郎朗。他还以为郎朗不知道。其实,他刚一住院,郎朗就知道了,只是他不敢轻易来探视,怕父亲埋怨他不弹琴。郎朗每天都要想法打听父亲住院的情况,他很惦着父亲。父亲做手术这天,他不能不来。他是轻手轻脚溜进来的,立于父亲的床头,默默注视着,心里边挺难过。他知道父亲的病与他有关,他更清楚父亲为他所付出的一切。他站在那里希望能够为病床上的父亲做点什么。可是,还没等他想好做点什么,就被父亲无意中发现了。父子俩四目相对,还没等儿子问候,父亲就作出一副痛苦的样子,比划起来。他说不出话,只能用手比划。富有灵性的郎朗一下子明白过来,父亲是在指责他,不在家好好练琴,来这里干什么?快回去吧,这里不需要你!

郎朗想陪着父亲多待一会儿,他求援的目光投向母亲周秀兰。周秀兰劝说郎国任,让郎朗多待一会儿。郎国任闭上眼睛,不瞅他们娘俩,显然是不高兴了。周秀兰斜愣了一眼丈夫,显然也在怄气。她心下里抱怨着她的丈夫太不近人情。哪有这样的父亲,孩子来看他,他竟然还不愿意。他就知道让孩子弹琴,弹琴,难道除了弹琴就没有别的了吗?

过了一小会儿,郎国任又睁开眼睛,对郎朗打起了手势。这是个非常坚定的手势,简直没有一点商量的余地。郎朗很明白是让他赶快走开,回去练琴。郎朗再也不敢迟缓,极不情愿地转身往外走了。

前后不过五分钟。就是说,郎国任住院以来,儿子郎朗只来过一次,而且,仅待了不到五分钟就被父亲给撵走了。郎朗是含着泪一步一回头离开病房的。此后,他再也没敢来看望父亲。

儿子走后,周秀兰心里很难过,她有一肚子意见要抱怨丈夫。她认为郎国任也太过分了,弹琴固然重要,但是,也不能不要命啊!要不是这么拼命,他也不至于得这么一场大病。如今,孩子也算差不离了,也该缓口气了。可是,他还弄得这么紧张,这叫什么日子!

周秀兰平时就憋了一肚子的话,无法抱怨他。因为他总是来去匆匆,根本就没有给她留这个空当。他们夫妻间结婚十好几年了,真正这么天天在一起耳鬓厮磨的日子太稀少了。如果不是他病倒了,她仍然找不到与他如此亲昵的感觉。

此时,看到平时那么坚强的一个人就这么脆弱地倒下了,而且像个孩子似的对她如此依赖,她作为女性的善良瞬间就淹没了对他的所有不满。

他的手比划着,十分痛苦的样子。她已经明白了他的无声语言,他是胳膊难受,让她给揉揉。

久违了！夫妻的情感在这间病房里渐渐复苏了。而在这种亲切的接触中,作为女人来说,有着怎样的感慨。毕竟,他们结婚十多年来,两口子很少这般亲昵,他们天各一方,即使偶尔在一起,也都是匆匆忙忙,像打冲锋,哪有这般闲情逸致。时间一长,竟然有种熟悉的陌生感了。

然而,当年那个年轻的郎国任是怎样与周秀兰走到一起的呢?

周秀兰忘不掉,郎国任自己又怎能忘掉呢?

第二节　风雨爱情

周秀兰时常去回想她与郎国任的相识,只要一想,她就会掉进回忆的陷阱里边,实在难以拔出腿来。她与郎国任的婚姻差点没成。要是没成,就不会有郎朗了。

他们的婚姻在那个单调的年代里是不会有任何浪漫色彩的。但是,却有着很动人的故事。

周秀兰到了谈恋爱的季节,却不曾有什么收获。她是个本分的姑娘,所以,其恋爱的方式肯定不会有什么诗意。那时候大多青年男女之间谈对象还是靠别人介绍。周秀兰长得很漂亮,也能歌善舞,是学校宣传队的主要演员,用她自己的话说,她是学校文艺活动的急先锋。从小学到中学一直是宣传队的主角,出尽风头,赢得过多少异性热辣辣的目光。即便这样,她也没有过早卷入恋爱。囿于那时的社会风气,早恋是要受到社会舆论谴责的,被当作不光彩的事情。

周秀兰走的道路和那一代人差不多,中学毕业后下乡插队。插队归来,被安排

到沈阳自动化研究所。她有个姓袁的同学，从小就跟她很要好，还是邻居。下乡后，各奔东西，彼此没有来往。等周秀兰调回到自动化研究所时，突然与这位同学相逢了。她们是同一批被分到这个单位的。几年不见，两人分外亲热，有诉说不完的离情别绪。不知怎么说着说着，就说到了个人的问题上(那时管恋爱之类的事情称个人问题)。袁同学认为周秀兰这么漂亮还没处对象有些怪可惜的，便给她张罗。

没过几天，袁同学挺神秘地把她拉到一边，对她说，我姨认识一个小伙儿，拉二胡的，家庭条件不错，是那种有文化的家庭(介绍对象主要看家庭条件，还有本人的工作)。

周秀兰问：你姨咋认识他的呢？

答：他教我姨家的孩子拉二胡。

问：他长得咋样？

答：我姨说长得还行，就是个儿不太高。

追问：那——多高呀？

答：我也说不太好，这样吧，你先看看再说。我姨说他人可好了。

周秀兰沉思了片刻说：那我得回家问问我爸。我家就我这么一个女孩子，什么事情我都得听我爸的。

周秀兰当晚回家就跟父亲说了。周秀兰的父亲是一家工厂的工会主席。因家庭出身不好，"文革"中受挫，下到车间挨批判。人很正直，尤其是对女儿的终身大事，他在把关上更是一丝不苟。

他一听说是拉二胡的，就有点皱眉头了。他喜欢手艺人，他愿意把女儿嫁给手艺人，日子才会过得舒坦。而搞文艺的拉拉弹弹，在他看来不是什么正经营生，何况还要出去演出，干不了家务，将来有了孩子，一点都指望不上，女人在家里就得受罪。原则上，他是不同意的。但，女儿说这是老邻居洪姨给介绍的，洪姨说，行与不行，就看一眼！洪姨在工会主席心目中还是有面子的，他不好一口拒绝，便勉强同意：看就看一眼吧，不行就拉倒。

周秀兰平生这是第一次去看对象，以前从未看过。所以，她去看的这一眼可真够纯的了——这是她看男人的第一眼。她不会想到这一眼竟看出了恁多的麻烦。

周秀兰自己没说她那天如何打扮的，但可以想象得出她那天肯定挺激动的，她会从柜子里一件件挑选衣服。那时候的人不时兴化妆，素面朝天。周秀兰天生丽质，也无需怎么修饰。她连口红都没抹。那是个不抹口红的年代。

1977年的沈阳之夏，热是自然的了，而且没有风。经过反复磋商，时间定在中午，地点定在中街，体育用品商店的大门口。中街是沈阳这座城市最繁华的地方，而体育用品商店也是这条街上最好找的店面。当时，整条中街都没有装修，显出几分破旧的真实感。

“当时他穿一身灰色的中山装，平纹布，看脸，还行，个儿，不满意，确实不太高。见面了，彼此问问在哪个单位，也不知道再说什么好。”若干年后，周秀兰就是这样回忆当时的情景。

两个人站在繁华的大街上，连个合适的地方也没有。没有酒吧，没有咖啡馆，茶馆也没有。身边还站着一个人，护兵一样。她就是周秀兰的同学，介绍人袁某。她自然要维护女方。她跟周秀兰肩并肩站着。当周秀兰与郎国任接触上时，她就知趣地往后退缩了。后来，周秀兰竟然跟着郎国任走了，边走边聊，袁某自己离去。

当晚，洪姨来到了周秀兰家。周家刚刚吃完饭，连桌子都没顾上拾掇。周家没有了女当家，干活就靠女儿周秀兰了。寒暄了一番，洪姨坐下来，开宗明义。她问周秀兰对郎国任那小伙子印象如何？周秀兰说一般。洪姨说，郎国任非常满意，就看你的了。

“我爸说不行，不能搞这对象，搞文艺的，总演出总走，总忙，指望不上。对这个人我不发表意见，但对他的工作不喜欢。”

洪姨来讨口信，见周家老爷子不大同意，也没坐热乎板凳，就起身要走。周秀兰去送洪姨。洪姨见走出周家门口了，便对周秀兰强调说，郎国任对你可是非常满意的，就看你的了。周秀兰说，我爸不愿意。洪姨说，那你呢？周秀兰迟疑着说，那就算了吧。周秀兰说算了这话时，并不是一口咬死。

不知道洪姨回去跟郎国任如何说的，反正那天以后，郎国任就给周秀兰打电话。周秀兰说算了吧，其实，她的心里边可没这么坚决。她是在犹豫。她说不出郎国任什么，既挑不出什么毛病，也找不到更能打动人的地方。他们的见面没有小说中的那种一见倾心、一见钟情什么的。

“回去后，郎国任一天一个电话往我单位打，把我盯上了。没话找话，他可会唠

嗑了。”

周秀兰进行这种回忆时，其口气充满甜蜜的满足感。她享受到了一个真正的男人的真正的追求。对于一个女人而言，这也是一种幸福或者慰藉吧。郎国任追求周秀兰也有他搞事业那股劲儿，不达目的，绝不罢休。他总能想法弄到电影票什么的，三天两头邀周秀兰出来看电影、看演出。只要一有票，周秀兰就去看。周秀兰爱看，不管是电影还是戏剧，她都爱看。郎国任这边特别爱弄票，只要有演出，他就会乐此不疲地给周秀兰弄票。由于他总张罗弄票，不能不引起杂技团同事的注意。有个弹琵琶的问他给谁弄票，他就说了周秀兰。那人一听周秀兰这个名字，马上惊讶地问：是哪个周秀兰？郎国任说过去曾是九中宣传队的。对方惊叫起来：你怎么把她弄到手的？那可是校花呀！

郎国任满足极了。他邀周秀兰到他们杂技团来玩。他是希望让杂技团更多的人看看。

周秀兰到杂技团来找郎国任时，是郎国任最为得意的时候。多年以后，他跟我谈到当年那一幕时，还津津乐道：周秀兰那时可精神了，胸脯挺得高高的，眼睛可亮了，她到我们杂技团来找我时，团里人都围过来看她。俗话说，美人爱英雄。在当时，周秀兰可没看出郎国任有多么大的能耐，只是觉得他的二胡拉得不错。但是，让周秀兰一筹莫展的是他没有正式工作，他只是借调在杂技团，弄不好，还得回工厂。她不敢跟父亲说这事，如果让父亲知道了他连个正式的工作都没有，那父亲更不会同意了。

周秀兰说，她跟郎国任相处一开头就不顺利。她父亲不看好郎国任的工作，但，并没有出面阻拦。可是，后来他们相处得逐渐有了感情时，郎国任常常晚上邀她出去看电影，回来挺晚，郎国任就送她回家，有时，还到她家坐一坐。他每次来，周秀兰的父亲都不热情，这对郎国任构成了相当大的心理压力。他一定要弄到一份体面的好工作。如果弄不到好工作，周秀兰的父亲就更看不上他了。

在他们相处三个月的时候，全国高校恢复了招生制度。郎国任认识到这对他是个极好的机会。所以，他要报考沈阳音乐学院。正处在热恋中，一天不见面就像少点什么，但是，那也得割爱。他希望周秀兰能够理解他，支持他。他对周秀兰说，这段时间咱们得少见面了，他得复习高考，有好多书得看，还得到音乐学院听课。周秀兰当然毫不含糊地支持他。那段时间至少有三个月，他们没有在一起约会看电影，郎国任确有毅力，说到做到。好容易挨到了高考，郎国任经过初试、复试，他的二胡在所有考生中考了个第一名。当大红榜在沈阳音乐学院张贴出来时，郎国任看到榜上头一个名字就是自己时，那股自豪感！周秀兰更为他高兴。可是，不久，周秀兰就听说郎国任落榜了。当她得知是郎国任弄巧成拙，隐瞒年龄被发现时，她非常沮丧。她的情绪已经无法向父亲隐瞒了。工会主席一听就来了气，他坚决不让女儿再跟这种人来往。他认为这种人靠不住，招风惹事，撒谎调皮，这叫什么人呀！

周秀兰也埋怨他，何必那么隐瞒呢？不整那事不就考上了？

就是周秀兰不抱怨他，他也够上火了，何况他认识到要为此付出代价。后悔已经无济于事。周秀兰明确告诉他，不能再处下去了，家里压力太大。她 9 岁时就没了母亲，一切都得听父亲的。“我也都 25 岁了，老大不小了，你也不小了，希望你重新选择吧！”周秀兰是个痛快人，该说的话，一股脑都倒出来了。她还把郎国任送给她的纱巾、手套什么的如数退回。那些东西都装在一个小包里，塞给他。

郎国任一见她把这些东西都退回来了，失望至极，也难过至极。他接也不是，不接也不行，就那么凄凄哀哀地瞅着周秀兰，眼圈都瞅红了。周秀兰当时可不敢与郎国任对视，毕竟相处了这么长的时间，毕竟两人有了一定的感情。周秀兰转身要走时，郎国任叫住了她，以颤抖的声音说：我提个要求，我要是再找你，你能不能出来跟我唠嗑儿？

周秀兰背对他，想了想，什么也没说，快步走去。他以为她能回头，可是，她没有回头。他一直盯着她，期待着她的回头，但她就一直走去而没有回头。

拉倒了。她回家告诉父亲。父亲感到轻松，她却没有轻松。日子一天天过去。前三天，她还总想他，只要电话铃一响，她的心就会猛跳一阵，她不敢去接电话。她那种心情矛盾极了，既希望是他的电话，又怕他来电话，一副心神不宁的样子。过了一周时间，她的心刚刚有点平复，却突然接到了他的电话。听得出他的喘息声，她不知道说什么，她也听不清他究竟说了些什么，就慌乱地把电话撂下了。等到电话再次响起，她就不太敢接了。她不接，电话照常来，而且来得更频。接电话的人找到周秀兰说，他已经来过一百多次电话了。

周秀兰做出一副无奈状，接过电话。

“你好吗？”郎国任激动的声音很有感染力，周秀兰的心一下子就被感动得化了。于是，又同意了郎国任的邀请，出来见面，唠嗑，看电影。用周秀兰今天的话说：“他一

追，一联系，又不行了。接着就又开始处了。我爸和我哥说，怎么回事，不是不处了吗？怎么又处了？”

周秀兰不处行吗？郎国任想干的事情谁也挡不住。周秀兰决心再大，也架不住郎国任几句话。直到现在，表面看上去周秀兰比郎国任厉害得多，嗓门也高，但，郎国任轻易不张嘴，一开口，周秀兰就得老实。她从骨子里还是服郎国任的。郎国任想干啥干不成？想追求你周秀兰，你的父亲再不同意，不也把你追到手了吗？他想离开小工厂，即便遇到再多的麻烦，他不也最终达到目的了吗？他想让儿子比别的弹琴孩子强，到底就争过来了这口气。人活，就活一口气。就凭这口气，征服了不那么容易征服的周秀兰。

她心甘情愿地听他指挥，跟他看电影，看完电影还让他送回家，然后，还不希望他马上就走。郎国任明知工会主席不给好脸子，但也假装不知道。该说啥还说啥，该叫大叔还一口一个叫着，大叔再愤怒，也不便当着这位不受欢迎的客人面发作。可想而知，郎国任在周家坐着时，那种场面有多尴尬。

等郎国任刚一走，一直没发作的工会主席开始训斥他的宝贝女儿。女儿从小就被父亲宠坏了，父亲的火气太冲，她一下子承受不了，自然跟父亲顶撞起来。这一顶撞，把工会主席全部的愤怒都勾起来了，他再也无法控制自己，猛地抡起胳膊，“叭”地就给了她一个耳光。这一下子可把女儿的心打碎了。她长这么大，爸爸的形象始终是慈祥的，就她这么一个女孩子，从未舍得动一指头，却这么凶狠地下手，那五个粗壮的指印在女儿的脸上留下了深痕。女儿以大哭相抗争，她不停地哭，不依不饶地哭，直到深夜，她还痛哭不止，直到把工会主席的威风和火气彻底哭没了。他怕女儿这么哭下去睡着了会得病，便过来哄女儿了。

女儿终于获得恋爱的自主权，父亲再不满意，也无权干涉了。

但是，郎国任依然没有摆脱窘境，依然干不成专业。她就得成天跟着郎国任犯愁。郎国任考不了大学，就去报考沈阳空军文工团。他的二胡业务让人家一眼相中，而办理入伍手续时，却是历尽坎坷。好不容易办到了部队上，却又因抢房子而日夜担惊受怕。工会主席有先见之明，他对女儿说郎国任是个招风惹事的人，真就让他说对了。家务活指望不上，这也说对了，只是父亲没有说他为了儿子的功名而舍家撇业，不顾一切的疯狂的献身精神和奋斗品格。

现在想想，儿子倒是有出息了，可他们之间的情感却生疏了。想想当年郎国任那种活力，那种没话找话说的劲头，现在都哪去了？他怎么话语越来越迟，越来越没嗑和她可唠的呢？特别是在电话里边，说的话干巴巴的，急叨叨的，怎么找不到一点点当年的感觉呢？

第三节　火车在流泪

郎国任手术后，在周秀兰的精心照料下，总算恢复得挺快。出院后，在朋友的邀请下，他们一家到风光秀美的旅顺海滨度过一段难忘的时光。那一段日子，我们全家与郎朗全家朝夕相处，很是难忘。郎朗是个到了哪里都会受到欢迎的孩子。旅顺口的诗人鸿翼先生特别喜欢郎朗，他把自己的专车腾出来，每天把郎朗从海边客舍里接出来，送到文化馆练琴，然后再接回来吃饭。郎朗每天必须保证 8 个小时的练琴。

郎朗很喜欢大海，他光着脚丫子，挽着裤腿，笨拙地追逐着洁白的浪花。他还喜欢在大海退潮时赶海。郎朗可会珍惜自己了，他怕脚被什么东西扎着，往海里边迈步，走得小心翼翼。结果，他越小心越出错，他顾了脚，却忽略了手，被一只螃蟹咬了一下。他夸张地叫着，逐一地给我们看。其实，那只小螃蟹比他的指甲大不了多少，看到他吓成那个样子，刘潇笑弯了腰。刘潇是与他年纪相仿的女孩子，曾经也和他一起在朱雅芬教授那里学过钢琴。只是后来，因为刘潇的爸爸写了一本书《中国钢琴梦》之后，刘潇和她的爸爸一同放弃了钢琴梦想而回到了现实。回到现实的刘潇仍然不够愉快，因为她还得拼命写作业，否则，她就不能考高分，就不能考上重点学校。所以，对于他们这一代孩子来说，无论弹不弹钢琴，都是一样的无法轻松。所以，他们能够有机会到海边玩玩，真是开心极了。

本书作者与郎朗在一起

郎朗觉得损失惨重。他抱着那只被咬的手,显得特痛苦。他担心会不会肿起来,发炎什么的。我告诉他在海水里浸一下,是不会感染的。他把手放到海水里浸一下,被渍得直咧嘴。那是一只多么贵重的钢琴家之手呀,其实,也就破了那么一点点的小口,小口浅得几乎没有了。直到吃晚饭时,郎朗还忧心地问我:刘叔,没事吧?

热心的鸿翼为了让这位天才钢琴家玩好,安排了一次海上游玩。我们和郎朗全家人乘坐一艘小小的游艇。当时天色不好,起风了,风很凉,海面上一个人也没有。我们这只孤零零的小船一驶出岸边,船上人就紧张得不敢喘气了。船小人多,吃水很深。摇晃中,总觉得这船在倾斜,会不会翻呢?大病初愈的郎国任更是剑眉耸立,紧张万分地守护着身边的宝贝儿子。还没到游泳季节,海水相当凉,真要是有个万一,那么,我们该怎么办?这时候我才意识到,与这位天才的孩子在一起,即便游玩也难以轻松,因为责任太重。而再设身处地去想他的父亲,那得怎样地每时每刻替儿子担心,替儿子紧张呀!

谢天谢地,游艇总算靠岸了,我们做父母的都像获释般地从紧张中解脱出来,哪还有海上游玩的雅兴。我这颗心算是稳当了。事后,敏感的金鸥女士对我说,你以后可别安排这种事,多吓人!万一翻船,你咋办?就你一个会游泳的,你是救你的女儿还是救郎朗?我哑然。

从旅顺回来,郎朗休整一下,就要到哈尔滨演出了。这是他在国内巡回演出的第一场。我应邀前往,为他助阵。郎朗特别希望我们一行人能够多一些,因为人多就热

闹,他爱热闹。一热闹起来,他就忘乎所以。每每到了这种时候,就得郎国任瞪眼珠子。郎朗真怕父亲,郎国任简直可以遥控郎朗。有一次,郎朗到我家看到电脑后,非常喜欢。他正在玩弄着,突然电话铃响了。我拿起听筒,听到了郎国任的声音。他问郎朗正在干什么。我还没回答,先瞥了郎朗一眼,哪知他的动作特别快,一把抓起扔在一边沙发上的外语课本,装模作样地读起来。那种神态,就像他的父亲郎国任能够从电话里边看到他似的。这件事使我感触良久。可见郎国任在儿子心目中的威望已经何等深入。

我们一行人乘坐去往哈尔滨的快车,一路上谈笑风生。郎朗喜欢这种场面,他平时一个人关起来拼命练琴,一天最多竟弹上14个小时。如今在火车上总可以放松了,不必那么紧张地练琴了,可以爱怎么歪扭着坐就怎么歪扭,爱倒在母亲怀里撒娇就往母亲怀里一倒,总之,在这种场合,郎朗自己放松自己。但是,放松是相对的,还不能随心所欲。坐在对面的郎国任再精神头不足,眼睛也不会变小,他始终注视着儿子,严格说,是盯着他手中的那本外语书,看他认不认真学习。

一路上,郎朗真就在父亲的威严逼视下,不那么情愿地看着外语。郎国任是最讲实用的。他不能忘记,他们爷俩到美国考柯蒂斯音乐学院时,因外语不过关,爷俩上街都找不着路,还没法向别人打听,吃尽苦头。另外,因为语言不过关,有些英文材料看不懂,就得找别人给翻译,谁知翻译者是个心地阴暗狭隘之辈,故意翻错,让他们选择一项自己拿钱的项目。如果不是郎国任察言观色起了疑心,再找另外一个人给看看,那么,他们就得在不明不白中扔掉5 000美元。这就是促使郎国任拼命让儿子学外语,哪怕一分钟闲空都别停下的重要原因。郎朗再不情愿,也只好遵命。他在颠簸的火车上看外语,受到这么多干扰,也实在难为他了。

这么小的孩子,正在长身体的时候,却时时面临着重压。想想,真不容易。我在毛毛家看到郎朗练琴的情景。毛毛家没安空调,一台电风扇的转速都没有郎朗那在键盘上飞旋的手指神速。天气太热了,开着窗户一点风都没有。郎朗出汗多喝水就多。他不喝一般的水,喝冰水。他把那种矿泉水的塑料瓶子放到冰箱的冷冻室冰冻,冻成冰坨,才从里面拿出来,拧开瓶盖,里面是一个冰坨,一倒过来,冰坨在动却没有水。他用手捂着,捂一会儿化出点水,就仰脖喝下去。那是冰水,多凉啊!越凉,他越解渴,越爱喝。汗把假公牛队的背心打透了,他就把假"公牛"扔掉,光着汗淋淋的大膀子弹。弹得实在腻了，就踢球。他和毛毛抢“球”踢，那球是一只拖鞋，被踢得满天飞。两个开启的屋门就是双方的大门，谁踢进得多，谁就赢。可怜那只快被踢烂了的拖鞋，郎朗是员壮汉，毛毛这个矮一头的小胖丫头绝不肯示弱，两个人合理冲撞，你抢我争，盘带过人，临门一脚，郎朗以他的想象力和创造力与毛毛玩得英勇无比。等到他以 10 比 0 或者 10 比 1 的悬殊比分狂胜对手毛毛时，便美得不得了，高喊着叫着，像李金羽进球后似的，做出一个个意想不到的个性化夸张的兴奋动作，大肆宣泄。然后，他扑到琴上再弹琴时，琴声亢奋而充满激情。毛毛真是个有深度的小女孩子，她任凭郎朗老师狂喊狂叫，一点也不妒忌，脸上总是那么乐呵呵的没有失败感，更看不到沮丧。这是个能够承受委屈的女孩，她有着非凡的意志力。不久前，听说她已经考取了中央音乐学院附小，就像郎朗当年一样，开始了有希望的钢琴生涯。大概在近期，这孩子还要到国外参加钢琴大赛。但愿她能够像她的那位小老师一样，每次外出比赛都能抱回大奖。

郎朗是个可以一心多用的孩子。他在练琴时，可以不耽误跟你聊天，他在火车上被逼着学外语也不影响听别人聊天，甚至他还要插上一嘴。一般情况下，郎国任不会

说他，只需盯他一眼，他就得赶紧埋下头去。

郎朗有过不计其数的演出，但是，却极少有母亲随同前往的记忆。总是父亲陪伴他，而母亲只能一个人留守在遥远的沈阳城。只有演出过后，儿子给母亲打个电话兴致勃勃地汇报演出的成功，这是母子间最好最难忘的情感交流。而这一次却不同，母亲能够自始至终陪伴着儿子，这实在是儿子的幸福。或许由于这一缘故，郎朗的演出格外成功。一百元钱一张门票，创造了哈尔滨演出史上的最高纪录。

我们同行的人无不为他的成功演出而高兴。回程时，大家在一起说说笑笑，气氛非常热闹。我与这一家人共同分享着他们的天才儿子给他们带来的荣誉和幸福。郎朗永远是一副热情过剩的样子，他手里捧着一本《走遍美国》的书，一边看，一边不停嘴地白话着。母子俩亲热得仍然沉浸在那种温暖的儿女情长中。1 米 76 的郎朗在车厢座椅上旁若无人地撒着娇半倚半躺地靠着母亲周秀兰。周秀兰在这么膀大腰圆的儿子身边显得很弱小，她几乎支撑不住儿子的倾压了，但是，她一想到儿子没几天就要去美国上学了，这一走还不知得多少日子回来呢，所以，她很珍惜儿子与她依偎亲昵的分分秒秒。

在我们看来，这对母子情谊是很具有感染力的。但是，在郎朗的父亲看来就不能容忍了。他让儿子抓紧一切时间，不允许浪费一分一秒。当郎朗说话忘记了看书时，郎国任就朝儿子瞪上一眼，喝唬他一声，郎朗就乖乖地埋下头学外语了。

做母亲的自然要袒护儿子，她觉得儿子长大了，丈夫当着外人面这么喝唬儿子不好，就指责他不该这样。哪知她这一指责，郎国任火了。他说了一句最呛周秀兰肺管子的话："郎朗跟你在一起待着就没好！"

郎国任言语极少，轻易他不说什么。他们夫妻之间也很少交谈什么。关于郎朗的事情大多都是由他一个人拿大主意，他也不怎么和周秀兰商量。常常是他一个人把事情都定完了，才会通知周秀兰一声，更多的时候他也不吱声。而不爱吱声的他扔出这么一句话，就让妻子受不了了。

"你说怎么没好？你这人真怪，我的儿子跟我在一起怎么就没好？成年八辈子你们爷俩在外面把我一个人扔在家，好容易有机会跟儿子在一起了，你怎么看着就别扭呢？你们待不了几天就又得走了，我和儿子说说话的时间都不让啊？"

"等郎朗成了大师以后，你们娘俩天天在一起都没问题，到了那时候，我就是死了都无所谓。”

“你少来那一套。什么大师不大师的，我想过人的日子。这是干什么，整天像冲锋打仗似的，哪有一天家里过得安生？谁家这么紧张，这哪还像个过日子的人家呀！我宁愿不要什么大师我也要家庭生活。”周秀兰似乎有许多委屈此时都涌上来了。她越说越愤懑，气儿不打一处来，声调也越来越高了。郎国任任凭妻子数叨，还是那么平稳地端坐着，只是脸色越来越难看了。

其实，我懂得郎国任的意思，他是说，郎朗跟妈妈在一起时总爱撒娇总爱黏乎一点，这样就会分心，就得耽误一些练琴时间。其实，他们母子总共待在一起的时间也不多，而这种黏乎的时候则更少。但是，郎国任对儿子的要求够苛刻了，就是一丁点儿的时间他也不许浪费。尤其他怕儿子被一时的高兴冲昏头脑，骄傲起来，所以，他总是及时敲打儿子。他更怕妻子的溺爱削弱了儿子的奋斗意志。按说，这是作为严父对儿子的权利，而且实际上正是因为作父亲的这种严厉才使得郎朗得以成功。然而，他连火车上母子之间短暂的亲昵都不允许，这未免太不近情理了吧?

于是，一场夫妻之间真正的冲突就在火车上展开了。一个要过普通人的家庭生活，一个要不惜一切代价地想让儿子成为大师，他们同样都在作出牺牲，都是为了儿子。如果不是以这种夫妻之间的双重牺牲作为代价，他们的儿子也不大可能会有今天的出息。毕竟他们也是普通人，毕竟她是个女人，她渴望家庭渴望温情渴望与儿子亲亲热热这是属于她的权利。她是合乎常情的，她的要求一点也不过分。然而，他不允许！他的性格这几年被磨砺得更加坚毅更加执拗。他说出的话有几分苍凉。但是，他抱定了要把儿子培养成大师的目的，为此，他有种视死如归的悲壮感。

夫妻之间的矛盾主要来自儿子。夫妻之间的统一与和谐也是来自儿子。他们在对待儿子的培养上不能一点差异没有，但是，他们都是那种为了儿子的成功完全可以抛弃一切的父母。或许他们为此牺牲得太多了，怨愤一旦引发起来就很难控制了。周秀兰毕竟是位情感脆弱的女人，她觉得自己太委屈了，一气之下，她离开座位跑到车厢连接处一个人默默地瞅着车窗外流泪。

被夹在他们之间，我很为难。我觉得他们各有各的道理，一时不知该如何劝解。这时候，我想到了许多中国的父母都是因为孩子学琴没有出息而争吵打架，他们有多羡慕像郎朗父母这样的成功者啊！他们哪里会想到即便是孩子成功了，作为父母的也还是烦恼与忧愁多于欢喜呢。

列车在始终如一地前行着。周秀兰的眼泪一直在面颊上流淌着。我过去劝她，她向我哭诉着她的全部委屈。我任她哭诉着，我知道她哭出来就会心情好一些的。果然，她哭够了，抱怨够了，她的情绪渐渐平静下来了。其实，她的情绪能够很快得以平静下来，还是因为她的宝贝儿子的劝导。儿子在劝说妈妈上看来很有经验。他跟妈妈说都怪他爸，并且说他爸有病。而他当着他爸的面，他又会说什么呢？郎朗从小就没少经历过这种场面。他是个极聪明的孩子，或者说他的聪明也是从这种环境中锻炼出来的。他还不到4岁时，父母之间就爆发了一场让他惊心动魄的战争。起因是父亲看了整整一天世界杯足球赛没有出去买菜。战争爆发起来时，郎朗在愤怒的父母之间拉架，他的小小的脚丫被父亲踩痛了。他揪着父亲哭嚎着让父亲给他赔脚，他哄妈妈说，他要替妈妈报仇，让破爸爸赔脚；可是，当他跟爸爸单独在一起时，爸爸心疼地要看看他被踩坏的小脚丫时，他居然哄爸爸说，不疼，一点都不疼。最后，他感动了爸爸，也感动了妈妈。

自从郎朗弹琴以来，这个家庭发生过多少矛盾？每当两口子吵得不可开交时，都是他们的宝贝儿子一句话平息了战争，就是再激烈的战争，只要郎朗一句话就能得以平息。他总是说，你们都是为了我，你们别吵了，我好好弹给你们看！于是，他埋下头，极其卖力地弹起来。这时候，郎国任一见儿子弹得这么卖力，就是有再大的气也消了。周秀兰呢？看到儿子这么懂事，还有什么委屈不能忍下来的呢？从某种意义上说，正是他们两口子的吵架促进了郎朗的弹琴。每吵一次，郎朗的弹琴就提高一步。每吵一次架，郎朗就把劲儿憋得足足的，他一定要拼命弹琴，弹得好一点，再好一点，让父母看着高兴，只要他们高兴就不会再吵架了！

郎朗是个很懂事的孩子，他很懂他的妈妈。但是，他能真正懂得他的爸爸吗？如果说他的妈妈是个很容易懂的人，那么，他的爸爸可就不那么容易让人懂了。他不像她那么直爽也不像她那么感情外露，他把自己的情感深深地藏起来了，他不愿让别人走近他，了解他，他甚至不愿让人采访。即便他接受了采访，也是不善于表达的。他会把一件非常精彩的事情简化得让你听来索然无味。在他们一家三口人当中，应该说我与他接触得最多，交谈得也最多，我觉得他不仅创造了郎朗的神话，他自己本身也是个谜。

第四节　听郎朗弹琴

跟郎朗在一起是件愉快的事情，而听他弹琴更是一种享受。他特别愿意练琴时，有人守在身边，他可以边弹边与你聊天，这样一点也没有练琴的枯燥与寂寞。

1997年，从春到夏，郎朗在沈阳度过了差不多半年时间。我经常去听他弹琴，可以算得上他忠实的听众。我曾随手记下几则日记：

1997年6月24日

今天沈阳高温，一点风没有。郎朗光着个大膀子，丝绸绿裤衩，从凳子上往起站时，屁股蛋子黏着两圈汗湿。郎朗在练拉赫玛尼诺夫的《第三钢琴协奏曲》。像他这个年纪能弹这首协奏曲的，在全世界也是少有的。家里那台质地不太好的电视正在放阿格里奇弹琴的录像，这位阿根廷的神奇女人弹琴有着男性的力度和男性的疯狂。郎朗对着电视，与她比赛速度。比了一阵子，就像个淘气的孩子回到桌前开始静心写作业了。

郎朗把"拉三"弹得很灿烂，手指在琴键上铺出一片欢呼跳跃，不断地推波助澜，像魅力无穷的水面总有令人回味的涟漪。

越难的曲子，越难弹出层次，越强的声音，越不一定要玩命去弹。就像歌唱家拔出最高音时，不需声嘶力竭一样。郎朗很注意用巧劲。

拉赫玛尼诺夫的协奏曲与柴可夫斯基的协奏曲有相似之处，都是很典型地体现出俄罗斯民族的东西。味道极醇，极浓郁。我极喜欢拉赫玛尼诺夫的《第二钢琴协奏曲》，那延展豪放的结构与气派永远给我以辽阔豪迈的激情。"拉二"的宏伟构筑与"柴一"的非常相像，尤其阿格里奇弹奏的"柴一"每次听都令我激动不已。这两首协奏曲

都带有极强的歌唱性。郎朗在弹《拉三》时，也不停地歌唱。那是一种豪迈奔放的歌唱。弹到第二乐章的最后一节时，我觉得宗教气氛特浓，有种神秘的回荡充满空间。

当然，有些地方在处理上也要求冷静。弹这种大曲子热要热到份上，冷也要冷得恰到好处。

1997 年 6 月 27 日

今天郎朗穿一身新装，条格图案的短衫，西服短裤，很灿烂。这是他妈妈去五爱市场给儿子精心挑选的。郎朗稍一打扮，小伙子就可以用“帅呆”一词形容。

郎国任拎着一个大包，大包死沉，里面装满了谱子。他们爷俩像上班一样，一前一后到辽歌排练厅去弹琴。那里有一台三角钢琴，郎朗去那里练琴非常高兴。

实际上这是一个小小的音乐厅。大约有十排座位。我刚要坐到第四排，郎朗告诉我别坐第四排，坐别的排。他忌讳 4 这个数字。

郎国任坐在最后一排，我坐在第五排。音乐厅只我们三人。

郎朗弹的是德彪西的《版画》。

德彪西也是出生于清贫人家——离巴黎不远的圣日尔曼昂莱的一家小瓷器店，也是从小就显露出音乐天才。德彪西与莫奈是好朋友，可见德彪西音乐中的画该有怎样的诗意了。莫奈说过：“一幅画的主要人物就是光。”这在德彪西音乐的画面中，随处可见。

郎朗弹的《版画》实际上就是有着这种诗画意境。尤其是第三首《雨中花园》，德彪西充分发挥了和声色彩的作用，表现了天色由阴郁而转变为大放光明的色彩转换过程，非常生动鲜活。它不是一幅“雨中花园”的静止画面，而是有着丰富的色调变化。这种变化的魅力越往后边越强烈，而郎朗以极富光泽的触键准确烘托出了作品的意境——在 E 大调上结束时，被雨水冲洗过的花园在阳光下显得格外清新美丽。

其实，《版画》中的这三首作品作于 1903 年，三首分别展示了东方、西班牙和法国色调各异的画面。共同的特点是音乐在时间流动的过程中，给人以不同的印象和突出画面的光与色的不断变化，这种印象派特有的意境，是德彪西作品的重要特征。我喜欢郎朗弹的第一首《塔》。也许因为这个“塔”是我们东方的佛塔，距我们更接近一些，所以听来更觉得亲切。据载，德彪西是在一次巴黎国际博览会上听了爪哇的佳美兰乐队演奏后，促使他创作了这首模拟东方情调的作品，从中可看到不少东方音乐的风格和发展手法对他的影响。傅聪弹德彪西的音乐可以凭借他丰厚的文化底蕴，他对美术的那种深刻理解，而郎朗弹德彪西靠什么？他对于莫奈、凡·高还有印象派肯定所知甚少，所以，他不可能靠文化来弹，只能靠感觉。郎朗的感觉好极了。他的天分正体现在这里。

郎朗弹巴拉基列夫的《伊斯拉美》很火热，有种超级狂热成分。一上手就狂热，躁烈，疾驰奔腾。进入平静时，犹如狂奔的烈马突然面临一泓清泉，被勒住了缰绳。进入到音乐的深处，郎朗自然动情。他一下子就可以进去，到位。无论是走进神圣教堂，还是涉足清澈的溪流、山脉，郎朗可以随心所欲，好像上帝只发给他一个人这种上天入地的通行证。细品，《伊斯拉美》的动人之处，正是体现在慢板的倾诉上。这需要来自灵魂的清澈透明。郎朗这种年纪能理解这种境界，实属不易。

1997 年 6 月 29 日

今天上午电视直播泰森与霍利菲尔德的一场世纪大战。郎朗家的电视没有安天线，我们无法在他家看转播，就到外边找电视看。郎朗家门口有个自行车存车棚，里边看自行车的人正在百无聊赖地守着一台破黑白电视。我们进去要他调台，结果，调不出泰森与霍利菲尔德。我们就在大街上转悠，转悠到一个小饭店，服务员倒是非常热情，只是电视效果太差，再找地方。后来，在一个叫作巴山的饭店里总算找到了泰森。郎朗高兴极了，他最喜欢这种激烈竞技的项目。还有足球，重要的比赛逢场必看，他极

熟悉各国球星。他常常从球赛中获得激情，然后，再带着这种激情练琴，效果极佳。有时弹琴与看球发生冲突，那他就以弹琴为重，事后打听一下比赛结果就行。他关心比赛结果甚于关心比赛过程。

巴山饭店的电视高贵得挂在了棚顶上，我们得使劲仰着脖子看。倒也没有什么怨言，能看上就不错了。但是，让郎朗失望的是这场拳击才进行了几个回合，就以泰森咬耳朵而告终。咬耳朵这个细节使郎朗很受刺激，他在下午练琴时，还动不动就提起来，表示一番愤慨。这时候，他的父亲就会干预他：你别为那事分心了，那事不用你操心，快弹琴吧！

郎朗就会做个怪脸。他知道因为上午看拳击耽误弹琴，父亲要让他下午补上，所以，他开始埋头练了。

他弹的是舒曼的幻想曲。边弹郎朗边得意地对我说，这些天，他拿下了好几个大曲子，都是半小时长的曲子，比如贝多芬的《皇帝》协奏曲、普罗科菲耶夫的《第七奏鸣

发不同青——郎朗与 Issac Stem

曲》，还有巴拉基列夫的《伊斯拉美》、贝多芬的作品111奏鸣曲等，都是不好背的曲子，一共七十多页，他全背下来了。他从来不打憷背谱子，他有着惊人的记忆力。他说他可以弹出十台音乐会的曲目。

舒曼的幻想曲需要弹出足够的柔情。郎朗很善于柔情，眼睛也会帮忙动情，他的手揉摸着钢琴琴键如同揉着提琴的弦。这种绵长深情的“揉弦”，是舒曼在向克拉拉表达爱，还是在向上帝乞求爱的恩赐？

郎朗以轻微的触键表达着深情，轻比重更能渗透心灵。他揉到动情处，边唱边弹，眉毛帮着他抒发情感。

郎朗说弹舒曼的这首曲子感到心烦。因为舒曼时常想不开，陷入一种深层次的烦恼与痛苦当中而不能自拔。但愿郎朗能够理解一些情感更为复杂的曲子。

1997年7月25日

郎朗从上海演出归来，情绪特别高涨。这是他第一次到上海演出，没想到会获得那么大的成功。上海这一行，简直太令人兴奋了。

他的经纪人在讲述本次上海之行时，充满感慨。他曾提前一个月到上海去打市场。一张门票卖100元，人家不认账。上海一片迎香港回归的气氛，好多名家纷纷来上海演出。从美国回来演出的太多了。殷承宗来过，马友友来过，波戈莱里奇来过，朱克曼(小提琴)来过，这么多人都来过，郎朗与这些人相比，能叫响吗？

上海人历来瞧不起东北人。他们觉得殷承宗的演出一张票才卖到80元，你郎朗的票怎么能要100元呢？

尹明是头一回做经纪人。他也是沈阳人，曾在上海读过书，有一些关系。他有十几年没来上海，惊叹上海发生的巨大变化。他骑着个破自行车，在上海走里穿弄地推销郎朗的演出票。到了斯坦罗琴行时，人家一看到节目单上写的国外评价郎朗的那排字：“未来的霍洛维茨”，便指指点点地嘲笑起来。上海人不承认郎朗，也不愿接受郎朗。尹明跟他们说郎朗如何获大奖，获了几次，什么规格，他们仍然不为所动。他们执拗地认为钢琴明星与天才都是他们上海人，比如孔祥东、许忠，却没听说郎朗。他们还说，殷承宗来上海演出票都卖不满……

尹明觉得有种受辱感。他要为东北人争气。他调动了所有关系，动用了尽可能的舆论工具，包括发行量巨大的《新民晚报》发关于郎朗的文章。折腾了一个多

月。据说上海音乐厅曾经安排一位国内名家搞朱践耳音乐会，结果票只卖出去十张，所以，音乐会被迫取消。郎朗的音乐会正好要在上海音乐厅举行，音乐厅是试金石。

尹明是个很善讲的人，他说起那天上海人去音乐厅看郎朗音乐会时，显得非常激动。有许多人是抱着怀疑态度来观摩的，郎朗最优秀之处在于越是到了重要的时刻，越是关键的场次，他就越是能够发挥出水平。面对那么多双挑剔的目光，他镇定自若，最后，到底把上海人弹服了。谢了几次幕人们也不走，人们围住郎朗让他签名留念。最后，剧场要关灯了，人们还是舍不得离开。音乐厅的经理说，好几年都没有这种情况了。马友友来时，也没热到这个份上。

尹明说，成功的那天晚上，我们在上海滩走了一宿，真正感到什么叫胜利。所有大楼全像被踩在脚下，那个自豪呀！

当人们都在夸他时，他问他爸："爸，你说我现在上台是不是很有派？"

郎国任沉默不语。他可不愿让儿子太得意。

郎朗在演出中

郎朗没有再问，而是转了一个话题，说，那天晚上正好是甲A足球北京对上海。比赛结果北京狂胜上海：9比1。郎朗说，他们坐出租车时，故意问司机足球几比几？司机以为他不知，说9比1。郎朗明知故问：谁赢了？上海？司机一撇嘴很是痛苦的样子：不，北京。郎朗说完，笑着评价自己："瞧，人家输了，心情不好受还这样问人，多损！"

东北人为北京队狂胜而高奏凯歌，东北的少年钢琴天才也一夜之间名扬上海滩。

1997年8月12日

傍晚，郎朗在沈阳中华剧场举行了一场音乐会。在他动身去美国考学之前，曾在沈阳音乐学院举行过个人独奏音乐会。那一次，就很受欢迎。这一次，实际上是他的告别音乐会，他将从此告别故乡沈阳。带着上海演出成功的喜悦，郎朗今天显得更加自信。

许多朋友都来了，偌大的剧场显得很热闹。这座老剧场无论座位还是灯光都有些背时了，但，对于沈阳这座城市而言，它有着令人难忘的辉煌的历史，它是昔日最好的演出场地，只有够档次够规格的演出才能在这里举行。所以，沈阳的演员们以能够到这里演出为荣。

尽管时过境迁，这座剧场简陋得有点苍凉，但，仍然给人一种庄重感。

郎朗对肖邦理解得最为深透了。在他可以熟练演奏的24首练习曲中，我最喜欢听他弹那首《离别》。不仅声音特别粘连，让你柔肠寸断，而且你看他的表情，那缓缓倾斜的肩头，那无比痛楚的眉峰，那深长敏感的吸气，那一寸寸贴近键盘的胸口，手好像静止不动了，声音是由他那激跳的心脏震颤了键盘从而发出来的。这是一种多么独特的发声，它微而不弱，剔除了所有尘世的浮躁直接往心灵里钻去。能不为所动吗？

郎朗的演奏如果说有技巧的话，首先能够征服人的在于他对音乐的感悟。他弹到情感深处时，指法像被黏在了琴键上，他一次次努力拔出来却拔不出来，联音联得犹如小提琴的演奏感觉，就那么一下下地揉呀，揉呀，直把你的心揉得薄了，揉得酸了，成了一张怕触怕碰的纸。

郎朗在平素练琴时，也能够一下子进入这种状态。即便没有观众可折磨时，他也折磨自己。他从不放过这种折磨。或许正是这一次次折磨使他在弹琴时褪尽了稚气与浮躁，变得沉稳老练，敏感而忧伤。他的一招一式，都在音乐中焕发着魅力。要么他

使劲往后仰着，要么深深地埋下头去，这种结束一个曲子的姿势都是因为音乐的深情所致。

郎朗的天才不仅表现在演奏技巧上，他对新的曲目掌握起来也是相当的快。他的曲目涉猎范围比较广，有古典的也有现代的。他不仅可以弹奏出爱情的神韵也可以弹奏出宗教的感觉。他对音乐有着惊人的接受能力。他掌握的曲目量之大，是他这个年龄罕见的。

郎朗回乡度假这段时间，曾到哈尔滨、长春、上海等地举办过三场独奏音乐会。其中有两场我亲临。郎朗的曲目大都是一个顺序，先弹肖邦练习曲，再弹贝多芬的奏鸣曲，而后是叙事曲，也是肖邦的，接下来是老柴的《变奏曲》。郎朗弹得最压场的还是李斯特的《塔兰泰拉》。这首曲子强劲有力的触键，风风火火的奔腾，即便观众再嘈杂也是可以镇住场的。中国的听众似乎还没有真正需要钢琴，他们只是因为他们的孩子，才不得不走近钢琴。这是一种无奈的接受。但是，郎朗是认真的。他不仅对于音乐如此，他对于台下的大人和孩子们也是如此。

沉寂的中华剧场好久没有这般兴奋了吧？在沈阳逗留的日子不再以月和天计算了，而是以小时计算。人们舍不得让他这么快离开，他也舍不得这么匆忙辞别。还有许多朋友没有聚会，还有几位老师没有拜访。在此，他以深深的鞠躬，深表歉意了。郎朗是个懂事的孩子，给过他好处的人他是不会忘记的。他不会忘记朱雅芬，不会忘记赵屏国，不会忘记殷承宗，不会忘记中央音乐学院那些老师和同学，也不会忘记他在沈阳宁山路上小学的贺秀宇校长和班主任冯凝老师，就连英语小班的那些同学和曲桂贤老师他也是不会忘记的，他不会忘记他是怎样一步步从这座城市里走出去，走向北京，走向世界的……

或许只有到了即将告别亲人，告别故乡时，郎朗才会感到这份亲情有多厚多沉！

从郎朗的面部表情上可以看出这些天来不曾有过的沉郁和矜持。他与指挥合作得非常成功，他得到了指挥的感谢，更得到了台下观众的感谢。那么多孩子拥上台去为他献花，他那么长的臂膀搂抱着却还是搂不过来，他只好分发给乐队的每一位乐手。他是那么潇洒地将花束抛向乐手们，台下响起了激动人心的掌声。于是，郎朗又一次深深弯下腰，再次行一个绅士派的大礼，然后，沉静地端坐在钢琴前。

他准备弹最后一个曲子——《我的祖国》，但是，我却总喜欢把它叫作“一条大河”。

郎朗的父亲也喜欢这么叫，把这首民歌改编成钢琴曲的作者也爱这么叫。那是一对挚爱音乐的夫妇：沈阳音乐学院的教师蒋泓和尹德本。他们是我的朋友也是郎朗的朋友。他们也有一个弹钢琴的儿子，在沈阳音乐学院钢琴专业，他们一家人都和郎朗很亲。郎朗在辽歌排练厅的那台三角钢琴上练习这个曲子时，蒋泓和尹德本都曾指导过他。然而，对肖邦音乐感悟得那么深透的郎朗，把李斯特的乐曲弹奏得令美国听众目瞪口呆，以至于不敢相信顶着一头乌黑的中国头发的郎朗，居然弹不好这首中国的"一条大河"了。

起初，他很不喜欢这首曲子，他在处理上总觉得别扭。我在台下看他练这首曲子时的表情充满了无奈。他不想弹，但是，他父亲让他弹，他不爱弹也得弹。他父亲跟我跟曲作者都对这个曲子情有独钟。我们怎么能忘记那个纯真纯情的时代。那个时代人们的心灵多纯，人们爱国爱得有多真呀！尹德本在郎朗身边尽情地挥舞着手臂，他大着嗓门唱着"一条大河"的主旋律，他让郎朗再高亢一点再增加一点力度再多一些激情，可是，也许是郎朗练琴的时间太长了太累了，也许他对于中国的那个时代没有感觉，也许对于中国的这首曲子他认为太简单，所以，他总有点打不起精神头儿。他弹得不感人。我听过几次，包括独奏音乐会上我都充满期待地聆听着，却总也觉得不赶劲儿，不能像《塔兰泰拉》那么激情澎湃，也不能像《离别》那样柔情似水，更不能像《匈牙利狂想曲》那样狂放不羁，横绝四海。我总渴望被这首"一条大河"感动却总也没感动。他演奏技巧肯定没问题，但是，为什么总觉得声音在飘，就好像那条大河上聚着一片迟钝的驱不散的雾气。我觉得郎朗没有找到这条大河的灵感。他怎样才能找到呢？他什么时候才能找到呢？

今天晚上他终于找到了。我们跟他一起找到了。郎朗在沈阳逗留的最后时刻——最后一次告别音乐会使他突然有了深深的离情。"一条大河"就是在这种深深的离情中被找到感觉——钢琴那乌亮的板壁在灯光下反射的光泽在我看来都具有了强烈的离情色彩。郎朗静静地面对键盘，我无法知道他此时在想什么，或许他什么也没有想，只是让自己更深地进入一种意境与感觉中。我们都在等待着那首我们熟悉的"一条大河"。

郎朗的手像气功状态中的起式，缓缓地飘落在键盘上。像灵巧的船桨划开了宁静了许久的河面，那清凌凌的波纹舒缓地荡漾开来，我感觉到那柔荡的波纹正款款地朝

着我的心灵漫过来，层层浓烈着我的记忆，我的情感，那种中华民族熟悉的主旋律是从一种由弱渐强的缠绵演奏中，排箫般引起了我的共鸣，我的内心随着清脆的琴键而合唱起来：

一条大河波浪宽，
风吹稻花香两岸，
我家就在岸上住，
……

情感追逐着旋律起伏还是旋律追逐着情感起伏？郎朗进入了状态，他的头大幅度地朝后边仰着，他一定觉得他到了大河边那温暖的沙滩上，他渴望仰面躺下去接受故乡诗意的阳光。他的手充满灵性，他把一条大河揉出万般离情让人荡气回肠，催人泪下。等他弹到结束时，他竟重新又开始了“一条大河”的旋律，那是更柔更弱更宽阔的声音，让你感到这条大河画轴般正在你的眼前铺展开来，伴着迷蒙的雾气，有一条小船颤悠悠地飘曳而去，小船上乘坐的人已经看不清了。据说当年肖邦就是乘坐这样一艘小船离开他的祖国而飘向巴黎的，从此，他再也没有回来。郎朗不会坐这种小船走的，他会坐现代化的飞机，飞机速度太快，没有更多的时间给你提供感伤的氛围。感伤是需要氛围的，大河小船这是多么诗意化的氛围啊！一个艺术家必须要有伤感的情怀，天才的艺术家更需要如此。而一帆风顺的郎朗平时总是那么热情似火，总那么兴高采烈，我真担心他的情感世界是否太饱满了。我希望那里边能够有一处清幽的芳草地，有一汪幽深的泉水，有一条能够承载苦难和忧伤的河流，他的发源地一定是在他的祖国。就像殷承宗心中装着的那条汹涌的黄河，什么时候演奏起来他都激情澎湃，荡魂摄魄。任何国度的艺术家都得有自己的根呀！霍洛维茨在八十高龄时颤颤巍巍地回到离别多年的祖国演奏，他登台时的颤巍巍的步履在我看来不是因为他的老迈，而是因为他那颗无法平静的颠簸的心。

人不能没有自己的祖国，不能不爱自己的家。我在郎朗深情的如泣如诉的演奏中，泪水潸然而下。我注意到了身边的女儿，她的眼泪也悄然而下，在她旁边的还有几个弹琴的孩子，她们的眼中也蓄满了汪汪热泪。

郎朗结束了他的演奏。他这次不像以往那么立刻起身，观众也不像以往那样马上给他掌声，都陷入了一种回味，都浸淫了一种酸酸的离情。

终于，郎朗找到了感觉；终于，他爱上"一条大河"。他饱蘸着他的情感，用他最拿手的"粘连"技巧把这条大河表现得极其感人。改编者——那对夫妻也围向了郎朗，他们感谢他，感谢他弹得这么淋漓尽致。这对夫妻瞅着郎朗时，眼圈也是红红的。随后电视台记者采访了郎朗。郎朗说，他不会忘了家乡这片土地，他还会回来，他还会把这条大河拿到美国、拿到世界各地去演奏，他坚信这首曲子可以感动外国人的。

当所有的人围住了郎朗和郎朗的父亲时，当这对父子被簇拥着去赴宴时，我注意到了郎朗的母亲。她没有去凑热闹，她一个人打的回家了。她的眼里始终盈着泪水。我问她为何不去赴宴时，她说，她得回家为郎朗收拾东西。还有好多东西要收拾，没有时间了。

郎朗，当你在盛满深情厚谊的杯盏交错中饱受赞美时，你可曾想到你的母亲此时

郎朗坐在美国的家里

正在家中为你流着眼泪打点行装吗？她一宿都不能睡觉，她睡不着啊！你知道诗人孟郊的《游子吟》吗？但愿你能时常重温一下：

慈母手中线，
游子身上衣。
临行密密缝，
意恐迟迟归。
谁言寸草心，
报得三春晖。

Chapter 9
在美国辉煌

在中国遭罪吃苦，到美国享福了，至少在生活上如此。住惯了狭窄的地方，却在这种豪华宽敞的居室找不到安全感了；住惯了阴暗潮湿的地方，适应了任何脏兮兮墙壁的眼睛，却被这白玉般光洁的四壁弄得一片晕眩。46岁的郎国任可谓大半生时光已过，该吃的苦都吃到了，该遭的罪也都遭到了，只是他这辈子也没敢想他会到美国来安家落户。这是他的家吗？

他又在梦中吓醒——他怎么又得回到那个玻璃上都糊满了机油的车间？

儿子从学校拼命往家跑告诉父亲，一个天大的好消息来了！

——本章题记

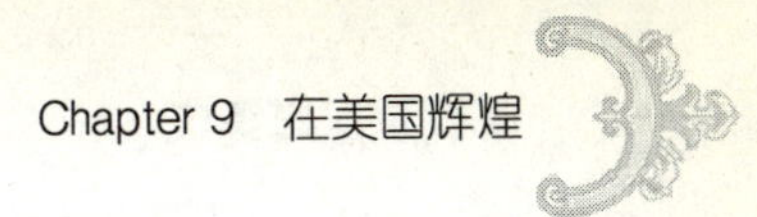

第一节　这是梦吧

一觉醒来，天已大亮。怎么亮得这般宽敞通透呢？窗帘挡不住热烈的光线，好像地底下也有光线射进屋子。这是自己的家吗？怎么像宾馆一样？白色的家具，白色的门，白色的雕刻花纹，简直就是白色的宫殿。在这片白色的迷惑中，郎国任醒来了，却依然迷惑。

住惯了狭窄的地方，却在这种豪华宽敞的居室找不到安全感了；住惯了阴暗潮湿的地方，适应了任何脏兮兮墙壁的眼睛，却被这白玉般光洁的四壁弄得一片晕眩。46岁的郎国任可谓大半生时光已过，该吃的苦都吃到了，该遭的罪也都遭到了，只是他这辈子也没敢想他会到美国来安家落户。这是他的家吗？墙上明明白白挂着一联书法："夜静见空色，身闲忘去留"，还有一幅中国山水画，是昨日他亲手镶嵌的。这一切都在向他印证房间的真实，可他总是怀疑靠不住。

他是个很现实的人，从来不相信什么神话传说，也从来不看这种没用的东西。但是，他此时真就陷入了童话感觉中。恍恍惚惚，让他无法心定。他就那么睁着两只大眼睛瞅着真实的美国的天花板愣神——

他的眼前顽固地出现了那个破旧的标准件四厂，那道破败的围墙，那个他天天必须准点赶到的脏乱的车工车间。墙壁跟工作服似的，油渍麻花，窗户的玻璃糊着一层无法擦洗的油腻，一眼看去，把天空都弄脏了。还有他的工具箱，他自制的每天插空练习运弓的二胡：它再干净，也逃不脱油腻的涂抹。还有那个铁嘴书记，他的鼻窝处积淀着灰垢，对他的超假批评：你咋不到扭腰（纽约）？怎么可能呢？那时候谁敢做这个梦？

或许是小工厂对他的命运影响太深了，他困在那里的年头太多了，他每每在遇到

最好的事情时，总是心有余悸，总是要梦见自己又被送回到那里去了，继续穿上工作服，继续开动他那台破旧的车床。一张张熟悉的油黑的面孔笑着瞅他，好像在说，你这么能耐那么能耐，怎么到头来又回来了呢？而死要面子的他在梦中无能为力，既不能申辩也不能躲避，只有赶快醒来，逃回到现实。人家的梦都是美好的，都是对现实的一种逃避，可他的梦却充满沮丧和苦涩，弄得他痛苦不已。也怪了，随着时境的好转，随着年纪的增长，他的这种重复的梦——回到小工厂受到嘲笑——不断地追随着他，让他根本甩不掉。在美国待了一年多以后，他还曾重复这种烦人的梦境。

郎朗醒了。平时，都是父亲比他先醒，先起来，为他打点早餐，做好了再喊醒郎朗。可这次他见父亲定定躺在那里瞅天花板愣神儿，便猜到了父亲此时的心情。

伴随着父亲一步步走过来，年复一年，日复一日，从沈阳到北京，家的变幻，真就像奇迹，一睁眼就变成了这么好，怎能不让老爸感慨万千？自从父亲住院做了手术，郎朗就发觉父亲真的有点跟过去不一样了，比过去反应迟钝了，也比过去变得更多愁善感了。儿子此时，完全能够体谅他的饱经忧患的父亲。于是，他不无感慨地说，爸，这怎么像做梦。

是呵，是像做梦。父子俩感慨着。

美国的第一个早晨，爷俩没有马上起床，而是以同样的姿势仰躺在床，就这么感慨着。感慨到最后，还是父亲回到主题，他对儿子说，还得好好弹琴呀！儿子表示赞同。一切梦，无论美好与否，概与儿子的弹琴密不可分了。

好好弹吧！弹好了就会赢来一切美好的。

早餐是不用做的，可以到学校吃。

“鲜牛奶、鲜橙汁、咖啡、点心，应有尽有，随便吃。美国条件太好了，天堂啊！”这是郎国任在 1998 年圣诞节时，从美国打来的电话中由衷的感慨。他到了美国，一天到晚，只有感叹，没完没了的感叹。那么多的感叹竟找不到人倾诉，倒也真是够遗憾了。美国的天空像换了一块新的，美国的草地更是清新透亮，在美国每天洗脸，洗脸水都不脏，抹一把脸，光滑得与国内根本不同，擦什么高级化妆品也不会达到这种效果。

学校一年要为郎朗提供 3 万美元，其中包括健康保险、房租、生活费；高中和大学阶段的文化课学费全免。柯蒂斯真够慷慨了，但，这只是对天才而言，一般的人是不可能享有这份待遇的。这对于一生奔波却没有脱贫的郎国任而言，到了美国，确实等于

郎朗开始美国梦(1997 年 10 月)

到了天堂。

柯蒂斯音乐学院在美国可以算作历史悠久的院校了。校舍造型考究,属于欧洲古典风格,大约建于 1726 年。从建筑的整体风格到随便一处空间装饰,都能让你驻足。比如,一个精雕细镂的木质楼梯,一段走廊的空间,都能给你以历史文化的幽深感。学校的墙壁上到处都装饰着油画,这些油画快把学校点缀成一座美术馆了。沈阳有一位朋友到美国考察,取道去了费城,到柯蒂斯去看郎朗。他回来后感叹最多的就是那些挂在墙上的油画。他说大多是印象派的绘画,有莫奈的,还有塞尚等人的。他说全是原作,但我不信。

墙壁上除了油画之外,还挂有柯蒂斯家族的资深人物画像,有一张老太太的面孔,其端庄与高贵给郎国任留下深刻印象。

这所学校共有 120 人,钢琴系学生 20 人。每人享有一台斯坦威三角钢琴。郎朗最高兴的是自己拥有一台梦寐以求的斯坦威钢琴，摆放在属于自己的琴房里。当郎朗第一次被领进这座琴房时，他简直不敢相信自己的眼睛了。脚下踩着绵软的地毯，软得都不敢往里边迈步了。

琴房很宽敞，宽敞得能闲出一大块地方，有浪费之嫌。地毯图案十分精美，古色古香，还有古里古气的壁炉，壁炉两侧分别是两个半圆柱式爱奥尼浮雕，壁炉的上檐雕刻着一群人物，说不清是个什么高深的故事。四壁全是木板包装，配有白色的木质雕饰，墙上还有高贵的油画镶在木框内，使得这个房间更加富丽堂皇。再看棚顶的宗教题材的油画，那不是天堂是什么？

郎朗平时在最破旧的琴上都能弹上瘾，何况到了这种一流的梦幻般的环境，还不弹疯？

郎朗真的弹疯了。他除了上文化课之外，其他时间全用在练琴上。每天至少 8 个小时练琴，每天都得练到深夜 11 点半。柯蒂斯有校规，到了晚上 11 点时，校园里不得有任何人，看大门的工人负责清理滞留人员。到了这个时间，别的琴房的灯都关掉了，只有郎朗的琴房灯火通明琴声响亮。看门的人毫不客气地撵他，郎朗来了兴奋劲儿，不肯走。看大门的很是生气，第二天一状告到学校。校方出于对郎朗的爱护，劝他注意身体，别弹那么晚。可是，郎朗弹不够一定的量是绝不肯离开的。结果，他一再超出规定的时间。后来，郎朗硬是把这位看门的人感动了，他说他在这里待了好些年，还从未见过像郎朗这么刻苦发奋的学生。他破例允许郎朗留下，爱弹多久就弹多久。在整个学校，只有郎朗一人能享受这种待遇。郎朗简直弹疯了。1997 年 9 月份，他到柯蒂斯刚上课时，协奏曲只能弹下来 7 首，而到了 1999 年的 1 月份，他竟拿下了 30 首协奏曲。有一个礼拜，他居然弹下来 6 首协奏曲，格拉夫曼惊呼郎朗创造了奇迹。郎朗有着惊人的记忆力，这是天分，他背谱子太快了。只要能弹下来，他就能牢牢记住。

在他到柯蒂斯不久时，殷承宗曾关心地问他正在弹什么曲子。他说弹德彪西《24 首前奏曲》，还有拉赫玛尼诺夫的《24 首前奏曲》，殷承宗感慨不已。这使郎朗格外兴奋。他还像小时候一样，越是有人夸奖，越是有人惊讶，他就越来疯劲儿。殷承宗老师的感慨给了他更大的鼓励，他比以前练得更猛了。

郎朗的拼劲儿与聪明劲儿同时在征服格拉夫曼。这位 7 岁就考取了柯蒂斯音乐学院的神童，这位当今美国著名的钢琴教育家，教过许多成名的学生，但他头一次摸不清郎朗的吞吐量到底有多大。比如,他每次给郎朗上课,再难的曲子,他总是很快就能拿下来,给他的感觉总像是吃不饱似的。为此,他喜欢郎朗喜欢得不得了,逢人便说招了一个天才的学生。

第一堂课令郎朗十分难忘。他没想到会在院长的办公室上课。院长的办公室很气派,钢琴无疑是最好的,还有最先进的音响设备。格拉夫曼穿着一件长袖白衬衫,袖口处的扣子系得一丝不苟。严谨的脖领处披垂下一条棕色花纹的领带,那种纹理与房间四周的棕色板壁很是和谐。加上那条得体的深蓝色的西服裤,看上去显得非常精干。他的头发好像刚刚梳理过,苍白的鬓角处修剪得刷齐,透出一种施教的尊严。他的眼镜架是深棕色的,为他平添了几分威严。仅凭老师的这种装束,学生也足以感到了课堂的神圣。这使郎朗格外认真。

有一幅照片就是郎朗第一次上课时,郎国任抢拍下的。看他的眼睛,正在全神贯注地瞅着钢琴架上的乐谱,而格拉夫曼老先生正在认真地指点着。郎朗的那种因过于

郎朗与他的老师格拉夫曼

专注而出现的目光就像战士瞄准靶子即将要进行突刺——刺！眼白的冷峻，凝固了整个画面。格拉夫曼身边站着一位女翻译。当时，郎朗还不能听懂老师的话(尽管在国内休假的日子郎国任逼他看英语不许耽误一分一秒)，但是，他能分辨出老师对他的评价“万德佛”，而不是“OK”和“SO-SO”。

格拉夫曼第一次给郎朗上的是拉赫玛尼诺夫的《第三钢琴协奏曲》。在此之前，郎朗已经弹过这首曲子，弹过的曲子重新再上，可以发现其中的问题，这使郎朗有了新的收获。他觉得在国内上“拉三”的课与在国外上是完全不同的，而能够得到格拉夫曼这种名家的指点，真是值得庆幸的事情。一个再有天赋的孩子如果在最有接受能力的年龄段上不给他提供最好的教育，那这个孩子的成长肯定要有遗憾的，而郎国任最大的贡献在于他绝不肯给儿子留下一丝一毫的遗憾。这既是他的精明所在，又是他的责任使然。从这个意义上说，郎朗如果不是郎国任这种说做就做、敢想敢干的父亲，而是一个思前想后、怕这怕那、优柔寡断、患得患失的父亲，那么郎朗肯定不会有今天的出息，多多少少也得被耽误些。但是，郎朗一点也没被耽误。他到美国来得正是时候。所以，郎朗佩服他爸，所以，郎朗离不开他爸。

郎国任到美国来，走进了一个全新的文化氛围。他不会外语，许多场合只能显得呆头呆脑。不过，每次格拉夫曼上课时，他都要跟着，就像在国内一样，每次爷俩一块上课，课后再一块研究探讨。郎国任在听格拉夫曼上课时，精神状态完全与平时不同。他的眼睛很亮，脑子也转得很快。他做笔记，他的笔记多多少少能对郎朗起到提醒或补充作用。

下课之后，格拉夫曼完全变成了一位慈祥的长者。他微笑着，就连衣服的皱褶都像温暖的笑纹。他换了衣服，也不再系领带，领口有个扣子没系，显得很是随意。他请郎家父子吃饭。

院长选了一家中国餐馆。他还多请了一个人，那就是翻译。郎朗说他是个好老头，一点脾气都没有。美国任何城市都不缺中国餐馆的。这家费城的中国餐馆在装修风格上刻意追求中国味儿，朱漆门框，墙上的镜框中镶着中国的山水画，有鸟有花，喜庆之意浅显而真诚。墙壁上还有着花里胡哨的龙的图案，这在国内饭店不多见，却在国外的中国餐馆成了必不可少的标志。在欧洲的中国餐馆不论大小，也都有这种龙的图案。

在一家中国餐馆相聚

院长很爱吃中国菜。美国人恐怕很少有不爱吃中国菜的。只是他们不肯自己去学做中国菜而已,在他们看来,一个人把那么多的时间放到做顿吃的菜上,那简直太划不来了。

郎朗胃口很好,弹琴消耗太多,他吃起来很香。但郎国任却吃得十分斯文。他觉得自己到了这种场面得学习绅士状,他非常注意院长如何下手。爱面子的郎国任可不会让院长看露,被人家笑话的。他宁愿少吃,甚至不吃。

其实,院长在这方面是极其随和的,他绝不像上课时那么一丝不苟。美国人嘛,吃饭就是吃饭,他们爱吃什么就吃什么,不会装假。他们要是让你了,你出于客气不吃,他就会以为你真的不爱吃。他们在这些小事上显得很傻,傻到了郎国任感到不可理解的程度,慢慢地,郎国任就理解了,就懂得了,就习惯并适应了。当然了,儿子要是高兴了,还会时不时地拿父亲的笑料开心:"你的法则在家吗?""你的妈则在吗?"他学着父亲一本正经的口气,把绷着脸的郎国任逗笑了。

到美国的日子不多，郎国任有了很大的变化。尤其是他对儿子的态度有了明显变化。美国人讲究父子平等，不能打骂，所以，他对郎朗温和多了。人都是在变的，随着环境而改变自己。他变化的每一点，郎朗都看得格外真切。在国内时，妻子周秀兰一再提醒他得对儿子改变教育方法，不能像对小孩子那样总是不给好脸，总那么横，郎朗毕竟长大了。但是，郎国任在国内时才不听这一套，该怎么凶，就怎么凶，娘俩再不满也只能背地里嘀咕。到了国外，不用别人说，他自己也醒悟了。何况中国有句老话：多年父子成兄弟。在异国他乡，语言不通，朋友又找不到，孤家寡人的郎国任每天除了跟儿子说话之外，还能跟谁交流呢？

对了，还能往家里给妻子打电话。以往在北京或在外地比赛时，他很少往家打电话，即便打了，也与妻子很少说话，顶多以三言两语说出个大概，绝不啰嗦，更没有一点磨叽。而到了美国，他在电话中与妻子的话不知不觉多起来了，也不知不觉温存起来了。他还知道说几句关心妻子的话，诸如注意身体之类，仅仅一句体贴话，就把周秀兰的鼻子感动得彻底酸了。她哽咽着，几乎说不出话来。

《海菲茨传》作者、著名收藏家 Herbert & Evelyen Axelrad 与郎朗在一起

周秀兰隔三差五，总能接到他们爷俩的电话，总能听到郎朗的好消息。美国对于郎国任是天堂，对她周秀兰何尝不是呢？她在期盼着郎朗有着更大的出息，然后，把她也办到美国去。儿子时常来电话鼓励妈妈要耐心地等着，一定要让妈妈来美国。这种等待让周秀兰充满希望和幸福。毕竟有盼头了！或许正是在这种远距离的彼此期盼中，这对并不年轻的夫妇正在一点点拣拾起那被岁月切割零碎的情爱，在各自心中一片片连缀起来……

"以前我爸对我总板着脸，现在受美国家长影响，改变了，也跟我开个玩笑。在国内我妈老跟他说改变方法，他就是不听，到美国改变了。对我妈也不像以前了，也说软话了，这对大家都有好处……我爸假如有了别的女人，我饶不了他！"郎朗如是说。郎朗还是个孩子，他说的还是孩子的话。要是长大了，要是他也有了自己的爱情生活，相信他绝不会再说这种话了。不过，可以理解这个始终渴望一家人团聚的孩子，他渴望了多少年啊！到美国来吧！亲爱的妈妈！为了尽快能把妈妈接来，享受天堂般的生活，这是郎朗最大的夙愿也是他最大的动力。为此，他不惜汗水去弹，去拼搏，格拉夫曼只是被这个中国天才的钢琴天赋而惊讶，他怎么能够体察到这个每天都是阳光灿烂、蓬蓬勃勃的学生内心深藏着怎样一份对母亲苦苦的思恋啊！

第二节　赶紧往家跑，告诉爸爸

郎朗每天下午上文化课，从一点半一直上到四点半。上文化课不在柯蒂斯音乐学院，而是在另外一所普通高中。这所学校距柯蒂斯不远，穿过两条小马路，五分钟就可以到达。郎朗在这里学文化课有点不习惯。学生们纪律比起国内学校来要差得多，各种乱七八糟的穿戴打扮，女同学也抽烟，有的走道扭屁股，要多难看有多难看，让郎朗这位正儿八经的好学生很是看不上眼。有的男同学也戴项链，也扎耳环，还有的脸上不知胡乱抹了一些什么东西。特别是黑人学生更差劲，他们胡作非为，男女之事乱七八糟不说，他们学习很差，对于学习好的学生也极不尊重，特别是新来乍到的郎朗上课时那么认真听讲，下课时，又那么抓紧时间看书，学习语言，这很让他们看不顺眼。于是，他们就动不动欺负郎朗。他们欺负的方式大多是弹郎朗的脑袋。黑人手狠，弹得郎朗脑袋"嗡嗡"直叫，疼痛难忍。郎朗还不敢骂他们，他怕招来更大的报复。于是，他就去告诉老师。老师对这种粗俗的黑学生也是看不上，除了给予批评之外，也往学校反映，学校的主任把这几个家伙狠狠骂了一通，这才把他们震住了。震住之后，郎朗暗自庆幸，总算有了一个相对安静的学习环境。

郎朗在国内时就注重文化课学习。国内的学习抓得紧，可到了美国，学校抓得一点不紧，爱学就学，不爱学也没人管你。学生负担一点不重，但郎朗自己却感到了压力。主要压力来自外语。到美国之后，身边给配个翻译，院长讲课，得通过翻译。请翻译总有些不方便，还得花钱，尽管这钱是学校出的，郎朗也觉得不那么心安理得。到美国首要的问题是先过语言关。即便是平常日子，上趟街打听个路，买东西什么的，也得尽快掌握语言，何况父亲还总督促他学好外语。

柯蒂斯对郎朗确实够意思，给他专门请了一位家庭教师，登门教郎朗外语。在这种环境中，郎朗一边急着学语言，一边急着练琴赶进度。

郎朗是 9 月份入学的，10 月 20 日，他就开了首场音乐会，地点在学校的音乐厅。观众很多，学校的方方面面人物都来了，他当时的兴奋全在演出上。第一场演出，这是检阅他这一个多月来的成绩，是在这片全新的天地里展示自己的极好机会。郎朗要求自己一定要弹好。郎朗是个适应比赛的选手，越是重大的比赛，越是人多，他就越有激情，越容易发挥好。时间一长不参加比赛了，郎朗觉得像缺点什么似的。所以，首次在学校音乐厅亮相，他只要一看到观众，就兴奋地进入状态。

郎朗那天弹的是舒曼的《幻想曲》。这是一首情感复杂的曲子，尤其第二乐章的结尾处快跳时，极容易出错，就连一些大钢琴家都错，所以，那天他在台上演奏时，他的老师格拉夫曼坐在下边非常认真地倾听他的音乐是否出错。结果，郎朗弹得非常准确，简直是毫厘不差，一曲终了时，把个院长高兴得满脸喜悦。

观众中有位著名钢琴家叫作利皮肯，他弹的贝多芬奏鸣曲特有名。他那天听了郎

著名钢琴家 Joan & Andre Watts与郎朗在一起

朗弹舒曼的《幻想曲》，非常激动。他在音乐会结束之后，还无法平息那份激动，他高兴地给郎朗的老师格拉夫曼打电话，倾诉了他听郎朗演奏的感觉。格拉夫曼和他一样兴奋，他认为郎朗的演奏达到了相当高的水平，整个音乐非常有发展，现在已经很出色了，没什么毛病可挑，他完全可以达到世界一流水平。这两位真正的内行，在电话里兴奋地交流着对郎朗的感觉。他们一致认为应该给郎朗这种天才创造更好的条件。

第一场演出的成功，给郎朗带来了更大的信心，有更多人开始注意郎朗了。就连那个看门人也对郎朗表示友好，破例允许他爱弹多晚就弹多晚。郎朗想的问题很现实，这与他的父亲是一致的。他们深知要想在美国站住脚就得靠演出，而要想得到演出机会，就得参加比赛，就得获大奖，造成影响，人家才会与你签约。许多国内著名钢琴家到了美国因为不能保证演出，而无法立足。所以，郎朗对院长提出了他想参加比赛的想法。

院长尽管从未当面夸过他的学生，但背地里对自己的盛赞郎朗也早有耳闻，所以，他才敢跟院长提出自己的想法，并且希望能够得到他的支持。

格拉夫曼听了他的话笑着拍了拍他的肩头，以那种长辈的关切口吻告诉他比赛并不重要，比赛目的不是为了找公司找经纪人吗？现在你在学校开音乐会，也可以达到这个目的。

他告诉郎朗，别的不用多想，只管好好练琴吧。另外，他问郎朗，是想当一时的轰动性的钢琴家，还是想当永远型的？搞艺术的路太长了，不可心急。从小演出太频，未必是好事，积累不够，很快就容易衰落。不能当爆发式的钢琴家，要打好基础，保持长久的艺术魅力。

格拉夫曼真是位难得的好老师，不仅教学水平高，而且是位仁厚的长者。郎朗能够遇到这样一位老师，真是三生有幸。一个月后，郎朗在柯蒂斯音乐厅进行第二场演出。

郎朗西装革履，精神百倍地登台了。他耳边回响着老师的话：好好弹吧！这回看你的啦！

他注意到下边的听众中有一位大个子的陌生人，就坐在格拉夫曼的旁边，还不时地与院长交头接耳。他就是IMG公司的副总经理俄尔·布莱克本。此人很有威望，他以锐利而充满挑剔的目光去发现他认为最好的演奏家，而后做他们的经纪人。只要是让他作了经纪人，那么，对于演奏家来说，无疑是件非常欣慰的事情。他的到来，是因为院长的推荐，而他能否真正满意，那院长可就无能为力了，关键得靠郎朗自己。这回，可得拿出看家本领了。

与以前的国际比赛相比，此时郎朗父子把这次登台看得重要得多。这不是获得一次荣誉的问题，而是关系到以后他们父子在美国的整个生活。所以，台上的郎朗与台下观众席上的父亲同样审慎地留心着这位音乐的使者。他们很清楚IMG公司是犹太人办的，在全球是最有影响的公司之一，尤其在体育界影响颇大。他们推出了许多著名的体育明星。在音乐艺术这一块，他们首先把帕尔曼买到手，然后，他们又拥有了基辛。能与帕尔曼、基辛这么有名的人在同一家公司，这是郎国任连想都没敢想的事。就看这位副总经理了。听说不久前他发现了一位天才的超级大提琴家。他是只给天才演奏家当经纪人吧？那么，他能看中郎朗吗？

郎朗弹的是肖邦《第3号奏鸣曲》。肖邦有两首最著名的奏鸣曲，一首是第2号奏鸣曲，一首是第3号奏鸣曲。第2号奏鸣曲中的第三乐章是我们比较熟悉的《送葬进行曲》。这首乐曲可以把我们带到那个孤寂的马尧卡小岛上。带有腥咸味的海风让肖邦饱尝了人间的酸楚——他与乔治桑相依相偎,迎着强劲的并不友好的海风踏上了小岛。年轻的肖邦此时被肺病折磨得像个瘦削的老人。除了脸色苍白之外,目光也变得苍白起来。也许是因为这个小岛太小了,同情心与爱心都太小了,所以,它不收留这位来此养病的钢琴家,硬是把他从刚刚住下的"风之家""撵走"。小岛有着一个不算小的修道院,如今那里被私人买下,建成了肖邦纪念馆。死寂的长廊悄然弥散着岁月的忏悔,却再也无法让人感动。那沉睡的房间里虔诚悬挂着肖邦的肖像,是一幅没有什么表情的肖像。据解说员讲,建馆已有6年了,里边展品少得可怜,就连肖邦的几根头发都被夸张地昭示。你到这里来会感到真正的清冷伤感。一个大活人在这里找不到丝毫温暖,而几撮头发却冠冕堂皇地占据了整整一个房间。这就是人生?就是命运?

肖邦离开这个岛后,去了乔治桑的故乡——诺安。肖邦的这两首奏鸣曲就是在诺安时创作的。前后相隔5年的时间。这首《第3号奏鸣曲》是肖邦献给波尔德伯爵的。我非常注意作曲家把一首曲子献给谁。这是一种多么庄严而了不起的献给啊!像一个作家把自己最好的一部书献给谁一样。不是随便什么人都可以献的,也不是随便什么作品都可以献的。这里边深藏着一种情感,不仅仅是感激。当然,作家、作曲家的这种献给是他们自己内心的最崇高仪式,也是一种弱者的唯一的情感诉说。所以,它太值得珍惜了。我无法知道这位150年前的波尔德伯爵为何许人也,他对肖邦究竟好在哪里,但,肖邦舍得把这么好的乐曲献给他,也说明了他至少是令人尊敬的。

郎朗在弹这首《第3号奏鸣曲》时,也是心怀着某种感恩成分的。像肖邦献给伯爵一样,他也把这首乐曲弹给他的老师——格拉夫曼,以东方式的情感与感恩方式。

钢琴家的感情是脆弱的,肖邦的感情是脆弱的,郎朗的感情也是脆弱的。他们都离不开友谊和帮助。肖邦第一次在巴黎的普莱耶尔剧场演出时,李斯特和舒曼等名家都光顾了,还有很多达官显贵。但,只有李斯特真正帮助了他,成全了他。郎朗在费城的柯蒂斯舞台亮相,比起肖邦当年的光景要好得多,但是,他也仍然需要重要的人物帮助。靠技巧还是靠运气?郎朗在期盼着。

干脆利落的一串音符,一下子就把《第3号奏鸣曲》的第一乐章敲响。庄严的快板在庄严的情感中奏出了第一主题。这种峭岩般不可动摇的主题逐渐淡出,推远,而茫茫雾气竟从光滑的琴键缝隙处缕缕升腾,飘来摆去,弥漫了岁月和时空,牵引出许多感伤与悲叹。这种感伤悲叹以凄美的音色,托出崇高明媚的第二主题。它冲破了悲叹,

格拉夫曼正在给郎朗讲拉赫玛尼诺夫《第三钢琴协奏曲》

进入了淋漓尽致地抒发内心情致的如歌旋律，由不得你不动情。哈聂卡称这个旋律有“早晨的清香”，清香扩展开来，就变成“玫瑰花园”了。郎朗沉入了作品的意境中，他沉得很深。眼见着他缓缓前倾的上身在情感的泥沼中塌陷。他在抚摸键盘，如抚摸岁月带给他的伤感。从沈阳到北京，从北京到埃特林根，到仙台，到费城——看似顺利的经历中，他的内心留有多少感慨与悲叹。他需要诉说，需要向他的老师格拉夫曼倾诉——情到深处的倾诉怎能不打动人？

第二乐章的快板优雅而轻快，郎朗天性中的东西自然明快地流淌。这个乐章太短促，简直是一闪而过。哈聂卡形容这个乐章“犹如被微风吹着的山茱萸，急躁、可怜又轻快地摇摆”。

情到深处是进入了第三乐章。这是一个最慢的缓板，轻快变得黏稠了。深情地诉说，缠绵悱恻，缭绕不绝。特别是中段，冗长而甜美，有人这样形容：“中段令人想起在很长的美丽的梦中某处，忽然觉醒，有作者自己恍惚的容貌。与其说这是作曲，不如说它是幻想”。弹这样的曲子确实恍若入梦,听这样的曲子更是不愿醒来。郎朗那双明亮的大眼睛被黏稠的梦境粘连了,他像当年在埃特林根见到的那个日本盲人选手弹琴似的,用极其敏感的指头在暗中贪婪地抚摸着键盘。飘忽不定的情感世界有着飘忽不定的层面,怎样的抚摸才能到位?

台下一片安静。格拉夫曼与大个子的副总经理以同时的表情醉入梦乡。此时,凡是能够进入梦乡的听众有多么幸福。

骤然震响急板——最急板,一切都苏醒过来,一切都被激活。空气在树梢上热烈地颤动,百鸟在阳光下亢奋地鸣叫,幽幽流水变成疾流飞瀑。好爽快的飞瀑,好脆亮的飞溅。郎朗闪烁的手指在进行华丽的飞翔,一片闪闪发光,可以照亮所有忧郁的眸子。全部的热情铺排开来,柯蒂斯音乐厅的室温瞬间提高了。这忧郁的肖邦,这重病缠身的肖邦,激动起来不亚于贝多芬。他的这段第四乐章,让人们回味起贝多芬的《热情》。同样的热烈,同样的感染力,有着异曲同工之妙。在情感达到鼎沸时,郎朗的手猛地挣脱开键盘,向空中洒脱地一甩,《第 3 号钢琴奏鸣曲》全曲终止。

突然的风平浪静,使处于颠簸的情感狂涛中的听众毫无准备。他们只能愣怔着,等到明白过来时,才开始鼓掌。

郎朗已经不需要掌声,他被自己深深感动了。他明白自己弹得非常好,他没有弹够,甚至没有能够及时从肖邦的情感世界中尽快回过神来。他深情地朝台下行了个大礼。

父亲认为儿子发挥得极好,格拉夫曼深沉的脸上也因此出现了少有的激动。他沉郁的额头在人群中显得很明亮,一瞅这额头,郎朗的心里就是一片阳光。他觉得他的老师接受了他献的这首曲子,深感欣慰。

那位大个子的副总经理也很高兴,他也鼓掌,也赞美郎朗。但是,是出自内心还是礼节性的?这成了以后日子里折磨郎家父子的内容。

半个月过去了,没有任何音信。郎朗父子度日如年,他们掐着指头数着,已经进入 12 月了。郎国任说,如果这个月没有音信,就没戏了。

柯蒂斯音乐学院每个礼拜三都有茶话会。茶话会的气氛非常好,郎朗在没事的时候也愿到这里来坐坐。他喜欢这里的气氛,特别是那些平日里让他仰视让他感到不苟言笑的名人到了这里,便会显得格外随和,格外容易接近。这天,又逢周三,郎朗在上文化课的学校里上完一堂体育课时，同学们拉他打球，他平时也很爱打球，但这回，他朝同学们摆摆手，独自往柯蒂斯走去。这些天，一个念头时不时地爬出来困扰他。IMG公司怎么还没有音信？难道那天没有弹好？他不爱想，一想就闹心，却又无法排遣，只能越想越烦恼。

穿过两条小马路，来到了柯蒂斯音乐学院的大门，他直奔茶话会而来，他希望能够在这里听到点消息。

人很多，也很热闹。他走进去，选择了一个合适的位子坐下。他有点饿了，抓起一块蛋糕就吃，边吃边与旁边人打招呼。郎朗很会珍惜时间，看似他在随随便便与旁边人聊天，其实，他是在用心跟人家学英语。

冷不丁，他感到后背被谁拍了一下，幸福的时刻就在这一拍中诞生了：他的老师、他的院长、他的仁慈的长者——格拉夫曼笑眯眯地告诉他，要他特别注意12月29日这天，千万别忘了，这一天，让他到纽约去上课。他感到一片茫然：在费城上课不是上得好好的吗？上纽约干吗？

院长表情生动地跟他眨了眨眼：干吗，到IMG公司签约去！

郎朗一下子乐懵了，他叼着那块没咽下去的蛋糕，掉头就往外跑。跑下楼梯，跑出长廊，跑到校园……他被蛋糕噎得几乎上不来气了，但他还是不肯停下来，他不肯耽误一分一秒，他要以最快的速度告诉父亲，他们将从此走上美国的大舞台，从此交上好运啦！

第三节　跨进IMG公司大门，神气一点

从费城到纽约坐火车得一个小时。柯蒂斯学校有专人负责把他们的票买好了。35美元一张，提前一天到学校楼下办公室把票取回来，第二天一早爷俩赶到火车站上

车。细心的父亲行前认真核实了一下该带的东西：郎朗的简历，所有的获奖证书，中英文的全部带上，还有历次演出的曲目表，一共20套。郎国任像清点美钞一样一张张翻点着这20张曲目表。按着院长定好的时间，他们大可不必这么早出门，但，郎国任觉得路不熟，怕出现什么差错，还是让学校买了提前两个小时的车票，他们也就提前两个小时出了家门。

火车上人不多，座位很舒适。火车开起来时，速度也比国内列车快，既不摇晃也听不到任何噪音。在这种车厢里，你会油然滋生出一种地位和尊严瞬间被提升的愉快。要到纽约去，还是坐着这么漂亮的火车，郎国任望着窗外大片闪亮的绿地时，禁不住又回到了他的车间，又听到了他的铁嘴书记对他的讥讽：你还到"扭腰"呢！

美国不是梦，纽约不是梦，未来的生活正随着列车的时速在前边迎接他们。

出纽约火车站时，下雨了，是那种绵绵小雨。他们没带雨伞，也没舍得买一把。因为院长告诉他们要去的那家IMG唱片公司距纽约车站很近，顶多15分钟的路，院长特

IMG总裁兰多与郎朗亲切交谈

意强调不让他们打的，因为打的反倒更慢，得等红绿灯。纽约的红绿灯可是够多的了。所以，他们爷俩在雨中行走，按着院长说的路线，去找IMG的唱片公司。

纽约的唱片公司有好多，熟悉路的人15分钟，不熟悉路的人那就转悠吧。走着走着，就走错了。15分钟的路，他们爷俩找了一个小时还没有摸到门。艰难地打听着，郎朗的语言关还没有闯过。爷俩急得满面水湿，说不清有多少是汗，多少是雨。

格拉夫曼像尊雕塑，一丝不苟地站在湿淋淋的IMG公司的门口等着他们。他家住在纽约，如果住在费城的话，他会带着郎朗父子一同来的。找不到路的人焦急，等人的人更是焦急。总算他们相会了。格拉夫曼猜到他们是走错路了。

进门后，电脑登记。郎国任悄声提醒郎朗把腰板直起来。明亮的玻璃隔层，把室内装饰得格外亮堂，在风雨中迷失了一个多小时的郎朗顿时抖起了精神头。

大个子的俄尔·布莱克本出面迎接了，一双大手握得郎朗浑身温暖。在一间像会议室般的大屋子里，他们围着一张大圆桌坐下。副总经理找来的翻译就坐在他的身边。他对郎朗说："那天我听了你的演出，非常激动。我愿当你的经纪人，使你成为IMG公司旗下的艺人。"翻译的口气比较平静，但郎朗的脸上立刻出现了光泽。他下意识地去瞅父亲，郎国任两眼跟儿子一样炯炯放光。他赶忙把带来的那些获奖证书和简历之类的材料袋摊开来，递上去。

副总经理翻看着，面露惊喜。他问郎朗你到底喜欢不喜欢这个职业。在美国人的意识中，喜欢比需要更重要。

精明的郎朗马上回答他是真喜欢。他说他愿意成名，成大名。

又问：你认为在人的一生中，当艺术家有什么意义？

郎朗回答：非常有意义。艺术是崇高的，能够净化人的灵魂。

或许这种回答过于中国化，对方善意地一笑，接着问一个更具体的：你愿上台吗？

"太愿意啦！"郎朗回答这个问题完全自然，完全出于天性，令对方非常满意。

经纪人又转问郎国任：你有这样一个儿子，你是什么心理状态？

郎国任说得非常坚定：全力以赴支持！

又问郎朗在生活上有什么乐趣，郎朗说爱看足球。问爱不爱学习。郎朗说爱学习，并且搬出中国的古训：学无止境。他说，我有好老师，好家长，都这么支持，相信我会成为最好的钢琴家。

副总经理高兴地站起来，把郎朗的名片输进 IMG 公司的电脑。然后，给了郎朗一份介绍公司的材料，还有一张该公司音乐演奏家名单。郎朗一眼就看到了帕尔曼的名字，他禁不住念出声来。

格拉夫曼在这时也表示他会支持郎朗的。他说郎朗有着不可估量的潜力，只要给他创造条件，他能达到不可估量的程度。

经纪人高兴地与郎朗说英语，看看他的英语达到什么程度。他希望郎朗尽快掌握英语。他对郎朗很负责任，当场为郎朗布置下一步蓝图。他说虽然他可以一年给郎朗安排 200 场演出，但是，考虑到他年纪还小，正在上学，不能安排那么多。一开始不要太快，一个月内不能安排几场重要演出，但一年内一定要有几场重要演出。郎朗的每场演出费用：在亚洲为 6 000 美元，在美国为 4 000 美元。

郎国任对演出费用听得格外真切。他放在心里边掂量着 4 000 美金和 6 000 美金的分量。他再清楚不过了，他在此以前的所有汗水都将从今日之后有了收获。他的儿子成了一棵摇钱树。

走出 IMG 公司，天已经放晴。纽约的高楼横空出世，巨人般高耸，把天空挤得很窄。他们爷俩仰望被楼群切割的晴空，心情比天空更明朗。他们尾随着格拉夫曼来到了他的家。

院长的家在卡耐基音乐厅对面，路过的时候，郎朗驻足，仰望卡耐基那非凡的建筑，不禁肃然起敬。这是美国最著名的音乐厅，他多么向往能够到这里来演奏一场音乐会呀。父亲理解儿子，他何尝不是这样想的呢？

第一次到格拉夫曼的家，第一次在他的家中上课，一切都是新鲜的。12 月 29 日，这一天多么吉祥。对于郎家父子而言，这一天全是好事。29 日，带个 9 的数字，9 是他们的吉祥数。有好几次比赛都与 9 有缘，要么是 9 日，要么是 9 天，要么是 9 点，要么抽签抽了个 9 号。总之，9 的数字真好！

美国的 29 日这天，他们找到了经纪人，加入了 IMG 公司，郎家父子的心情本来就好。在这种好心情下又来到院长家上课，真是好透了。

院长家的感觉不像通常意义上的住宅。宫殿般的大房间有种古典的高雅品位。墙壁全都是木板的，白颜色的几何图案透出一种西班牙的风格，栗皮色的房间弥散着欧洲的古典魅力。一个艺术家的房间，任何一个角落都有着艺术的感觉。窗帘一直垂

郎朗演出后，格拉夫曼与他热烈拥抱

到地板上，布料一点都不轻浮。屋子墙角摆有古色古香的雕塑，就连落地灯的柱子都有雕刻的艺术。不同的房间是不同色彩不同格调。有的房间简直就是展馆，木架上排列着东方的艺术品，有日本的、韩国的，还有中国的。中国的瓷器，看上去至少是明朝以前的。他很喜欢向中国的学生展示他的收藏，他称得上是个不错的收藏家。他收有世界各国的古玩，还有佛和观音，一定很名贵。郎朗长这么大还是第一次走进这样的家庭。在国内大款大腕的家他去过，装修豪华的家他也见识过，但，那都与院长的家不同，太不一样了。院长的家就是属于艺术的展馆。令郎朗惊讶的是他怎么会有这么多的古董和珍品，还有那么多的名画、雕塑。院长像个展馆馆长，只顾给他们父子讲解他的收藏，似乎忘记了让郎朗来的目的是为了上课。后来，他发现郎朗的神态有点着急，便笑着说，这回你不用着急了，一辈子都有寄托了。

上课放在了后边，先得照相。院长平生三大爱好：除了收藏之外，他爱好摄影、写作。他已经写出了一部自传《我真该练琴了》；他拍了许多照片，他炫耀他有台最好的照相机，可以跟名车媲美。郎国任那天也特别爱照相，双方互相拍摄，不觉竟拍了三卷胶片。

摄好了，参观完了，才不紧不慢地坐下来上课。院长家的钢琴也不同凡响，郎朗一上手就有了美妙的感觉。院长给他上的这堂课是普罗科菲耶夫的《第 8 钢琴奏鸣曲》。这首奏鸣曲是降 B 大调，作品 84，是作者著名的《战争奏鸣曲》一组中的最后一首。郎朗那天有如神助，对老师的授课接受特快。已经不用翻译这根拐棍了，他就能懂老师的讲课要求。他弹奏这首曲子时激情澎湃，特别是到了第三乐章，灵感迭出，不断冒出火花。这部分是极快板，正适合郎朗的炫技。弹到了终结部，那是华丽的回旋曲式。郎朗充满光彩地准确把握了第一主题和第二主题所含有的特有速度，不断将乐曲推向辉煌，在最耀眼最华美的高潮中，郎朗果决地结束全曲。把个 66 岁的老院长高兴得像个孩子。

院长的夫人确实有夫人的风度和气质，也有夫人的慈祥和温柔，她和她的丈夫一样喜欢郎朗。郎朗在他们家中没有生疏感。他坐在沙发上，坐在他们夫妇的中间，就像坐在自己的外公外婆中间似的，那么娇嗔而任性地伸出他的大手，一边搂住了他的院长的神圣的肩头，另一边把手搭在了夫人高贵的肩头。夫人肯定在那一瞬间感到非常甜蜜，所以，她把整个上身朝郎朗这边倾过来，笑容满面，眼镜都闪着生动的光泽，还有花白的头发，显得格外慈祥。这张照片拍得真和谐，也真自然。

回程的列车上，车厢里只有他们爷俩。他们仍然沉浸在今天的兴奋中。他们可以在美国的土地上美国的车厢里大喊大叫，兴奋不已。郎朗是个容易激动的孩子，平时，一旦亢奋起来，就半天平静不了。他一高兴就容易走板，不该说的话，他说了，不该暴露的秘密，他暴露了，毕竟是个涉世不深的孩子。但是，每到了这种时候，郎国任都是极其冷静，儿子越狂热他就越冷静。他会及时控制儿子，一个眼神就好使，就能立刻止住滔滔不绝的郎朗。郎朗说，他一高兴就如同登上了高坡，下不来了，“我兴奋期长，晚上不管多晚，睡不着了就唱旋律。唱得我爸心烦，大声呵斥我：唱什么？冷静点，你明天还要上课！我一高兴，我爸就冷静，他给我泼冷水，他的理性成全了我很多。我性格像我妈，我爸沉着……”

永远以冷静控制郎朗激情的郎国任在纽约回费城的列车上第一次打破了常规。儿子激动时，他不再泼冷水了，他与儿子一起兴奋地滔滔不绝。他们在大呼小叫地策划着下一步的行动，研究新的曲目，彼此挥霍消耗着过剩的兴奋。

郎国任头一次在儿子的巨大兴奋面前失去了深沉，他说：“这回可要好好打美国啦！”

因为整个车厢没有别人，爱怎么叫就怎么叫。郎朗本来激动起来就没个完，这回见爸爸也一样激动，给他个好脸了，那股疯劲儿更冲了。他挥舞着胳膊，朝列车的前方喊着："大战开始了，同志们，冲啊！"

"冲哇！"父亲跟儿子一块挥手喊叫。

喊声中，列车在飞速前进。

郎朗当天在电话里向他妈报告："我爸都乐疯啦！"

郎朗在上海与媒体的见面会

第四节　在美国辉煌

郎朗能找到经纪人布莱克本，与 IMG 演出公司签约，是郎朗在美国的人生的重大转折。机遇对郎朗是微笑的。能进 IMG 公司多亏了他的老师格拉夫曼，也多亏了他的经纪人布莱克本。布莱克本一方面与格拉夫曼关系密切；另一方面，他也曾在柯蒂斯上过学，他当时学的是打击乐，或许他对母校毕竟有一份感情，所以，他与校友郎朗才有了这种缘分。

郎朗在美国遇到殷承宗时，两人兴奋得不得了。才半年多不见，郎朗比殷承宗高出大半头了。他亲热得迎上去就用大手搂住了老师壮硕的肩头。

殷承宗关切地询问郎朗近况，郎朗告诉他已与 IMG 演出公司签约。

殷承宗一听马上敏感地问：是不是有帕尔曼的那个 IMG 公司？郎朗点头。殷承宗惊呼："我的妈呀，这个公司中国人还能进去？"

在美国有为数不少的中国钢琴家，但，能够进到这样的演出公司，确实够郎朗自豪了。除了才华之外，还得有机遇。

郎朗什么都不缺，他真是够有福气了。本来他就情绪高涨，他每天都精力过剩，一上琴就有使不完的激情，这回有了经纪人，有了演出公司，他就更来劲了，弹琴简直要弹疯了。他的进度也令人难以置信。殷承宗问他弹什么曲子时，他说：德彪西《24 首前奏曲》，拉赫玛尼诺夫《24 首前奏曲》，还有 23 首协奏曲。什么？殷承宗以为没听清楚。1997 年郎朗去美国之前，殷承宗知道他能弹 7 首协奏曲，而这段时间不见，他居然能弹下来 30 首协奏曲。有个礼拜，也就是 7 天时间，他弹下了 6 首协奏曲。6 首全能熟练地背着弹下来，他的美国老师格拉夫曼惊呼这是个奇迹，他的中国老师殷承宗也惊讶得说不出话来。

郎朗真正与 IMG 签合同是在 1998 年的 2 月份。一次性签了三年，三年一共二百多场音乐会。经纪人布莱克本从此开始为郎朗作音乐会了。这意味着郎朗开始了崭新的人生，他可以在全世界巡回演出了。一个真正的钢琴家的演出生涯将由此开始。

在此之前，准确说是在 1998 年的 1 月，郎朗在柯蒂斯又举行了一场音乐会，实际上是他到美国以来举行的第三场音乐会。这一次，他弹的是李斯特的奏鸣曲。这是李斯特唯一的一首钢琴奏鸣曲，b 小调，是李斯特献给舒曼的。因为舒曼曾献给李斯特一部乐曲——《C 大调幻想曲》，所以李斯特把这首曲子作为回报。此曲以前郎朗不曾弹过，是院长一手教的。这首奏鸣曲超有难度，技巧和音乐都难以掌握。院长对他讲解了这首乐曲表现的内容：有魔鬼，有追杀，有金钱美女诱惑，也有地狱般的恐怖；有希望的曙光，更有绝望的嘶叫；大起大落，情绪变化极其激烈。郎朗最爱弹难度大的作品，

越是这样，就越能显示出他的不同凡响。全曲由三部分组成，郎朗一抬手进入呈示部——构成这个乐章主题的是最慢板，接着就是有力的快板。由慢到快，看出了郎朗对音乐惊人的控制力。发展部难度更大，有一段是颤音引导的温柔变奏，然后达到高潮。高潮平静后进入发展部的核心，这个核心是持续的行板，有梦幻一般的新主题，带出绵绵的情绪。要弹好这部作品不仅需要有惊人的力度，惊人的触键，还得有极柔曼的诗意，正是在这种强烈反差的成功处理上，郎朗把音乐厅弹爆了。简直是像赔礼道歉般连连谢幕，仍不能平静。不知院长带来的是哪位专家，他抢上前握着郎朗的手，张着嘴竟不会说话了。事后才说，看了那么多人弹琴，就没见着过郎朗这样的。

加利·格拉夫曼院长比任何人都要激动，他没想到他的学生会弹得这么精彩，他一下子就将郎朗搂抱住了。

郎朗一次比一次成功，一场比一场受欢迎。第一场谢幕谢了三次，第二场谢了四次，这第三场谢了五次……

布莱克本作为经纪人，给郎朗安排的第一场演出是 1998 年的 9 月，在马里兰州巴尔迪摩市的巴尔迪摩交响音乐厅。这个音乐厅的音响效果好极了，令郎朗难忘。郎朗是与巴尔迪摩乐团合作，弹贝多芬的协奏曲、幻想曲，连续演奏四场，引起足够的轰动。演第四场时，纽约国际电台进行现场直播，一位听众打来电话说："我特激动，一直在流泪，这是我有生以来听到的最好的贝多芬幻想曲。我感到贝多芬还留在世上。"

乐团指挥、总监特米卡诺夫对郎朗说：见了这么多钢琴家，你是最好的。他还说，上次他是与马友友合作，循环演出，这次要与郎朗作循环演出。

1998 年 10 月 18 日，郎朗在新泽西进行了第二场演出。这是与新泽西交响乐团的合作，演奏柴可夫斯基《第一钢琴协奏曲》。这首最著名的乐曲本来是作者献给俄罗斯著名钢琴家鲁宾斯坦的，却因鲁宾斯坦粗暴的指责伤了柴可夫斯基的心，而将作品改献给汉斯·冯·彪罗。我觉得献给谁并不重要，重要的是作品本身的价值，它能否流传。无疑，"柴一"可以流芳千古，因为这是一首辽阔壮美的史诗，有着博大的情怀，有着浓郁的斯拉夫味道，乐队掀起的气势宏大的旋律需要钢琴家怎样的衔接？1996 年作为中央音乐学院附中学生的郎朗在北京与中国交响乐团合作时，就弹奏了这首协奏曲。那是郎朗在国内规格很高的一次演奏，当时的江泽民总书记到场观看了演出，气氛非常之热烈，令郎朗始终难以忘怀。在新泽西演奏这首曲子时，与在北京相比，已时

著名指挥家托米卡诺夫与郎朗

迁境移，他的表现力又有了明显的提高。两年了，对于一个正在飞速成长的年轻钢琴家而言，有着非同寻常的意义。

有位高贵的听众——阿克塞尔罗德，他是柯蒂斯音乐学院的最大赞助人，也是著名的提琴收藏家。他十年前曾经给基辛做经纪人。他听完郎朗的演奏极有感触地说：基辛弹得确实非常之好，但基辛不能使他流泪，而郎朗能让他流泪。

被郎朗的演奏感动流泪的收藏家决定自己出钱，在新泽西再为郎朗举办一场钢琴独奏音乐会。时间定在1999年11月14日。

1998年的11月份，郎朗在费城、纽约弹了5场音乐会。特别值得一提的是在纽约的洛克菲勒中心洛克菲勒大学音乐厅演奏的那场音乐会，如今回味起来，郎朗还是意犹未尽。那次演出的重要性在于有一位重要人物光临——IMG公司的总裁兰多，这是位女总裁。

"我的经纪人说，你好好弹吧，要是把她征服了，好的演出都是你的了。"郎朗说，

“我那天全力以赴！”

这是郎朗的专场音乐会，他上半场弹海顿的《奏鸣曲》和舒曼的《幻想曲》。海顿这位18世纪的奥地利作曲家，这位被称作“交响乐之父”和“弦乐四重奏之父”的大师，一生创作了那么多宗教题材的不朽音乐，却很少有钢琴曲。我不知道郎朗弹的这首奏鸣曲是他何时所作，也不曾听郎朗或者别的钢琴家弹过。在我数千盘CD盘中，有海老的第94交响曲《惊愕》、第101交响曲《时钟》，还有马利纳版本的《创世记》。这个版本被日本《唱片艺术》评为最佳。我不是搞唱片收藏，也没有更多的时间去倾听那么多没有翻译过来的光盘，也就自然找不到海老的《奏鸣曲》。郎朗弹的另一首曲子舒曼的《幻想曲》的CD我存有，是古巴籍钢琴家波雷演奏的，被企鹅唱片评鉴为三星带花名片。唱片说明是这样写的：

“幻想曲原本是为贝多芬纪念碑的募捐活动而作，却因舒曼与克拉拉的情感问题，掺杂了许多浪漫的情愫，成为表达对贝多芬的敬意及对克拉拉爱意的综合体。”名家极易因粘上浪漫故事而有了卖点，看来名曲也难摆脱世俗定式。但郎朗的演奏却无需顾及这些。

下半场，郎朗发挥得更好。他弹了斯克里亚宾的8首练习曲、老柴的《夜曲》，最后一首曲子弹的是《伊斯拉美》。郎朗在沈阳期间我曾听他弹过这首曲子，他那时在炎热的天气里拼命练。那天，我们一同找地方看泰森与霍利菲尔德的世纪大战。看完咬耳朵后，郎朗回家在他那台破旧的钢琴上弹《伊斯拉美》。他那天边弹边骂泰森。琴的声音有点破，再加上演奏者的骂，使这首曲子弹出了足够的野味。他解释说，这首曲子就得弹野点，从中可以感觉到这首曲子要求的技巧很有难度。

一首终了，满场沸腾。返场时，郎朗弹了中国曲子《浏阳河》。优美的中国旋律照样可以感动美国人。全场起立，长时间鼓掌。纽约爱乐乐团的钢琴演奏家对郎朗评价极高，他说：我今年70岁了，我听了几千个钢琴家的演奏都能找出不足，而郎朗是完美的，郎朗的音乐是我这么多年想象出来的。这位老先生在爱乐乐团弹了一辈子钢琴，今天听了郎朗的演奏表现出从未有过的激动。

郎朗这次最大的成功在于如愿以偿地征服了女总裁。她说，我实在控制不了内心的激动，本不应该这样说，但我确实无法控制，我必须说，郎朗的演奏是基辛和帕瓦亚的组合。

女总裁的赏识，令郎家父子欣喜若狂。一个礼拜之后，她又说，郎朗的演奏实在太迷人了。他那种音乐魅力、风度、气质，每个表情都难以让我忘记。那么难的曲子《伊斯拉美》在郎朗的手上演奏得那么轻松自如，他是我们 IMG 公司的荣幸。

女总裁与布莱克本联手做了郎朗的经纪人。过了一段时间，总裁给郎朗写来几封信，仍然在谈她听了演出后久久不能平静的心情，希望能跟郎朗长期合作。她还帮忙给郎朗办理绿卡。郎朗为此高兴极了，他想，如果能够把他和他爸的绿卡办下来，下一步就好办了，就可以把他日夜惦记的母亲接来了。到那时，一家人在美国就团圆了，这是郎朗一直在渴望的梦。也许正是这个梦，使他有了盼头，从而焕发出更大的劲头去练琴。他总在电话中告诉妈妈：放心吧，我肯定会弹得更好，只有弹得更好才能把你办过来！为了母亲而奋斗！至少这是郎朗相当一个阶段的动力和激情源泉。

激情在郎朗身上总是燃烧，一燃烧就总有热量，像蒸汽一样推动着火车运行。郎朗的天分体现在性格上的主要特征就是他总是处在亢奋的情绪状态。这一点，是一般人所无法企及的。

连续的演出，到了年底，终于该休息一下了。柯蒂斯又搞了一场音乐会。郎朗弹了一套海顿的奏鸣曲，还有斯克里亚宾奏鸣曲、莫扎特奏鸣曲。自然是弹一场红一场，场场爆满。圣诞节时，学校开 Party，郎朗的弹奏为节日增添了光彩。郎国任在美国度过了平生第一个圣诞节，他所感受到的气氛之浓烈胜过他在国内度过的几十个春节，当然了，由此而生发出来的孤独与寂寞也是在国内从未有过的。他就是在那个圣诞的夜晚，给我打来了电话。当时是 23 点 20 分。他说我是老郎呀！声音并不显得遥远。我以为他回来了，他说他在美国，今天是圣诞节。他说郎朗在学校还没回来，他刚刚从学校回来，他说老热闹了。他的挺浓的沈阳口音还没改。他头一次话这么多，电话里只听他在诉说。他说郎朗在纽约演出老毙了！IMG 总裁看中郎朗了，她是最大的官，老太太，是帕尔曼、基辛、帕瓦亚的经纪人，郎朗的经纪人本来是副总经理，现在与总裁老太太合在一起了，都是郎朗的经纪人。她说目前她们公司是以帕尔曼为台柱，将来郎朗是可以替代的。（我曾看过帕尔曼与马友友、巴伦伯依姆同台演出的三重奏，真是棒极了。帕尔曼的小提琴令人魂牵梦绕，太动情了。他早年患有小儿麻痹，拄着两根拐棍登台。）

郎国任还激动地说郎朗有一次与华盛顿国家乐团合作演出，弹了那首“一条大河”，把在场的中国人都弹哭了。

郎国任说，美国有位大富翁过70岁生日，搞了音乐会，请郎朗到场演奏。他被郎朗的音乐感动得流泪了。演出后，他把我们叫到了一间小屋，诚恳地问我们经济上有什么困难，让我们订个计划，他要给予资助。还有一位更有钱的人，在听完郎朗的演奏之后，挤过来，抓住郎朗的手，一直拉出来，拉到了人群最前面，自豪地说，大家好好看看，这就是将来的钢琴巨星！

美国一位国防部长的助理被郎朗的音乐迷住了，他要认郎朗作干儿子。感恩节时，他把我们请到他家，把中国大使馆有关人员也请去了，郎朗在他们家弹琴，弹完，在场的中国人都落泪了……

美国的许多报刊对郎朗的演奏予以评价：巴尔迪摩《太阳报》打出这样的标题——我们期待着下一个世纪最伟大的钢琴家的到来——郎朗。《古典音乐》杂志评价郎朗演奏“柴一”时，认为每个乐章都有很形象的比喻，“像火山一样爆发，用青春的才气征服所有的观众。”ABC电视台、CBS电视台、FOX电视台都给郎朗作过专题报道。《世界时报》中文版发了郎朗和郎国任的醒目照片，并配有热情洋溢的文章，认为一颗新星，一颗明亮耀眼的国际新星升起来了。得克萨斯州的一家报纸全面评述了郎朗的演奏风格，认为他非常全面，弹谁像谁：弹舒曼，他能让人感到他是舒曼的使者；弹贝多芬，让听众流泪，“感觉到贝多芬还留在世上”；他弹海顿、弹拉威尔、弹德彪西，弹普罗科菲耶夫、肖斯塔科维奇、拉赫玛尼诺夫……都有着征服人心的效果。去年，他演奏了莫扎特的《第24号钢琴协奏曲》，取得了令人不可思议的效果。《华盛顿邮报》刊登文章，评价他用新的手法去弹莫扎特，把莫扎特弹得特别细腻，具有迷人的风采，让人看到了一个新的莫扎特。

许多钢琴家认为弹莫扎特最容易，也最难。越成熟越深刻的钢琴家越是感觉莫扎特难弹。国外的音乐理论家谈到莫扎特时，更让我惊叹，比如卡尔·巴斯：

“莫扎特音乐不同于巴赫，它不是福音；也有别于贝多芬，它不是生活理解。他的音乐并不宣讲学说，更不表现自我。”（《莫扎特：音乐的神性与超验的踪迹》）

莫扎特短短一生中充满苦难，他贫穷而多灾多难，生下一个孩子时，另一个孩子却要埋葬了。他的苦难与他的乐观是常人无法理解的，因而有人认为他是天使。音乐家说莫扎特的作品反映的不是他的生活而是他的灵魂。莫扎特有着怎样的灵魂呢？

有人说，贝多芬一生都在奋斗，最终发现人是多么渺小呵！而莫扎特一开始就有这样的认知。晚年的歌德把莫扎特现象称为一种无法解释的奇迹。我没听过郎朗弹莫扎特，不知道他是怎样理解这位“天使”的，但，他肯定会因为弹莫扎特而得到升华。

傅聪认为“中国人的灵魂里本来就有莫扎特”，他举了个生动的例子说：“明”字——拆开来，一个太阳，一个月亮，看来很天真很稚气，可也是最高的诗意，最富象征性的东西。我所以称它为莫扎特式的，就是最朴素、最天真、最富有想象力、最有诗意的。不过中国人的精神世界很早就达到了这种境界，而欧洲艺术史上只有几个高峰才达到，就像莫扎特。

其实，不应该也不能将郎朗与莫扎特相比。这主要是他们的灵魂不能相比。而他们的经历倒可以找到某点相似之处。比如，莫扎特的父亲，是他在音乐上创造奇迹的最直接原因。请看这段从书上抄下的文字：

莫扎特 3 岁就开始弹琴，4 岁时已经准确无误地弹奏短小乐曲，5 岁能谱写小品，与此同时，他在父亲的指导下不倦地学习拉丁语、意大利语、法语、算术及许多音乐知识。他 6 岁时进行第一次旅行演出，7 岁时开始第二次，即那次为时 3 年半的巡回演出(他到过巴黎、伦敦、阿姆斯特丹……)。从 14 岁到 17 岁——这期间已经在持续不断地谱写歌剧、交响曲、弥撒曲、四重奏等——他曾三次去意大利巡回演出，而且从此便再也没有间断过羁旅生活。难道这是一个孩子？不，这是一个戴礼帽、佩短剑，风度翩翩、永不休止地演出和创作的真正的神童：他为伟大的玛丽亚·特蕾西亚、法国国王和英国国王所赏识和嘉奖……他被教皇克莱门斯十四世授予“骑士”称号……这一切都离不开他严谨而练达的父亲的指导(在他心目中，父亲“仅次于上帝”)。

莫扎特的父亲曾带着他 7 岁的儿子走遍整个西欧，他要向世界“宣告一个奇迹，宣告一个上帝使之在萨尔茨堡降生的奇迹”。

卡尔·巴特说：“莫扎特从未做过寻常意义上的孩子，正是付出此一代价，他方才成为另一种更高一层意义上的孩子。”(摘自《莫扎特：音乐的神性与超验的踪迹》)

郎朗的父亲对郎朗所起到的作用，是不会比莫扎特父亲对莫扎特起到的作用小的，所不同的是莫扎特的父亲这么做是出于对上帝的忠诚，而郎朗的父亲心中没有上帝，我们只能说他离不开中国人的逻辑：耀祖光宗。至于郎朗的弹琴生涯，我觉得正如

巴特所说,"从未做过寻常意义上的孩子,正是付出此一代价,他方才成为另一种更高一层意义上的孩子。"

不该再这么往下写了,我忽然发现了我的荒谬:

莫扎特太遥远了,已经成了遥远的神灵,而郎朗是现实的,活生生的,有血有肉的。他一头黑发,一双黑眼睛,却偏偏坐在了金色头发、蓝眼睛们应该坐的地方。西方的天使只有西方人的模样,而绝没有郎朗这副长相,所以,西方的听众才惊叹不已。或许因为西方人听自己人弹了百年钢琴听得腻了,忽然飘来一位异样的"天使"令他们感到新鲜,感到刺激,才如此狂热地欢迎他?

不管怎么说,郎朗的好事一桩接一桩来了,IMG 公司把郎朗当作第一人选推荐给世界音乐交流会。世界音乐交流会,将是世界尖端音乐人才荟萃之地,各地的乐团都相当重视,他们纷纷到各地去物色自己喜欢的钢琴家。

巴黎交响乐团著名指挥家纳尔森到美国参加明星队演出,听了 IMG 推荐的郎朗,他特别想见。于是,郎朗从费城赶到纽约,当场给他演奏,弹了一个半小时,他竟没听够。他认为郎朗的音乐与别人不一样,他表示一定与郎朗合作。郎朗从纽约回到费城不几天,他邀郎朗参加明星音乐会。在芝加哥的音乐大厅,灯光温柔得

左一为内田光子,右一为格拉夫曼

像情人的眼睛。郎朗面对台下三万多观众，从容镇定，与这位巴黎的指挥家极其默契，与整个乐队融成一个有黏度的水湾——要晃动一起晃动，要平静就同时平静。整个水面耀眼的不是金色光环，而是东方人的黑色头颅，如黑色的球，在铺金荡银的海面上欢乐地起浮，永不消沉——他被称作“世界古典新星”。这位法国指挥家欣喜若狂，表示要带着郎朗与巴黎交响乐团一起走遍欧洲，再到中国，到北京，到上海……

郎朗又一次对他的母亲说：“我爸都乐疯了！”真不知郎国任乐疯过几次，更难说他以后还得有多少次“乐疯”。

最近，“乐疯”的郎国任从美国寄来了芝加哥《太阳时报》，有两篇写郎朗的文章：一篇题为《惊人的机遇》。文章记录了1999年8月的一天，芝加哥拉威尼亚音乐厅里举行音乐节中的最后一场音乐会。这是一场重要的音乐会，是压轴戏。然而，法定的演奏者，在美国颇有名气和资格的著名钢琴大师安尊瓦茨却因病无法出场。这就像一个球队在打一场重要比赛时，队里球星因病不能出场，得有替补上了。而这位幸运的替补正是郎朗。郎朗到这里来是不曾抱有丝毫演出希望的，这种规格的演奏通常情况下是轮不到他的。他来此的目的是为了拜师，为了让名家听听他的弹琴，给予指点。而偏偏他有了千载难逢的机遇——这是一个惊人的机遇，所以文中写道：“好运，对于一个年轻的音乐家来说，像天赋一样重要。”

“替补队员”郎朗演奏了柴可夫斯基的《第一钢琴协奏曲》，这正是他的激情项目，他激动起来能把钢琴折腾得翻江倒海，安有不轰动之理？在场的观众几乎全是素养极高的钢琴家，他们听惯了西方人弹的东西，一听郎朗弹的感到格外欣喜，惊呼与以往的钢琴家不一样。怎么能一样呢？他们没有听够。晚上吃自助餐时，当地一位行政官员邀请郎朗再弹一次。郎朗一弹琴，气氛马上不一样了。欢乐的人们闹腾到深夜1点时，见郎朗兴奋得没有一点睡意，便问郎朗困不困，郎朗当然说不困了。那人马上高兴地问郎朗再到马丁音乐厅弹一会儿如何？郎朗欣然答允。那人试探着问郎朗能否弹巴赫的《哥尔德堡变奏曲》，他说他特别喜欢这首曲子。郎朗笑了，他说他已有两年多没弹这首曲子了。但是，他见人家如此想听，就不好意思拒绝，便答应试试。郎朗只用了一个小时的时间捡起这首曲子。然后，坐下来演奏。巴赫这首变奏曲共30段，是一首长而大的变奏曲。哥尔德堡是他的学生，他为他的学生而作，故由此得名。钢琴家格伦·古尔德1955年在华盛顿首次演出就因为弹了这支曲目而轰动美国。今天，这首曲目也给郎朗带来好运。因为郎朗把这30段原汁原味地弹出来了，简直精彩至极。文章中说，即使最好的钢琴家公开演奏一支曲目时，演出前也得用上好几个小时的练习，而郎朗仅用了一小时就上琴，就弹得这么好，真是太惊人了。

另一篇文章题为《17岁的替补者，偷窃了拉威尼亚的演出》。从题目一看就知道这篇文章写得幽默机智：一群著名音乐家，为了事业，为了一次不花钱的晚餐，聚到了一起，这真是很惊人的事情。这是义演晚会，免费聚餐是对十位演奏家的奖赏。在这个独特的无与伦比的节日里，到处都是听众，草坪中、凉亭里都是爱好音乐的听众。这么多人流，使晚会空前盛大。参加演出的钢琴家最大的76岁，最小的就是郎朗——17岁。文章的作者认为这次晚会最亮的明星就是郎朗。在他的激动人心的柴可夫斯基《第一钢琴协奏曲》演奏中，体现了“非常精湛的技巧，绝对的控制力”“有弹性的韵律，无穷的音调变化——旋风般的紧张激烈及温柔的和谐优美……”“一种大气魄体现在他的演奏中。他是一个不寻常的天才！”文章最后写道：“总之，这次晚会是一种大气派的演奏方式，推动人们进入下个千年（21世纪）。”

进入新的世纪，美国人和我们一样兴奋。而朝气蓬勃的郎朗要在美国跨入新的世纪，我相信他会在新的世纪更加辉煌。他太有潜力了。郎朗如今具备的东西已经很多了，特别是在演奏技巧上简直是得天独厚。正如纽约爱乐乐团的总监洛林·马泽尔所言：郎朗具备了一切条件，什么弹法都能做到，我真不敢相信一个中国人能够做到这样。

马泽尔、祖宾·梅塔、斯特恩这些音乐界举足轻重的人物确实从郎朗身上看到了古典音乐在新世纪的曙光，他们尽管对我们这个古老民族还不够了解，但相信他们会不断为我们涌现出的艺术家而惊叹的。然而，我所要说的是，既然郎朗要成为二十一世纪的大师级人物，那么，除了音乐与演奏本身的东西之外，他还应该具备更多的东西。比如文化与学识，比如自身的素养，比如更高尚更博大的爱等。再比如，他应像傅聪那样具备更多一点的民族的东西，更扎实一些的积累。傅聪认为中国人音乐感比世界上任何一个国家的人都强，但他认为中国人从搞音乐到做学问的水平还没有。成为一个古典音乐的大师，需要的东西太多了，也太难了。到了一定程度，技巧已经退居其次，而境界与思想则是最重要的。

我注意到美国的《探索者》杂志对郎朗的报道，他们很欣赏和赞美郎朗。他们认为郎朗总是微笑着面对记者，对来自各方面的采访都以诚相待，彬彬有礼，没有防备心，也不摆名人架子，他在修炼琴艺的同时，也在修炼自己的人品。音乐界的大师级人物历来有两类：一类是技艺特别超群，但人品则不够好；另一类是技巧人格俱佳，都令人交口称道。我曾在一次电话中听郎朗说，他非常努力地去学习做人，他要做一个人品与弹琴都好的人。

2012 年郎朗在深圳交响乐团新年音乐会上

郎朗到了美国，接受了美国的现代文化，在现代的美国弹奏古典的欧洲，这很丰富，很有意思。郎朗已不属于郎家自己的财富，应该属于世界音乐财富的一部分。不知郎国任想让郎朗成为大师，他有多少具体的想法和措施。郎朗应该从他的不那么宽阔的聪明与智慧中走出来，走到世界的现代文明光照中，不光是苦练，也不光是弹琴，

还有思想与意识的修炼，是修养、素养，是更深层次的练心。

郎朗你就练吧，继续苦练，你有着太多的优势，最重要的优势就是年龄优势。随着年龄的增加，肯定会增加分量，但能否增加灵魂的分量呢？

Chapter 10 时光奏鸣曲

郎朗开始自己闯天下，头一次回国在人民大会堂演出。与费城管弦乐团合作，指挥大师萨瓦利什此番中国之行的主要任务是向中国推荐郎朗。

次年，郎朗第二次回国，参加第五届北京国际音乐节，与纽约爱乐乐团的指挥大师马泽尔合作，演奏“拉二”，媒体惊呼北京保利剧场出现“爆棚”现象，而马泽尔深感遗憾的是他不是第一个到中国来推荐郎朗的人。

郎朗在苏黎世度过21岁生日时，一位老收藏家专程从美国飞来，参加了郎朗的生日晚宴，并送给郎朗一件价值连城的生日礼物——李斯特的亲笔信。

功成名就的郎朗父子衣锦还乡，又是别有一番滋味在心头。

——本章题记

CARNEGIE
CARNEGIE HALL
ISAAC STERN AUDITORIUM
Lang Lang,
Piano
November 7, 2003 at 8 PM
Variations on the name "Abegg," Op. 1
Sonata in C Major, Hob. XVI:50
Fantasy in C Major, D.760, "Wandererfantasie"
Eight Memories in Watercolor, Op. 1 (New York Premiere)
Nocturne in D-flat Major, Op. 27, No. 2
Reminiscenses de Don Juan
$24, $28, $38, $49, $72, $79
SOLD OUT
Box Office at 57th Street and Seventh Avenue.
Continental Airlines

第一节 世纪末纪事

1999 年 2 月 12、13 日这两天，郎朗与香港交响乐团合作，在香港伊丽莎白体育馆连续演出了两场，他弹的是普罗科菲耶夫的《第三钢琴协奏曲》，叶咏诗——这位在亚洲最著名的女指挥与郎朗配合得非常默契，使两场演出都很成功，得到了上万名观众的热烈欢迎。

这是郎朗到柯蒂斯留学后，第二次来到香港举行音乐会。第一次是在 1998 年的 3 月，演出结束后，他回到了沈阳，探望母亲周秀兰，一年后，他还是重复着上一次的路线，从香港又一次回乡探母。

其实周秀兰早就知道儿子要回来的消息，她差不多望眼欲穿了。春节前盼得更厉害，因为儿子没回来，什么样的节日对她来说都失去了意义。

才一年没见，儿子又有了不小的变化。在母亲眼里，郎朗的任何变化，哪怕最微小的变化都能感受到。他长大了，也长结实了，和她站在一起，像个顶天立地的男子汉了，把她比得又瘦又小，这时候，一贯不肯服输的周秀兰禁不住从心底涌出一股沧桑之感，感叹岁月不饶人，自己已经不再年轻。

郎朗这两次到香港演出都是自己闯天下，父亲郎国任留在美国。一个人出门远行，对于郎朗而言既有种奇妙的兴奋，又有种莫名的忧虑。从小到大，父子形影不离，第一次与父亲分手，把他一个人扔在费城，他说不清是替父亲担忧还是对自己的行程心里边没底。行前，可想而知细心的郎国任会怎样叮嘱他。俗话说，儿行千里母担忧，而郎朗行千里主要是父担忧。

第一次父亲不跟在身边管着他，他自由得都不知如何是好了。在飞机上爱看书就看两眼，不爱看，睡大觉也没人管。只要下飞机时别忘了拿包。到了香港，反

正有人去机场接他。说实在的，头一回独行时，他心里一点也不放松，等到第二次、第三次，他感觉好极了，尤其是从香港启程回家时，他那股盼望已久的喜悦心情简直不得了。

作为一个自由人踏进家门，他一头扑到了母亲的怀抱。其实，是他把母亲拥在了怀里。没有父亲在一边管着，他感觉到有股男子汉的豪情在勃发。假如父亲在一边，即便不干涉他，他也不敢这么尽情尽兴地与母亲撒娇，只要感觉父亲在那儿，再不吭声，他也会觉得连空气都变得发僵、发硬了，而只有他们母子俩时，周围的空气才能这样充满母性的柔和与宽容。

环视这个从小长大的家，这个没什么变化的简陋的家，唤起郎朗许多感慨。与美国的那个家相比，反差简直太大太大了，在这种反差当中，郎朗的思维不再单纯。母亲倒是非常单纯，当她见到儿子时兴奋地在电话里大呼小叫：哎！我儿回来啦，郎朗呀……每一声都让他感受到无比的甜美。他从这种氛围中认识到了自己此时的价值要远比在舞台上受到的欢迎更真实更强烈。因此，他加倍意识到把母亲一个人扔在沈阳太不应该了，他心里很不安，他暗下决心，一定尽早把母亲办出去，实现一家人在美国团聚的梦想。

就是在他这次回来时，我们重逢了(1998 年 3 月他回来时，我到柴达木拍电视片了，未能相见)。此番相见，这孩子的变化是十分明显的，当我一眼发现这种变化时，我不能不感慨时光流逝得太快了。如果不看到面前的郎朗，我是绝不会对一年半时间的流走而生发出如此鲜明的感慨的。郎朗变得深沉了，尽管还有点刻意成分，但确实出落成一个大人模样了。起码他不像一年半前回沈阳时，与熟人相见，他总爱搂人家，总爱与人家比个儿；他也不管人家爱不爱比，甚至在人家不经意时，他冷不丁拔直腰板，瞅着人家的头顶对旁边人说：看，我比某叔高了！或者说：看，我又长一块了！

这回见面，他有点绅士样，这主要是指他表现高兴的方式与以前大不相同，规范了，有分寸感了，还会在握手的那一瞬间，照顾或者说适应一下你的情绪，对了，说适应比较贴切。一个孩子在向成人过渡时，他能懂得适应对方情绪而不是光顾自己的情绪宣泄和表达，那就是说明他在走向成熟。我感慨，从 1997 年 8 月去美国到 1999 年的 2 月，也不过一年半时间，这一年半的时光对我来说，稀里糊涂就过去了，也找不到个形状，更找不回来对时光飞逝的感觉，而郎朗站在面前时，一下子就找回来了，一年半，真

2001年6月郎朗与费城交响乐团团长在北京

结实！于是，就会生发出许多感慨。

当然，更多的感慨还在与郎朗的谈话中，他的见识，他的口才，他的表达能力在此以前，我总觉得与他的钢琴水平不能平衡。看到他在获大奖时接受记者采访，也不够从容，说起话来总像心里没底，而现在，1999年的郎朗谈吐镇定自若，而且很有一番见地了，特别是对音乐的理解，令我感到他突然成长了许多。由此，我感慨美国学习的环境，郎朗真是幸运儿，他在成长的道路上一丁半点儿都没耽误。在沈阳时，他跟朱雅芬教授学琴，条件优越，再多学个一年半载进北京也无妨；在中央音乐学院时，出名了，受宠了，环境由不利到越来越有利了，晚两年，等到毕业后再出外留学，也是顺理成章的事，何必一定要硬扭着来，以退学为代价出国？我相信，换个不是郎国任的家长，或许真就那么拖一下，别说拖一下，就是迟钝那么一星半点儿，对于正在成长的这种聪明绝顶的孩子都是个耽误，多多少少都会有所耽误。中国有天才的钢琴家不能说少，前几代人中，被“文革”耽误得令人扼腕。比如许斐平，他当年被范继森那么看重，就连当时

也学钢琴的杨立青至今都为之感慨不已。杨立青的感慨是在2000年的6月,上海音乐学院居然比我们东北气候还要凉爽,杨立青说他不知道我写了一部《钢琴时代》(北京时事出版社2001年版),他说要是知道的话,他会给我提供一些素材的。他在沈阳度过了最难忘的一段时光,他说他原本是有望在钢琴上出成就的,但是,那个特殊的年代他下到基层锻炼推独轮车,一家伙把手腕子弄伤,伤得十分厉害,从此断送了他的钢琴之梦。不过,他在谈到中国钢琴家时,对许斐平和许忠宠爱有加,特别是许斐平,当年太有才华了,很可惜被"文革"耽误了,要不,他认为许斐平会在钢琴上取得更大的成就。

说到中国钢琴家如今在国外的情况,他还是首推傅聪的。

傅聪较早来到国外生活,他没有跟他的父母一同在那个非常年代遭受含悲忍辱的折磨。他在国外就是比在国内的钢琴家环境好,发展得好。上一代钢琴家的命运不是操纵在个人手中,而这一代孩子的发展则重要在于他们的家长,所以,郎国任的大智大勇淋漓尽致地用在儿子身上,为儿子成长创造条件。现在不妨设想一下,如果不是提前走,那么郎朗在国内这一年半能与IMG签约吗?能有格拉夫曼这种大师级的老师指导吗?在国内的钢琴教育专家的成功在于基础教育,经验也在于基础教育,我们的教授专家学者大多是保姆式的,而天才式的大师级的专家学者在哪里?国内的音乐院校是很难真正培养出国际顶尖级钢琴人才的,我们的环境不行,因此,我为幸运的郎朗庆幸,为他这一年半获得的结结实实的时光而感慨。在美国一年半与在国内一年半多么不同。

郎朗这次回家可能是他最轻松自在的一次,早晨九点半我去他家,居然把他堵在被窝里。他慌忙爬起来,穿衣洗漱,还得戴隐形眼镜,摆弄药水扒眼皮什么的,挺费劲。母亲开始数叨他:昨晚看电视看太晚了,哪有这种孩子,看到下半夜也不睡觉,这么大了,还得管,还得他爸管他。

我想,周秀兰能舍得说他吗?就是说他,也不会严厉地真说,就待这么两天,她能不溺爱吗?所以,郎朗还得郎国任这样的父亲管。

在美国,对待父亲郎国任的管束,郎朗也并不是像在国内时那么言听计从了。一方面受美国文化的影响;再一方面,他觉得自己长大了。他居然也学会了反抗。那一次是在柯蒂斯的音乐厅,郎朗在演出前走台,郎国任在台上跟着郎朗,还像在国内一

郎朗伸出大拇指赞美《天才郎朗》一书

样，像个监工，只不过他轻易不吱声。郎朗过一遍曲子，他弹的是《伊斯拉美》，前边介绍过这是一首十分难弹的曲子，技巧上要求极高，而郎朗已经弹累了，心烦了，手上的活儿就有些发毛。郎国任是眼里揉不进沙子的，他在旁边看不下去了，便没好气地训斥"未来的大师"——你瞅你弹些什么？乱七八糟的，松松垮垮，给我再弹三遍！

其实，郎国任的声调并不高，但这严厉的口气足以使旁边的几位郎朗的同学惊异，他们竟用一种特殊的眼神瞅郎国任，也瞅郎朗，郎朗一下子急了，他顶撞道：什么？你说什么？你简直就是法西斯！我不弹了！

父子俩头一次冲突，都在气头上，郎朗觉得父亲太不近情理，多累呀！他还让再弹三遍，再弹三遍把手弹坏了还怎么上场？何况父亲居然当着同学的面这么训他，太没面子了，所以，他忍不住了必须反抗。可他忽略了，此时的父亲已不再似过去那么强大，那么自信，沧桑的父亲心里太脆弱了，他万没想到郎朗会当众顶撞他，这是从来不曾有过的事情，他被一下子顶懵了。等到他稍稍醒悟过来，他的愤怒被更大的伤心覆盖了，他二话没说，掉头就往外走，郎朗一看不好！心一软，马上追出去。

“在马路上，我哄他，他说，别跟我来这一套，去你的法西斯！你翅膀硬了，管不了你了。你那么狂，狂下去，什么出息也没有！我任凭他训，再也不敢吱声。刘叔，你想想，人家也不容易，听三遍也够累了，你弹不好，人家耳朵也受罪。我说，我以后听你的还不行吗？”

郎朗从小就会哄人，会来事儿，几句话就把郎国任哄好了，父子俩重新回到了音乐厅，像没事儿一样。

“我一高兴，就下不来，兴奋期长，我就撩拨我爸。弄急了，我爸就跟我厉害。我说，你小时候不也淘了叭叽？他说，你跟我比？我都奉献给你了！……有时候，也真得我爸管我，我性格像我妈。”

郎朗说像他妈时，周秀兰可高兴了。

“我自己出外到香港，自己打天下，很放松。我爸有时说道太多——”郎朗说这话时，面露无奈。看来，孩子大了，郎国任的确需要改改封建家长制了，何况他们还是生活在自由的美国。不过，郎朗毕竟是个通达事理的孩子，他对父亲的管教还是首肯的，特别是现在父亲到了美国的作用。

“我爸能把我的神经绷紧。他很细，每次演出时，他都到现场，看看音乐厅温度怎样，湿度怎样。湿与干弹琴时踩踏板用劲不同，湿呢，减轻踏板，手下键别太柔；干呢，得加重踏板，手也得使劲，只有这样，才能保证在不同地点、不同条件下弹出一样的声音。”

“我爸还有招儿，老师没给的东西，我爸给。我自己过去的感觉没了，我爸能给我找回来，他每堂课都到场，他也在进步。我能在美国这么快发展，他感慨万千。我爸总爱感慨：美国——天堂啊！”

我与郎朗谈到他的老师格拉夫曼对他事业上的帮助时，他是这样说的：

“我老师现在给我抠得特别细，弹这个音时能怎么样？每个小节的处理上，让你感觉特清楚。看第一小节，就能感觉到下面如何发展，像看电影，开头部分看了，下面故事情节的发展，也能知道个大概。上一场大台，排练时走台，老师给你听一遍，讲讲，演奏完回来，再讲。有很多人老曲子弹得好，新曲子不行，而老师想让我新曲子也弹好，少走弯路。通常是他拿个小本，给我挑毛病，记在小本上，他在我毛病不多时，却能挑

出一些来，国内没有任何人能明白地给你挑出来，点出来。像我弹贝多芬幻想曲时，结尾处理上，我把一个句子弹三小节，他想出一个旋律来，把三小节连缀得更美更迷人，很新颖，没人能这么做。”

郎朗说到他的老师充满欣慰：“每次他都是想好了，再告诉你，把不太好的后果想完了，提早提醒你，让你避免走弯路，一步到位。弹特别硬的时候，连不上，断了，他告诉你如何弹，用哪个音震动震起来，用和声震起来，让你有感觉，往前流畅走，他都研究透了。弹得特乱时，他想办法把一个尾音去掉，就干净多了。遇到拖音时，一般人是先拖，不真正动人，而他让后拖，一下子到位，像一脚入门，比别人高多了。”

郎朗能有这么高明的老师指点，确实得天独厚，加上他的苦练和悟性，安有不成功之理？可以说，他目前在美国天时地利人和全都具备，而且还不欠东风，IMG 就是最好的东风。

傅聪祝贺郎朗演出成功

谈到以后的打算和安排，郎朗说他回去以后，3 月份弹勃拉姆斯作品 118、拉赫玛尼诺夫《第二钢琴奏鸣曲》、贝多芬《第四钢琴协奏曲》；

4 月份弹拉威尔的代表作《加斯巴之夜》，跟新加坡交响乐团合作，弹贝多芬的《第四钢琴协奏曲》；

5 月份到费城开独奏音乐会，弹舒伯特奏鸣曲；与费城管弦乐团合作，弹李斯特《第一钢琴协奏曲》，还要在纽约州搞一场音乐会，弹贝多芬幻想曲、李斯特奏鸣曲，中间休息，然后弹勃拉姆斯作品 118(这是 6 首小品构成的间奏曲。有 A 小调热情的间奏曲，A 大调优美的间奏曲，F 小调轻快的间奏曲等)，“拉二”奏鸣曲；

6 月 1 日，与巴尔迪摩乐团再次合作，弹李斯特《第一钢琴协奏曲》，6 月中旬费城管弦乐团总监萨瓦利什来视听，纽约爱乐乐团指挥马舒尔也专程来听，6 月 22 日在美国 CARAMOOR 夏令营弹独奏音乐会；

7 月份，学新曲子，暂未安排；

8 月份，有艺术节(上一章写到的 8 月份在芝加哥“替补”就是指此)；

9 月份与印第安纳交响乐团合作弹莫扎特第 20 钢琴协奏曲；跟田纳西交响乐团弹帕格尼尼主题与变奏；

10 月份去西雅图、丹佛开独奏音乐会，与科罗拉多交响乐团弹“拉二”；

11 月份去佛罗里达和加拿大温哥华开独奏音乐会；

12 月份要作巡回演出；

2000 年 1 月在圣地罗萨弹“拉三”协奏曲，在华盛顿肯尼迪中心与美国国家交响乐团合作演出，还要与西雅图交响乐团合作。2 月份以后，要走遍美国各州……

2000 年的圣诞节将在彼得堡与莫斯科交响乐团演出，这是一个有着辉煌传统的演出日子，每年都由俄罗斯最好的演奏家在此演出，阿什肯纳齐演出过，近年来最红的基辛也演出过，现在轮到了郎朗，在彼得堡进行这种演出的中国人只有郎朗。

郎朗在 2000 年还将与如下各大乐团合作：

巴黎交响乐团——克里夫兰——洛杉矶——休斯敦——罗切斯特——巴尔迪摩——新泽西州——美国国家——印第安纳——科罗拉多——密尔沃基——堪萨斯城——底特律……

郎朗 1999 年 5 月 26 日已正式与欧洲的 IMG 签约，将到欧洲各地演出……郎朗还

著名指挥家韦尔则·莫斯特与郎朗合影

将在2000年9月回到中国，在人民大会堂向祖国汇报演出。

毫无疑问，作为柯蒂斯的学生郎朗已经开始了环球演出生涯，现在他是人为控制演出场次，翌年将增长到一百多场，接下来一年年还将递增，不用等到毕业，他就会像一位成熟钢琴家那样每年至少演出150场以上。对一个钢琴家而言，最难能可贵的就是不间断地签约，不间断地演出。在此之前，中国的钢琴家在国外还没有谁达到过郎朗这样辉煌的，中国的钢琴家在国外靠演奏吃饭的到目前还没有，由此可见，郎朗的前程真是明朗！

周秀兰乐得呀，那几天一直用高八度音说话，带着郎朗走遍了亲戚家，特别是到郎朗的大舅家(辽阳)住了三天。郎朗长这么大，这是唯一的一次舅舅和外甥这么近距离接触。舅舅感慨万千，他说，没想到郎朗会这么好玩，这么招人喜欢。

郎朗仅待了一周，就回美国了，母子俩难舍难分，两双泪眼相望。母亲已经习惯了这种折磨，自从儿子跨出家门进京的那天起，就不属于她的私有财产了，她希望儿子飞得更高更远更有出息,却不曾想儿子居然会这么快就属于美国了。她眼前总是晃着郎朗小时候的样子,一晃,多快呀!这就是时光,而时光的全部意义对于周秀兰来说就是感伤,就是落泪,她从来没有像现在这么脆弱,从来没有像现在这么渴望追上儿子,去遥远的美国过上家庭生活。她太渴望和丈夫儿子相聚了,快 50 岁的人了,属于自己的前程还有什么?回头一想,只有儿子和家庭!儿子走得再远,也走不出母亲的情怀,这一点,周秀兰有着永远的自信。

她已经提前办了退休,正在想方设法办理去美国的签证。上半年,她就曾去美国领事馆办理签证,很遗憾没能签上,再想签,中美关系因科索沃大使馆被炸骤然紧张,自然还是签不上。到了 10 月下旬,也就是都到了世纪末了,还能签不上吗?周秀兰说,年底前差不多了!

我又一次来到了周秀兰的家。还是那间小屋,还是那种简易的不合时宜的装修。还有那台钢琴,那台很旧的钢琴,那台郎朗最早弹响的钢琴,并且郎朗每次回来都要弹的钢琴。好久没调了,这琴有好几个音跑得快没影了。瞅着这台钢琴,我不禁感慨万千,何况她每天都在这屋子里瞅着呢!还有钢琴旁边的长条沙发,也早都旧了。满屋的东西都已用旧了,都有对岁月的记载。只要周秀兰在这里坚守,郎朗就总得回家来看看,无论是从香港还是从日本或由新加坡绕道,他总得回来。但是,如果周秀兰年底前真的办好签证,这个家就不复存在了。这个家中一切有纪念意义的家具都将被弃置,周秀兰是不会把这些东西带到美国去的。美国那边的家的居住条件肯定会好得多。仅从照片上看,就非常豪华而现代。有一张照片是郎国任坐在餐厅里切生日蛋糕,自己给自己过生日。他脸上的表情除了满足之外,还隐藏着一种忧郁和期待。他的身边竟空着两把白色靠背的餐椅,那是给谁留的,还用说吗?

一想到周秀兰就要走进那个家,就要坐在郎国任旁边那把清冷的椅子上时,我就会由衷地替他们这一家人终究的团圆而欣慰,但同时,我不知怎么竟滋生了隐隐约约的忧虑——他们能真正地适应美国生活吗?

那是 1999 年 12 月的一天,一直在刻苦学习英语的周秀兰突然给我打来电话,她兴奋不已地说,她已得到签证了,明天就要到北京,然后就飞往美国。周秀兰将最繁杂的话语用最简洁的语言表述,可见她在行前有着怎样的忙乱。以前,她说过大概要在 12 月份走,却不曾想这么快就到了,也许在我看来这么快,而在人家那边认为慢得已经不

能再慢了。

周秀兰去美国后，郎国任给我打来了电话，在他们那里正是早晨。郎国任说周秀兰正在厨房忙着做饭，很显然，他可以从此解脱做饭了，他显得很是自在，我似乎能够感觉到他是怎样慵懒地躺在华贵的床上给我打电话。他说，周秀兰到费城时，是他去接站的，郎朗有演出任务不在家。他妈妈已经到家一周了，郎朗才回来。郎国任没有描述他们母子相见时的动人情景，他只是说，都过去一个礼拜了，郎朗一早醒来，还会怔怔地寻找他妈。郎朗情不自禁地嘟哝着：爸，我妈真的来了吗？怎么总感觉像在梦里呢？

郎朗与深圳交响乐团在排练中

孩子想妈想得太久了，而一旦妈妈真的来到了身边，他竟然连着一个礼拜都不敢相信。

梦,对于这个孩子和这一家人似乎已经没有魅力了。他们的现实生活在别人看来,似乎正是色彩绚丽的梦境。

第二节 迈着大师的步子

2001 年 6 月 1 日,国际儿童节。套用当时的中国人习惯的句式应该是:21 世纪的第一个国际儿童节。在这一天还没到来之前,就有一个震惊的消息在北京不胫而走:

郎朗在阅读有关自己文章的报纸

费城管弦乐团的百年庆典演出将在北京隆重举办，而著名指挥大师费城管弦乐团指挥家沃尔夫冈·萨瓦利什将来北京，并且，他要在这一次巡演中，结束他的指挥生涯。

费城管弦乐团对于我们中国观众来说并不陌生。当年，就是这个乐团与尼克松总统一起访华，随着那神奇的旋律，揭开了中美建交史上最为重要的一页。如今，这个乐团仍然在美国享有盛誉，是美国五大乐团之一。1974 年首次访华演出时，指挥是奥曼迪，时过境迁，现在的指挥已更换为萨瓦利什。这个乐团曾先后三次来过北京，分别为 1973 年、1993 年、1996 年，素有“中国缘”之称。萨瓦利什这一次来北京非常兴奋，他认为他在为中国人完成一个重要的任务。

什么任务呢？

在费城管弦乐团到达北京的第二天召开的新闻发布会上，指挥大师对在场的新闻媒体说，他此番来中国的一个重要任务，是向你们推举一位你们中国年轻的天才的钢琴家，他叫郎朗！

萨瓦利什语出惊人，台下先是一怔，继而爆发出一阵热烈掌声。而坐在大师身边面对观众的郎朗，听了大师的话后，笑出了几分腼腆。

就这样，一个先被世界认可并推崇的年轻钢琴天才，得以在北京的各大媒体上出现了“地毯式的轰炸”的宣传效应。

在此之前，有两个情况需要说明：其一，北京一家承办此事的国际演出公司不熟悉郎朗，他们在做前期宣传工作时，将电话打到费城，想从那里弄到关于郎朗的一些资料，结果，花了不少精力和时间，也破费了钱，却并未令他们满意，后来，他们听说了我写过郎朗的传记，便找到我，希望我能够给他们提供相关的材料。我通过 E-mail 几秒钟将材料搞定，他们才找到了一个真实而生动的郎朗。

其二，虽然我真实的第一手郎朗材料使演出公司获益，却无法在北京的媒体或钢琴界发生效应。媒体当时还将郎朗视作一个儿童看待，称其为“钢琴神童”，即使北京钢琴界有一定影响的人物在接受记者采访时，谈及郎朗也定调在“神童”上。我感觉钢琴界对于从美国归来的郎朗的头一次演出，又是应著名的大师萨瓦利什所邀，如此光荣归来这一喜讯反应比较低调。

不管怎么说，还是应验了中国那句老话：“墙里开花墙外香。”“外来的和尚好念经。”萨瓦利什这个“外国和尚”一念及郎朗，我们的记者才“哇”的一声惊叹，郎朗好厉

郎朗与指挥大师萨瓦利什

害呀！

香遍美国的郎朗将在人民大会堂与费城管弦乐团合作演出，一时间，轰动了北京城，那时郎朗 19 岁，他与费城管弦乐团一样灿烂得耀眼。

在美国的四年来，郎朗头一次回国演出，他在美国这四年来的成功是十分惊人的，他曾先后与巴尔迪摩、芝加哥、费城、纽约、洛杉矶、美国国家、休斯敦、新泽西、罗切斯特、佛罗里达等乐团合作演出，在华盛顿的狼夹节上（Wolf Trap）、在阿斯本（Aspen Music Festival）和万宝路（Marlboro）的音乐节上、在好莱坞的上空，均回荡过郎朗那动人的演奏。特别是 1999 年 8 月，他的演出生涯有了一次惊人的飞越——

美国有两个重要的音乐节，一个是波士顿的音乐节，一个就是芝加哥的拉威尼亚音乐节（Ravinia Festival），后者比前者更为人们看重。音乐节上明星荟萃，异彩纷呈，有卡耐基的总老板、音乐大师斯特恩（Isaac Stern）、著名钢琴家拉罗查（Larrocha）、著名钢琴家费舍尔（Leon Fleishel）以及著名小提琴家米道丽 （Midori）。正是因为这么多名家的加入，使那些有志者为之神往。而要想参加这种音乐会演出，得提前一两年报名排队,郎朗本来是到芝加哥报名的,在著名指挥家艾森巴赫名下应试,希望能得到下一年度的演奏机会。郎朗当时拿着一张当年将参加演出的节目单,充满羡慕地盯着上边钢琴家的名字,对他的父亲郎国任说:“如果我能在这名单里,多牛!”当时,父亲听了儿子这话,也有着同样的感慨,这爷俩怎么也不会想到幸运之神在几小时后会突然光临:因钢琴家安德列·瓦茨(Andre Watts)突然生病无法演奏,上帝给了郎朗一个千载难逢的机遇,让他代替瓦茨在拉威尼亚音乐节的庆祝音乐会上演奏。

郎朗是在接到通知仅两天的情况下登台的,指挥是当今最走红的指挥家之一、芝加哥交响乐团的艾森巴赫(Christoph Eschenbach)。郎朗弹奏的是柴可夫斯基的《第一钢琴协奏曲》。极富抒情色彩的演奏使郎朗赢得了多方面的赞誉,芝加哥的媒体称郎朗为“非凡的天才”。

由此,拉威尼亚音乐节邀请郎朗2000、2001年夏天与芝加哥交响乐团再次演出。巧合的是,2000年3月,音乐节上又有一名演奏家因病不能举行独奏会,郎朗跟上次一样又接到了紧急通知,代替临时生病的理查·古德(Richard Goode)举行音乐独奏会,《芝加哥论坛报》对郎朗的这次演出盛赞道:“前所未有的、最大最令人激动的钢琴天才。”

一次次成功的演出,使郎朗的钢琴生涯闪烁出奇诡的魅力,赢得了许多钢琴大师和著名指挥家的欣赏和高度评价。斯特恩认为“郎朗将是这个世界上非常重要的不可或缺的艺术家”;洛林·马泽尔说,郎朗具备了一切条件,什么弹法都能做到:我真不相信一个中国人能做到这样;祖宾·梅塔——这位多次在新年音乐会上出现在维也纳金色大厅,为我国观众所熟知的指挥家,在听到郎朗的演奏后,激动地给费城管弦乐团打电话,要与郎朗合作,费城说不行,因为费城已与郎朗签订了演出合同,于是,祖宾·梅塔不甘心,又将电话打到了洛杉矶爱乐乐团经理那里,第一句话就是:“你们认不认识郎朗?”对方以同样激情的口吻说:“郎朗在我们这里刚演完。”费城、纽约、洛杉矶争抢郎朗,终于,祖宾·梅塔带着洛杉矶爱乐乐团在2001年与郎朗合作演出,而著名指挥家洛林·马泽尔和纽约爱乐乐团于2002年的9月份与郎朗合作,进行了一次为期一个月的环亚洲演出。当时郎朗演奏了拉赫玛尼诺夫的《第二钢琴协奏曲》。

此番费城报界有关记者也随同来京,《海菲兹传》的作者(Evelyen Axelrad)也将随同前往,还有郎朗的私人老师也是郎朗的朋友、费城市的副市长Dick Duran也随团来京，他们这一行有百余人。

郎朗这一次要在萨瓦利什指挥下弹奏门德尔松的《第一钢琴协奏曲》。我以前从没听过郎朗演奏门德尔松这一协奏曲，但是我听过郎朗的第一张 CD 盘。郎朗在 1997 年赴美留学时，他弹的所有的曲子我都熟悉，而这张 CD 盘则令我陌生，仿佛面对的是一位陌生而充满新奇感的钢琴演奏家。

我不想在此对郎朗的每一首曲子进行评价，我只想说，郎朗是一个全新的郎朗，他的演奏跟当年在国内时完全判若两人，他由简单走向复杂，由单纯走向丰富。如果用最简略的语言概括听他这张盘的感受，那就是他为经典曲目约定俗成的演绎注入了一股现代人的鲜活气息，这是一股新的空气，新的感觉。

从美国传来消息，此盘已列为美国的最佳唱片，得了“双五星”。郎朗的 CD 在台湾地区也颇有影响，上扬国际音像出版公司对郎朗的评价是“国际声望直逼马友友”，并且认为郎朗是“唯一可以媲美霍洛维茨的中国天才钢琴家”。美国的一些报刊封面冠以郎

郎朗与他的私人老师以及原费城市副市长多朗夫妇相逢于北京

朗的大幅照片，一些评论家称郎朗是“罕见的钢琴天才”“本世纪钢琴天才中的天才”。

听光盘毕竟不如亲历现场观看他的演奏。

那天我与七千名观众一同走进人民大会堂，等待着郎朗的登场亮相。在我看来，这绝不是一般意义上的音乐会，这是费城管弦乐团成立一百周年的庆典，也是指挥大师萨瓦利什与他的指挥生涯进行的一次庄严道别。

人民大会堂有太多的灯光弥散开来，温柔得一如萨瓦利什大师印在节目单上的悲悯的目光。那目光带有浓郁的人文关怀的温情，脉脉盯视着走进音乐现场手持节目单的芸芸众生们，仿佛他在用眼睛与你进行着关于音乐、关于人类情感的深切交流。

大师无疑进入耄耋之年，满头银发，过于平稳的举手投足间，更让人感受到费城管弦乐团的深度。第一首曲子显然是个铺垫，当钢琴被缓缓推出台后，我们便期待着郎朗的出场了。

郎朗身着燕尾服，比四年前显得清瘦。在人们的期盼中，他与萨大师一前一后出场了，一老一少，发不同青，却迈动着同样的步子，这脚步沉实中透出自信。我是从郎朗的

著名钢琴家佩拉希亚（Murray Parahia）与郎朗

父亲郎国任打来的电话中得知郎朗与费城管弦乐团合作的曲子是门德尔松的《第一钢琴协奏曲》。门德尔松只写过两部钢琴协奏曲，NO. 1，作品 25，即《第一钢琴协奏曲》；另一部是 D 小调作品 40《第二钢琴协奏曲》。G 小调的《第一钢琴协奏曲》作于 1832 年，是作曲家为他的女友台尔芬所作。这首曲子记载了门德尔松在慕尼黑的一段难忘的恋情，清纯的郎朗从未涉足爱情，但他却不止一次地成功弹奏了爱情的动人诗篇。

那么，这一次郎朗将如何去表现门德尔松笔下的爱情呢？据我所知，郎朗最擅长的还不是门德尔松，是拉赫玛尼诺夫的《第二钢琴协奏曲》、《第三钢琴协奏曲》，还有肖邦第二，即便是弹贝多芬、舒曼、勃拉姆斯，郎朗也毫不逊色，可他为何选择了门德尔松的《第一钢琴协奏曲》呢？郎国任说没问题，郎朗肯定能弹好。郎朗在音乐学院琴房练琴时，对他将要演奏的门德尔松也是充满自信的。尽管这样，我仍然心里犯嘀咕，郎朗毕竟更适合弹奏激情澎湃的大曲子，大开大合间，激荡出瑰丽和壮美。何况人民大会堂这种地方，这么大的空间，只有博大与恢宏才能填满，相形之下，这首门德尔松的"小曲子"能否压住场？能否满足中国听众的口味儿？

郎朗沉稳地落座，他沉潜在自己的世界中，他没有去注视指挥大师。萨瓦利什背对着他，用一头闪闪银发去照亮郎朗。我始终没有见到他们之间有什么交流和提示，但他们在音乐的感觉中达到惊人的默契，从而使得整个乐队敏感得犹如一台仪器，在萨瓦利什的沉缓比划中运行，在郎朗精妙的指尖下，划出耀眼的轨迹。技巧对于郎朗已经不算什么，重要的是音乐。最能打动我的是第二乐章，那种慢板，那种抒情，那份雅致，那种惊人的自控力，都是以往的郎朗钢琴中不曾有过的，令我感动不已。他不是以激动热烈与炫技赢得观众，他是以敏感的、脆弱得几近透明的心灵去感动键盘，感动博大的演出空间，感动首都七千名观众。这是音乐的力量，也是郎朗的力量，这需要足够的自信！

郎朗在观众热烈而温暖的掌声中往返于舞台，这种掌声如同拥抱与抚摸，肯定令郎朗惬意无比。斯克里亚宾练习曲、《浏阳河》，他加弹了两个曲子。在他数次往返于舞台时，我注视着他的脚步，他的那位工于心计的父亲是极看重台上走步的。曾经，他在父亲精心指导与策划下迈动舞台步子，这种策划一度为他们父子带来诸多非议，甚至有人嘲弄郎朗小小年纪竟学大师迈步。在郎朗首次登上国际赛事时，他的步态确实有着明显的效仿成分，一个孩童的稚气与过分庄重作态的步子形不成呼应，令人发噱。等到 1997 年，他以第一名的身份考取了美国柯蒂斯时，他回到故乡休整期间，曾在长

春和哈尔滨等地巡回演出时，他的舞台步子仍然不具备大师风范，而希望他成为大师，这是他父亲刻骨铭心的期待。

如今，我也说不清大师步究竟是一种怎样的步态。不过，我觉得郎朗确实不同以往了。他从容镇定，不被任何激动氛围所影响，稳健得方寸不乱。是因为他在世界各地受到的欢迎太多了吗？

确实，郎朗已经迈出了完全属于他自己的步子。

第三节　从北京到故乡沈阳

一年后，2002 年 10 月，郎朗又一次迈动着大师的步子，朝家乡的父老乡亲们走来！此番郎朗要与他的那位“心就那么高”的父亲——郎国任一同回归故乡。这是他们自 1997 年离开沈阳去美国后，第一次父子双双而归。

这位在美国刚刚获得“伯恩斯坦”杰出艺术大奖的天才演奏家，可谓星光灿烂。一年内他将进行上百场演出，以其独特的魅力一次次征服着美国听众，他正在进行着一场无与伦比的世界级征服，从美洲到欧洲，再波及世界各地。

这次郎朗回国，是为第五届北京国际音乐节而来，他要与指挥大师洛林·马泽尔率领的纽约爱乐乐团一道在保利剧场演出。然后，他们父子由北京回沈阳省亲，那里将有满城父老乡亲在等待着一睹他们父子的风采。

我专程从沈阳赶到北京，一早就走进了他们父子居住的豪华酒店——君悦大酒店。

上一次，是郎朗一个人回国，这一次，是他们父子。自 1997 年的一别，我与郎国任是头一次见面，他也是头一次回到阔别了五年的祖国。他对于北京有着太多的记忆，如同他对于沈阳有着太多记忆一样的。他是个吃过太多苦的人，也是个心太刚的人，

郎朗与奶奶

他住进这样豪华的大酒店该不会不忆起当年他在北京街头曾以一个“无业游民”的身份,骑个破自行车因驮载儿子被罚的情景吧?

此一时,彼一时呀。郎国任变化了,他面色细腻白净,清瘦了,斯文了,言语显得更少了。更多的时候,他似乎处在一种若有所思的状态。我们没有更多时间叙旧,他所有的精力与注意力仍然随着郎朗而动。

因为当天上午,郎朗与洛林·马泽尔指挥的乐团要在保利剧场彩排,所以,我们一行人匆匆随同郎朗去往保利剧场看彩排。

进入剧场很难,而在观众席上落座的人更是寥寥无几,我们算是特殊待遇了。我拍了一些舞台演出的镜头。彩排结束时,也有人上台献花。显然,郎朗与马泽尔配合默契,他们一老一少,笑容满面,并肩而立,怀里的鲜花映出一片温情。

下午,是花旗银行举办的新闻发布会,由美国花旗银行主持,因为此番郎朗与马泽尔来京,适逢花旗银行成立百年。

发布会上,洛林·马泽尔讲话。他激情洋溢地赞美了郎朗,我记得他不无遗憾地说,可惜,他不是第一个将郎朗带回中国、推荐给中国观众的人,他一直想将郎朗介绍给中国，可惜去年让萨瓦利什占得先手。

他接着说："作为一个指挥，我非常希望和年轻的音乐家合作。郎朗作为一个钢琴家，大家不难发现他的天才和他的音乐能力，但作为一个比较年老的指挥，我能为他做些什么呢？我在任职纽约爱乐乐团的第一周就邀请郎朗来开音乐会，而纽约爱乐在亚洲巡演我也带他担任独奏。我想，一个年轻钢琴家如果有天才的话，是很容易被发现的，现在他已经在乐团、在公众、在媒体上获得了公认。我们非常高兴以他为代表的中国音乐家在世界舞台上发挥越来越大的作用，我对中国音乐家也有了一个更新的认识。"

马泽尔讲话之后，轮到郎朗讲话；都是在台侧那个高高立着的麦克风前站立发言。郎朗昂动着修剪整齐的平头，充满青春的活力与自信。他比一年前，更自如地面对这种场合了。

晚上，保利剧场的演出是最精彩的。

纽约爱乐乐团的阵容是豪华的，指挥棒下的乐队越好，指挥似乎越显得轻松舒畅。马泽尔的举止，犹如梦游般轻盈飘逸，完成了他的第一首《荒山之夜》的神游，接下来，就是那台放在台边的钢琴被推出来，揭去盖布，支起琴盖，在灯光将钢琴折射得通透、斑驳陆离中，郎朗出台了！

我紧紧盯住了他的步子。他走得从容，没有刻意往台上走的感觉，与他在台下走路时已经没有什么差异了。他落座时，也没有那种长时间的低头思索状，也没有朝指挥投去什么目光，他只是以自己的方式，自然而轻松地进入键盘，触键十分轻盈，不是为了唤醒别人，更不是为了引起乐队指挥还有观众们的注意力，他只是呢喃般地，缓缓地沉静地对远去的拉赫玛尼诺夫打着招呼，他是以一个东方年轻人的礼节，含蓄地进入了这位十分值得他尊敬的俄罗斯作曲家的情感世界……

拉赫玛尼诺夫：C小调第二钢琴协奏曲，作品18

节目单就这么简单地标明着，没有介绍伟大的拉赫玛尼诺夫在什么时候、什么情境下、什么环境中创作出这样一首大气磅礴的乐曲的。因为我酷爱这首协奏曲，因而我知道那是他在经过了足够的阵痛、足够的磨难之后，失恋伴随着事业的暗淡，创作力的衰退，还有人生与自信跌入浪谷中的挣扎与呻吟，还有撕裂的心灵的倾诉……

"我只愿面朝大海，春暖花开。"这是谁的句子？这不是拉赫玛尼诺夫的，但是，这位诗人与拉赫玛尼诺夫同样喜欢“面朝大海”，同样渴望“春暖花开”。这是温暖的诗句，因为真正面对大海，才会出现温暖的句子。也只有面对大海，才可能有着对于生命的真实感动。我不知道年轻的海子是否听过“拉二”，是否知道这首大曲子产生的真正缘由。如果他没有听过，我将邀请他的灵魂在今天这个夜晚与我一道走进保利剧场。

我不知道郎朗对于拉赫玛尼诺夫知道多少，但是，我知道他曾与托米卡诺夫在圣彼得堡演出过这个曲子。那是2000年的圣诞节。郎国任在电话里将这个消息告诉我时，我真有点跃跃欲试，渴望前往那里。俄罗斯那片土地太令人神往了，何况还有我十分钟爱的音乐——拉赫玛尼诺夫《第二钢琴协奏曲》。

最早听到这首曲子时，是从一个盒式磁带上，当时还不曾知道这支曲子有这么大的感染力。后来，得知上海音乐学院钢琴系已故著名教授范继森、范大雷父子生前也特别喜欢这首音乐，尤其是范大雷是听着这首音乐离开人世的，从此，这首曲子便格外让我看重。

我看重的还有俄罗斯那些流亡的艺术家们，他们都是人类的宝贵财富，这些艺术家的漂泊生涯使得他们在这种漂泊中无不达到了辉煌境地。比如最具魅力的钢琴演奏家霍洛维茨，比如天才的作曲家斯特拉文斯基，比如伟大的文学家蒲宁、纳波柯夫等。这些大师赢得了世界性的声誉，他们已经不仅仅是属于俄罗斯了，他们属于整个人类。拉赫玛尼诺夫正是这样一位深受爱戴的艺术家。他一生写出了那么多伟大的作品，而其中最受欢迎的《第二钢琴协奏曲》是最具影响力了。那是他生命过程的一次重要的转折，一次真正的磨难，他好久好久不曾写出什么像样的作品了，他在深长的苦闷期中接受着煎熬，艰难而滞重。能够从命运的逆境中挣脱出来多么令人欣慰。那是一次真正的死亡与真正的再生。于是，他热烈地扑向了新的生活。新的生活多么具有感召力、多么充满魅力！

那是1900年，27岁的拉赫玛尼诺夫在海边疗养时，创作出这部不朽的作品，献给他的医生。这不仅使他在创作上柳暗花明，而且在生活上也是如此，从而标志着他进入了一个繁荣的时代。由于他的作品受到了第一次俄国革命的影响，从而使他的音乐充满了真诚的激情，生动直接的抒情感受以及丰富多彩的旋律，同时，也注入了豪迈英勇的因素。特别是那饱满而坚实的音流，江河飞扬般构成的情绪：激昂、宽广，那壮阔豪迈的歌曲性旋律，什么时候听起来就什么时候荡人魂魄。这是大手笔，实实在在的大手笔。它来自广阔的俄罗斯草原，有着白桦林的植被的清润诗意，也有着涅瓦河的绵长的气韵，如果认真倾听，在第三乐章中，你还可以听出清澈透明的水流从鹅卵石上划过的痕迹。丰蕴的俄罗斯文化，美妙的俄罗斯民歌，五彩缤纷的音乐已经征服了世界，征服了人类。不同肤色的人都热爱着这首伟大的乐曲，不同时代的人都敬仰着不朽的大师拉赫玛尼诺夫。

拉赫玛尼诺夫是1943年的3月在洛杉矶去世的，去世时，一百多万人自发赶来为他送葬！据说拉赫玛尼诺夫曾在20世纪20年代来过上海，有人还听过他的演出。不知道他在上海是不是演奏他的“拉二”，如果能够有幸听到他本人亲自演奏这部协奏曲，该是多么美妙的事情！我曾听过阿什肯纳齐、阿格丽奇，还有伟大的霍洛维茨演奏的这个曲子(CD盘)，世上演奏过这个曲子的钢琴家比比皆是，而喜爱这个曲子的听众就更是不计其数。不论什么时候，只要一听到这个曲子，就会唤起我的激情。这是令人震撼的大作品！它可以穿越时空，可以呼风唤雨，可以承载着任何苦难的和不苦难的灵魂高傲地飞翔。

如今，面对千余名观众，郎朗该进行怎样的解读?!

郎朗是非常沉着地全身心地缓缓贴近拉赫玛尼诺夫的世界的。在俄罗斯博大而辽阔的土地上，郎朗以其成熟的触键撞击出恢宏的钟声，马泽尔大师带着他的乐队，为郎朗拉开了一片优美的海面。郎朗尽可以进入舒畅的游弋中。

坚实有力的和弦，激扬澎湃的起伏，郎朗手下的键盘简直像飞溅的浪花，而一次次更大更浑厚的涌动，排浪般将斯坦威钢琴的所有潜力掀动开来，于是，一片大海被激活，被汹涌地抖动起来……

圆号的声音，像画龙点睛，而中提琴在马泽尔的挥洒下，以优美酣畅的笔触勾画出歌唱的华美。真的无法去具体描述郎朗的炫技，更无法归纳马泽尔的风格，而纽约爱乐乐团的每一个演奏者，都令你高山仰止，你不能不对他们充满尊敬。

而郎朗就是在这样一片美好的“环境中”，狂放地淋漓尽致地发挥着他的潜力，他的激情他的热血他的十六年来练就的键盘功力，爆炸般释放开来，等到他激越的触键完成了最后一刻的辉煌时，他被一种巨大的惯性冲击得一下子离开了座位，我觉得他像一颗炸弹，一颗巨磅音乐炸弹，炸出了一片灿烂。

于是，媒体惊呼保利剧场出现了少有的“爆棚现象”。

掌声、返场，郎朗充满阳光，他高兴极了。

有篇文章是这样报道的：

“我们享受到了绚丽多彩的‘马泽尔声音’。他发挥每个声部的优势，让音乐不仅层次丰富而且变化多端，更充满激情，受到观众的喜爱。而20岁的中国年轻钢琴家郎朗与乐团的合作更是闪烁着奇异的光彩，一曲拉赫玛尼诺夫《第二钢琴协奏曲》弹罢，雷鸣般的掌声像旋风一样从观众席刮起。”

郎朗与深圳交响乐团艺术总监爱华德谢幕

“昨晚保利剧院出现少有的爆棚现象，连过道都加满了临时座椅，纽约爱乐乐团毕竟是今年来北京演出水平最高的著名乐团。郎朗与马泽尔虽然相差50岁，但这一老一少的配合却称得上珠联璧合。虽然一些观众对郎朗演奏时过分的表情有些不解，但他娴熟的技巧和对作品十分成熟的理解却让观众赞叹不已。精致的演奏如同娓娓诉说，在马泽尔的指挥棒下，作品跌宕起伏闪闪发光。而郎朗加演的谭盾那民族风味浓郁的小品《行云》更是每一个音符都清晰可辨，每一次触键都十分到位。”

郎朗的第一任老师朱雅芬激动不已，她说，郎朗真有大师的味道了！钢琴界最具权威的周广仁先生更是激动地在中场休息时，在拥挤的人群中寻找郎朗，她一定要将自己激动的心情告诉郎朗。她认为郎朗太成功了！

在拥挤的人群中，我看到了赵屏国先生。他满脸都是幸福的灿烂。他笑得真甜蜜呀！他竟然教出了这样的学生！他当初不会想到吧?！即便郎朗当时再有天才，他也不敢想象会有着与世界顶尖级乐队和顶尖级大师一起创造出的这般神奇的音乐，这么巨大的轰动效应！

《东方之子》节目将介绍郎朗，许多媒体包围了郎朗，郎朗回答着记者们提不完的问题，尽管他第二天一早要乘机飞回故乡沈阳，但他仍然在不知疲倦地回答着记者。他们爷俩在“拉二”永不消失的冲击波中，持续到深夜两点钟才入睡。

郎朗父子衣锦还乡，他们在桃仙机场一落地，就被辽宁电视台的镜头盯住了。摄像机的镜头几乎追不上郎朗的步履，更多的记者为了采访他们父子蜂拥到沈阳音乐学院。又是轰动！他们父子只能在家乡待上一天！

我们先是在《辽沈晚报》会面，其间有一个多小时接受了采访、访谈，随后，我们一起随同郎朗父子回家看望郎朗的奶奶，也就是郎国任的母亲。

在大东区一个非常普通的居民楼里，楼道很暗，当时已近傍晚，而且天气也是阴的。当我们的面包车刚刚到达院子里时，就见一位中年女子迎着车扑过来，等到郎国任一下车，她就抓住了郎国任的手，哭泣起来。她的后边跟着郎国任的弟弟，还有郎国任的哥哥，他们也都泪水涟涟。这是个亲人相见的场面，十分感人。

我们在郎家亲人的簇拥下，进了楼内。楼梯设计得不够合理，是那种先上到二楼，然后，从一个大平台上穿过，重新进入楼道，再上去，才能进到家的。当门还没有打开时，就听家人朝里面喊：妈，快开门吧，国任回来了！

于是，我看到了一位白发老太太。她是郎朗的奶奶。当奶奶坐在床边拉住儿子和孙子的手时，便哭了。她在为她的老伴而哭。她边哭边说，如果郎朗和郎国任要是能早三个月回家就好了。三个月前，郎朗的爷爷不幸病故。临走前，他还一直在巴望着儿子和孙子回来看上一眼的。

听着老人的哭诉，一屋人都沉浸在深深的痛惜之中。好一会儿，不知谁提议合张

2005年的郎朗

影，全家十多口人站在一起，拍了一张全家福。

记得最清楚的是，奶奶让郎朗吃饭。郎朗高兴地拿起筷子，夹了一口酸菜时，高兴地连声说好吃，奶奶一看孙子这么喜欢吃，满脸都是笑容。郎朗真是很乖的，他其实一点都不饿，他是为了让奶奶高兴才多吃了几口的。

郎朗在奶奶身边顶多待了十分钟，郎国任就催他去排练了。他催郎朗时，仍然跟过去没什么两样的。

郎朗走后不到半小时，郎国任也得离开家了。依依惜别！郎国任的眼圈一直红着。当郎国任下了楼，还没有来得及与家人招招手，就下起了雨。

雨点虽然不是很急促，但是深秋的雨水却格外清冷，加上风，就更让人哆嗦了。一车的人，谁也没有说话，只有雨水在尽情地洗刷着车上的玻璃，雨中的城市，过早亮起了灯光，那灯光与车灯糅在一起，一片迷茫……

需要说明的是：那天晚上在沈阳大戏院的演出，座无虚席。演出之后，我与郎朗同时签名的《爸爸的心就这么高——钢琴天才郎朗和他的父亲》还有我的另外两部写钢琴的书《钢琴时代》《学琴生涯》共三百册，以及环球唱片公司从北京专程带来的郎朗的售价 120 元的原版 CD 盘一百张，全部被抢光。

第四节 被美国人狂热追捧的中国钢琴天才

再一次见到郎朗，是在 2003 年的 10 月 29 日晚上。

在北京大学一百周年纪念讲堂里举行了北京 2008 首届奥林匹克文化节的闭幕式——奥林匹克主题音乐会。当时的北京市代市长王岐山、奥组委蒋效愚等有关领导到场。王岐山代市长作了讲话。

将这场音乐会推向高潮的是专程从美国赶来的钢琴天才郎朗与中国爱乐乐团的著名指挥家余隆合作的柴可夫斯基降 B 小调的《第一钢琴协奏曲》。在观众持续不断的掌声中，郎朗加弹了四首曲子，其中《一条大河》在他的弹奏下淋漓尽致地传递了他对伟大祖国的挚爱，令观众感动不已。王岐山代市长接见他时问他，你推辞了在美国已经安排好的演出，专程飞回国，这对人家是一种失误呀。郎朗爽朗答道：为了祖国嘛！

郎国任那次也与郎朗一同归国，并且，他们父子一同登台亮相，合奏了一曲《赛马》。郎国任拉二胡，他们父子的奇特配合曾经令外国人感到十分新奇，回到国内父子这种同台演奏，也是始于这一年的广州和四川等地的演出。而这一次在北京演出，他们父子配合，令我大饱眼福。

实在地说，也只有他们父子，才能将中国民间味道极浓的二胡与西洋味道的钢琴交汇在一起。他们不是在演奏，而是在对话，在交谈，那么默契，又是那么快乐。在这

种合奏中，我听出了那些难忘的岁月……

演出结束后，我们一起在北京的街头吃饭，可是太晚了，找了周围很多地方都已打烊，最后我们只好回到宾馆。那天晚上，我与郎国任又是聊到很晚，并从他那里又得知了一些郎朗的近况。我应“千龙网”之邀，将这些情况写成文章，刊于网上。题为：郎朗何以受到美国人的狂热追捧？全文如下：

一位女追星族听完郎朗的音乐会语出惊人，吓了郎朗一大跳

郎朗在美国巡回演出时，总是受到空前的欢迎。从美国各地专程赶来与他合影留念的、找他签名的比比皆是。著名影星陈冲，也是其中之一。她非常喜欢听郎朗的演出，也时常会专程赶来聆听郎朗的音乐会。还有谭盾等人，也都因喜欢郎朗而成了郎朗的好朋友。并且，他也与郎朗合作，他的版画系列曲子，就是通过郎朗的触键而播送到世界各地。还有美国的华人组织“百人会”的那些人，特别是杨雪兰等，他们都为中国出了个郎朗而欢欣鼓舞奔走相告。

众多喜欢郎朗的追星族当中，有一位纯粹的美国女人创造了追星之最。

那一次，郎朗在阿斯本音乐节上与指挥家大卫·金曼联袂演奏。郎朗弹奏的是肖邦《第二钢琴协奏曲》。这是郎朗到美国之后，首次演奏肖邦作品。

其实，郎朗在13岁那年，在日本仙台参加世界青年柴可夫斯基钢琴大赛时，就因弹奏这首曲子而一举夺冠的。

至少有5年了吧，郎朗不曾在公开场合演奏过这首曲子。美国观众也不会知道当年的郎朗是如何以对于母亲的爱来阐释肖邦的这首爱情协奏曲的。在场的美国观众熟悉郎朗演奏的拉赫玛尼诺夫、莫扎特、柴可夫斯基、门德尔松、格里格、贝多芬、舒曼、勃拉姆斯，却独独没有听过他指尖下对于肖邦这首曲子的诠释。于是，所有人都屏心静气，细心感受着郎朗的细腻而敏感的触键。

郎朗像在美国任何一场演出一样，等到他以多少带些夸张的动作，将手离开键盘干脆利落地挥洒到斜上方时，观众席上刮起了狂风暴雨。经过加弹，还经过一次次谢幕，郎朗终于完成了演出走到后台。可是，还没等他擦掉额上的汗珠，就有一位中年妇女围上来，十分热情地对郎朗说了一句话，这一句话可把郎朗吓了一大跳，随后，郎朗突然满面赤红，他支吾着什么也说不出来了。那个女人说的是什么话呢？她说，郎朗，你弹得太好了！你的第一乐章弹完时，我就像跟我爱人做爱完事了一样，全都发泄出来了。就是这种感觉，非常棒的感觉！她见郎朗面红耳赤，说不出话来，便开心地哈哈大笑着。在场的人也随着大笑不已。

《纽约时报》刊登出大幅报道并配发照片，称郎朗是21世纪性感钢琴家。

事后，郎朗对父亲郎国任说，还有这么讲话的?！也太直露了！一点顾忌都没有。

父亲说，美国人嘛，与我们中国人不同，她们就是直露与坦率。父亲告诉郎朗别当回事，反正她是在夸你。

富翁的珍贵典藏——李斯特的亲笔信赠给了郎朗

这是美国上流社会非常有地位的人物，他是柯蒂斯音乐学院的赞助商，是位著名的小提琴收藏家。他已经七十多岁了，在他过七十大寿时，曾在卡耐基音乐大厅请郎朗为他举办了专场生日独奏会。那一次，他送给郎朗的礼物是柴可夫斯基的亲笔信。这封信被郎国任视作珍宝，用镜框镶嵌起来，挂在家中最出眼的地方。郎朗在苏黎世过21岁生日时，这位老收藏家专程从美国飞来，参加了郎朗的生日晚宴。

郎朗那天弹的是李斯特的《唐璜》，老收藏家与他的妻子都是头一回听郎朗弹这首

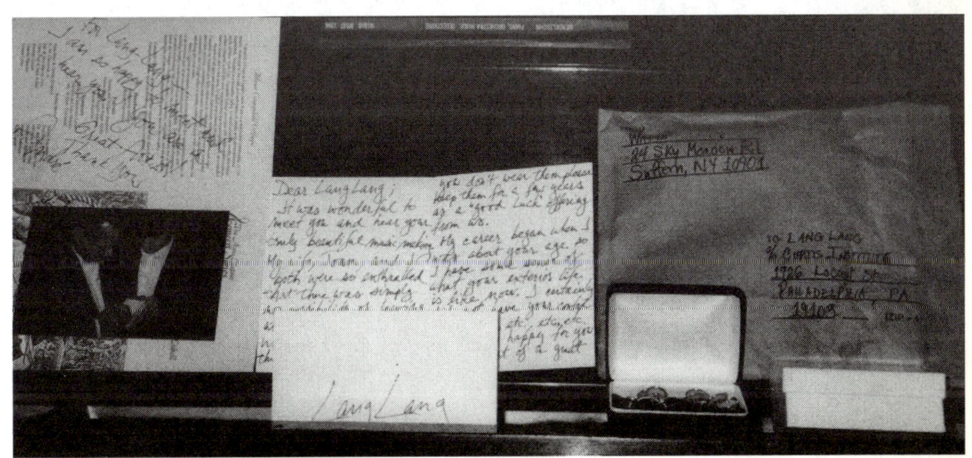

华丽的曲子。这位老人每次听郎朗的演奏都十分亢奋十分激动，就好像每一次都获得了一次兴奋剂的注射似的。第一次他是在柯蒂斯音乐学院听还是学生的郎朗演奏时，就曾激动得泪流满面。在他与有关媒体谈到郎朗与著名钢琴大师基辛的对比时，他说："郎朗能够让我流泪，但基辛不能！"数年来，他始终在为郎朗鼓掌。只要有时间，他就会跟随郎朗来到各个城市聆听郎朗的演出，而且每一次他都是激动不已。这一次，他与他的夫人在苏黎世为郎朗选了当地一个最豪华的大饭店，极其体面地为郎朗举办了21岁的生日宴会。用郎国任的话说，饭店是最好的，酒也是最好的，总之什么都是最好的！而在这些所有的最好当中，这位富翁当场送给郎朗的礼物更是最好的——一封李斯特的亲笔信。这封信是李斯特写给他的最好的学生的。收藏家在将这封信送给郎朗时，不无激动地说：李斯特的信是为他最好的学生写的，而当今世界，郎朗就是最好的，即便李斯特在世的话，他也会亲手将这封信送给郎朗的！到场的都是上流社会的人，都称得上贵族或有教养的人，他们都热烈鼓掌，都为郎朗举杯，为郎朗贺寿。郎朗父子激动不已。

其实，这个非凡的礼物不啻价值令人感动，收藏家为了得到这件礼物的过程，也是相当感人的。他为了找到这封信，几乎跑遍了整个欧洲。后来，他听说这封信在俄罗斯的民间流传，便前往俄罗斯寻找，如同探宝一样，结果把俄罗斯跑了个遍也没有找到，又顺藤摸瓜找到了德国，最终在法兰克福的一位收藏家那里看到了这封信。这封信在德国收藏家的家中墙上挂着，他进门后，一眼就看到了。那是一种非常亲切的感觉，就好像这封信已经在这里等待他好久好久了。他从墙上将镶在镜框里的李斯特的信摘下来，眯起眼睛认真审视着。他与这位德国收藏家达成的协议是，他用一把意大利名牌小提琴换取这封信。这把小提琴价值7万美元。

他将用昂贵的小提琴换回的信挂在家中的墙上，每天都喜欢看上几眼。这么喜欢的东西，老收藏家能够从墙上摘下来送给郎朗，作为给郎朗21岁生日的礼物，这令郎朗十分感激。

老收藏家的太太也特别喜欢郎朗，她说，我不怕说话惹恼别人，我就是爱听郎朗的钢琴演奏，我听过的所有钢琴家当中，只有郎朗能够让我们兴奋，让我们感到年轻！老夫老妻都是郎朗迷，都是追星族，所以，丈夫拿出多么贵重的礼物送给郎朗，她这做妻子的也不会不同意的。

高贵的礼品,高贵的客人,确实为郎朗21岁的生日增辉添彩,什么时候说起这事儿,郎朗父子都显得很亢奋。

郎朗究竟什么地方获得美国人如此的喜欢?

郎朗刚到柯蒂斯音乐学院时,就深得校长格拉夫曼及夫人的喜欢。常常是这样:美国上流社会的夫妻之间,有一位喜欢郎朗,另一位也会马上喜欢上郎朗。格拉夫曼是俄裔犹太人,他是美国犹太协会的副会长。他在犹太人当中,是相当有地位的。他们老两口身边没有孩子,郎朗每次到他们家上课时,都会享受到亲热的家庭氛围。郎朗很会讨人喜欢,我就看过一张郎朗在他们家中与老两口合影的照片,郎朗的胳膊伸开来,一手搂抱着他的导师格拉夫曼,另一只手搂着他的师母——格拉夫曼的太太,她看上去也不年轻了,额前拂着一缕白发,戴着眼镜,笑得非常甜蜜。三个人都笑得很甜,很开心。

郎朗似乎很适应美国人的生活方式,他没有去美国之前就喜欢与人见面时去搂抱对方。记得他那时才14岁,见到熟人,就上前搂抱,然后与人家比个儿。他特别愿意比个儿,那种拥抱和比个儿的情景,都显得十分亲切,很是招人喜欢。

美国人在表现情感方式上,也是喜欢拥抱,喜欢外露,而郎朗在回到北京时,几次在宾馆或演出剧场遇到美国人时,都会喜出望外地上前与那些贵夫人们拥抱。而每每这时,便会使那些贵夫人们高兴得哇啦一阵子,那种氛围看上去就会让人受到感染的。这种外在的美国式的拥抱、热情,无疑是郎朗受美国人喜欢的原因之一。说白了,就是郎朗会来事儿,属于精明懂事儿的那类孩子。

原因之二呢,美国经纪人称赞郎朗人品好。说郎朗不摆架子,无论对于媒体也好、观众也好,总是笑脸相迎,不像有的大牌演奏家那么孤傲,那么难以令人接近。"9·11"事件期间,郎朗有件事非常令IMG总裁、郎朗的经纪人兰多感动。因为那天郎朗赶到纽约准备演出。当他睡至深夜时,突然被电话叫醒,让他赶紧打开电视。他以为电视里正在播放他的演出呢。结果打开来一看,世贸大楼一片火光。他睡眼惺忪地以为在拍电影呢!他看到正在冒烟的大楼上有人往下掉,人就像鸟儿一样。当他真正明白怎么回事时,他们父子却被困在一个广场上。许多人都在广场上徘徊,不能进楼里，人们担心随时会发生危险。本已安排好的演出取消了，他们父子想返回费城却火车也停运，而无法返程。父子俩只能大眼瞪小眼，不知怎么办才好。当时的经纪人是布莱克本。大个子的布莱克本足有一米九十多，郎朗头一次与指挥大师萨瓦利什合作在北京时，郎朗把我介绍给他，我们还在一起合影留念。看上去，如果说他是郎朗的经纪人，还不如说他是郎朗的保镖。因为他确实长得高大健壮。正是这样一位壮汉，居然被“9·11”这一突发事件吓傻了，不知躲到哪里去了。郎朗父子给他打了一天电话，也无法与他联系上。经纪人联系不上，怎么办呢？后来，好不容易打通了总裁兰多的电话，郎朗头一句话就是问候兰多是否受到惊吓？这一问候可把兰多感动坏了。她知道郎朗就在世贸大楼不远处的广场上徘徊，如同无家可归的孩子。一整天没有水喝被困着，连经纪人也找不到，那么危急的情景下，居然还这么关心问候没有处于危险区的人，这令她感慨不已。于是，总裁逢人便夸郎朗品性好。大概这也是郎朗受人喜欢的理由吧。

除此之外，郎朗被追捧的重要理由是他的演奏魅力之所在。他的炫技，他的触键，他的特殊的极富夸张的动作，构成了他的独特冲击力，很煽情的。正如那位收藏家太太所言，听郎朗弹琴能够使他们感觉年轻，感觉到青春的活力与激情。

但是，郎朗的激情演奏也并不一定能够得到所有美国人的赞美，他也挨过骂。那是郎朗与著名指挥家艾森巴赫在芝加哥音乐节上的一次合作，可谓特别开心，他们一老一少，发不同青，却以同样的激情出场。他们第一天演奏拉赫玛尼诺夫的变奏曲，艾森巴赫指挥的芝加哥交响乐团与郎朗珠联璧合，他们同样激情万丈，把场上观众弹得热情澎湃。特别是两人的四手联弹特别默契，简直妙不可言，简直令人叹为观止。结果他们把观众弹疯了，他们两人也将激情推到了极致。翌日，《芝加哥论坛报》以显赫的标题骂他们：“两个不要脸的大疯子。”撰稿人居然是几年前，头一次将郎朗在芝加哥音乐节上捧红的首席记者。他撰文说17岁的郎朗在明星音乐会上战胜了所有的人！“郎朗一夜之间创造了世界古典音乐史上的奇迹”等溢美之词，却在这篇文章中骂郎朗和艾森巴赫是两个大疯子，认为他们弹的根本不是作曲家的作品，而是他们自己。老的不尽指挥家责任，而是一味跟随着小的演奏，迁就他，怂恿他，还恶狠狠地说“坐火箭上来的这小子也该停一停了！”

《芝加哥论坛报》的影响是巨大的，一夜之间传得沸沸扬扬，有人说郎朗走下坡路

了，这回要完蛋了，云云。

郎朗顶住了压力。几个月后，郎朗又回到了芝加哥，这一次他是替波利尼来出场的，与著名的钢琴大师、指挥大师巴伦波依姆合作。也是演出了三天。弹门德尔松的第一协奏曲，弹舒伯特的《军队进行曲》，第一天大受欢迎，第二天比第一天更火，因为他与巴伦波依姆进行了联弹。第三天，仍然是他与巴伦波依姆的联弹将演奏推上癫狂，其受欢迎的程度是无法言说的。这一回郎朗父子等着看《芝加哥论坛报》的反应。还是那位首席记者，还是他写的大块文章，不过，这一回，他没有骂郎朗，不仅没骂，还结结实实地评述道：

“郎朗在巴伦波依姆的带动下，弹得实在太好了！是叫人想象不到的好。”

而今年夏天，郎朗又一次与艾森巴赫合作重返芝加哥演出，郎朗这回弹奏的是贝多芬《第四钢琴协奏曲》，郎朗将这首曲弹得自然是大受欢迎，弹出了一片热烈的叫好与欢呼声浪。弹完之后，郎朗父子不知道报纸会作何评论。当他们打开报纸之后，看到了一张大照片，那是郎朗在一条大河边尽情舒展两臂，面向天空拍下的照片，有行字为："郎朗要什么，就有什么。"

又是那位记者，他在文章中说："全世界没有任何一个人能够像郎朗弹得这样美，他不愧为真正的艺术家！"

郎朗在美国已经大放光彩，美国一家汽车公司赠送给郎朗一部凯迪拉克，他们等着郎朗拿到驾驶执照时，举行一个盛大的仪式。郎朗目前演出太忙，还没有腾出时间去学驾驶。那么，他什么时候能够将那辆车开出去，在美国宽阔的大道上兜风呢？

现在看来，兜风算得了什么？郎朗更大的荣誉还在于一个接着一个的辉煌的来临。比如，随着他在世界钢琴界地位的日益辉煌，他在国内也越来越被媒体追捧。而他回国演出的机会也越来越多。2004 年的辽宁新年音乐会我们再度相见之后，郎朗又于同年 5 月再一次回国演出，然后，他就在准备为环球公司制作一张"新黄河"的 DVD 大片。据说，这张盘要在全世界发行一百万张。

2004 年无疑是郎朗走向成熟，走向更大成就的年份。这一年，他在美国卡耐基音乐大厅成功举行了个人的独奏音乐会，好评如潮；这是中国钢琴家有史以来，唯一一位能够在卡耐基音乐厅举行独奏音乐会并引起轰动的人。这张盘目前已在国内外发行。

之后，郎朗又在德国演奏贝多芬。这一次，更让郎朗大获成功。一个全新的能够将贝多芬的深刻进行独特阐释的郎朗引起了德国人的一片欢呼与赞美。人们对于郎朗又有了一个新的认识，那就是他不仅能够弹拉赫玛尼诺夫、肖邦、门德尔松、莫扎特，他更能将贝多芬弹得那么精彩那么光芒四射！

就在一周前，我得知了一个更令人振奋的消息，那就是郎朗将在德国举办的世界杯足球赛开幕式上弹奏李斯特的《匈牙利狂想曲》，届时，将有 31 亿不同肤色不同语言的人同时被他的键盘感染与震撼。一想到那样的时刻，我真的不知道应该如何结束我的全篇了。但是，我相信，郎朗的激情不仅可以弹火一个世界杯足球赛，他完全可以弹火一个世界的。巴伦波依姆说，郎朗的天才是无限的，傅聪也说了同样的话，巴伦波依姆说的时候我没有听到，而傅聪说这话时，我亲耳所闻，那是 2004 年的平安夜，在上海。

2005 年 4 月改于南国东城

郎朗于 2005 年在上海东方艺术中心演奏

后　记

开始动笔写这部书的时候，郎朗是个 15 岁的少年。在我的周围几乎没有一个人赞同我给他写书的。他们的理由很简单：即使肖邦 15 岁也没有传记的，何况郎朗将来会怎么样呢？

将来，也许正是将来的意义，我才毅然动笔于 1997 年。

现在，郎朗已是名满天下。到任何一个城市的音像店，都可以看到郎朗的光盘。郎朗走遍世界弹遍世界也"光盘"世界。

我这样回味当初的写作选题，并非要表白我的见识，而是想说明一种态度。这既是写作的态度也是人生的态度。这个态度，无论对于作家、钢琴家还是普通读者都是至关重要的。

人生在世，态度可能决定你的成败。一个火热的夏天，差不多零上 40 摄氏度了，人们坐在家里都难受得要命，可一个仅有 15 岁的少年却仍然每天弹琴 10 个小时以上。每天如此。他光着膀子，汗流浃背。他从琴凳上起身时，屁股下边是黏的，一圈汗迹灼痛过我的眼睛。那时候，他虽然考入了美国柯蒂斯音乐学院，但是仍然前途未卜。到美国留学的人有多少？而能够征服美国的中国钢琴家又在哪里？何况，那时候即使最有远见的钢琴界人士也未必会预见到七年后，郎朗豪迈地进入卡耐基音乐大厅举办个人独奏音乐会，刮起雄劲的郎朗旋风。并且一直持续升温——2005 年 3 月下旬，郎朗到柏林参加名闻遐迩的柏林音乐节，24 日晚上，郎朗与巴伦波依姆指挥的芝加哥交响乐团在柏林爱乐大厅演奏巴托克《第二钢琴协奏曲》。

那晚的演出连乐队后面的合唱队席都坐满了听众，而巴伦波依姆与内田光子的音

乐会就没有坐得这么满。郎朗弹得比白天排练时更投入、更倾注、更疯狂,他在台上有非凡的个性魅力,听众全体起立,鼓掌,跺脚,叫好,几次谢幕以后,他拉了巴氏一起弹了一曲四手联弹。

接下来到6月份,郎朗还要与维也纳爱乐乐团和祖宾·梅塔合作,在维也纳音乐季闭幕式上演奏,演出将在原奥匈帝国的皇宫内搭台,将有九万观众到场。然后,他还要在明年德国举行的足球世界杯开幕式上演奏李斯特《匈牙利第二狂想曲》,届时,“郎朗旋风”将会更加势不可当。

我们的央视主持人动不动喜欢用“感动”一词,感动中国有一大批人,但是,能够感动世界的中国人又有多少呢?感动,可能就是我所要说的态度。郎朗弹琴的态度是具有震撼性的。这或许比他对于钢琴的天才更能够令我没齿不忘的。他的超常,首先在于他超常勤奋超常流汗超常自控自制,天将降大任于斯也,必先苦其筋骨哟!还有“吃尽苦中苦,方为人上人”,这都是千古态度呀!

我很怀念那些日子,每天陪在他的身边听他弹琴,他喜欢有人陪在身边。他边弹琴边跟你聊天。他还会给你讲一些有趣的事情,还讲有趣的弹法。我惊叹他能够从别人看来如此枯燥的弹琴中寻找到那么多有滋有味的快乐。当然,我更惊叹一个孩子会有他这样的耐心与意志,这样永不枯竭的激情。当然,他也有烦躁的时候,而他最烦躁的时候,就是弹够一个小时,从湿黏的琴凳起身,找一双拖鞋折磨。他将拖鞋当作足球去踢。然后,他会喝上冰冻的橙汁,一个冰柱在透明的塑料瓶里被他晃荡出微弱的细流,而他仰头喝水的感觉,是那样的纯朴且执著。

现在,他早已告别了少年时代的这种喝水方式了。他每一次回国,每一次在屏幕上亮相,都是一个新的感觉:发型不同,或者服饰不同,演奏的曲目也不同;但是,我仍然感觉他还是我所熟悉的郎朗。

2005年的新年音乐会,我事先并不知道郎朗走进了上海这座移动了七十多米的豪华音乐厅演奏。但是,那个晚上,我接到了几十条短信,所有的短信都是激动的。他们在争相告诉我郎朗弹奏的《黄河》多么棒,多么令人激动不已!

可惜我打开时,只看到了一个流光溢彩的镜头,郎朗头型由一年前的平头而甩成一头长发,飘洒而时尚。

算一算,他那时已经22岁了。真正的风华正茂。他赶上了好时代。他什么都具备了,他的进取的步子,在追撵着此书的修订。以前这部书由作家出版社出的,题目是出版者硬加的:《爸爸的心就这么高》,出版社讲的是经济效益,而我却始终为此遗憾着。

现在好了,这部书重新出版之际,我将名字改回来了。不仅如此,我也重新进行了修订,并且又加入了郎朗这几年来的一些鲜为人知的故事。然而,仍然还有遗憾,那就是我始终没有能够真正与赵屏国老师坐下来,听他谈谈他的一些想法和过去的事情。他对郎朗是有着知遇之恩的恩师,几年前,我竟突然在沈阳一家小小音像店见到他:一头华发,高贵地弥散着光晕。我感觉面熟,却怎么也不敢想象这就是那一头黑发长额笑容灿烂的中年教授呀!感叹岁月的同时,也只能感慨人生。我当时就想与他坐下来聊聊,我们一直在寻找这样一个机会,却一直没有找到。他告诉我他和女儿到沈阳音乐学院演出,他马上要回去有事。他说话时,还从兜里摸出药片,他要定时吃药。作为郎朗的老师,与当年相比,他真的老了。但是,从他的眼神中,我看到更多的是人性的温情与宽容,还有一种令我难忘的宗教目光。我不知道是不是钢琴家到了老年时,眼睛里都会漫溢出宗教的光泽的,但是,我从赵屏国老师的眼睛中实实在在看到了,这真正打动了我。

时间过得真快,从1997年采访郎朗并为他撰写书至今,他由15岁的少年长到而立之年。15年后,此书还能再版面世,需要感谢上海科学技术文献出版社的编辑们,他们要将此书做得更精美,以满足海内外读者的需求,这令我深感欣慰。

2012年8月改于深圳罗湖

附录：我是这样用镜头记录郎朗的

能够制作一张郎朗的 VCD 片子，这让我兴奋不已。根据我的感觉，一个二十几分钟的纪录片两三个星期就可以做出来。

我对这个片子是充满信心的。因为我跟郎朗太熟了。从小时候我们一起跟朱雅芬老师学钢琴，到后来我父亲给他写书，我们有很多接触的机会。我亲眼见证着身边

的伙伴一步一步走向国际舞台，这使我在自惭形秽的同时，更多的还是为他而骄傲。这就是说，我做一个二十几分钟的片子，等于是用了十五年的感受去记录。我觉得我不是在拍什么世界级的钢琴家，而是在讲述一个从小一起长大的童年伙伴的故事，那是一种原生态的感觉，也是一种原生态的记录。

带着这样一种情感去写脚本似乎更有感觉。很快，我就拿出一个五千多字的本子。我兴致勃勃地把这个本子拿给一位老师看，他的要求一向很严格，平时，我总是不敢把自己写的东西拿给他看，怕挨骂。不过这一次我信心百倍，我想他一定会夸奖我，最主要的是还可以给我一些建议。

老师看得够认真了，一页一页地反复看了三遍。他看得越仔细我就越高兴，我想那一定是因为本子写得比较有吸引力他才会看那么多遍的，我迫不及待地等待着他的评价。老师摘下眼镜，看了看本子又看了看我，然后语重心长地对我说了一句话："我看，你这个片子还是别做了！"

我当时脑袋就大了，我万万没有想到会是这样的评价。老师说我这根本就不是电视脚本而是一个纯粹的文学作品。文字语言和镜头语言是完全不同的，如果我不把这点搞清楚，就没法做这个片子。熬了两宿好不容易写出来的本子得到的却是老师不留任何情面的否定，我觉得特别委屈。而且我跟出版社说好了两个星期就能拿出片子，牛已经吹出去了，可现在连一个本子都写不好，这片子还能做吗？

既然答应了，就没有退路。我硬着头皮，重新又写了一个本子，这一回，我把每个镜头都设计得仔仔细细，画面、解说、音乐、转场也做了很大的调整。我减少了我的主观叙述，而是用大量的同期声，让郎朗自己去讲述他的故事。我在做这部片子时，受到了《卡拉扬大师一生》、《霍洛维茨——莫斯科钢琴演奏会》、《从毛泽东到莫扎特》等一批记录音乐大师的经典纪录片影响。因为这些片子我意识到，一个好的纪录片，文字的魅力只是占了一小部分，最关键的是镜头语言与音乐、文字浑然一体的巧妙搭配，那是让你看不出任何痕迹的自然流淌出来的一种表达。回头再看我原来写的本子里的那种散文式的语言，确实很啰嗦。我在语言风格、还有一些观念上都对自己进行了一次彻底的颠覆和改版，所以，当这个新本子写出来以后，我觉得片子好像已经完成一半了。其实，还早着呢！

原以为镜头素材很充实的，但真正动手做时却感到捉襟见肘。许多很好的场面却

因镜头发颤(拍的时候，摄相机没有端稳)，而倍感遗憾。

这些颤巍的镜头有很多都是我以前拍摄的，那时我刚刚接触电视编导这个专业，觉得拿着 DV 出去拍片儿特酷。

回想那次真正意义上的拍摄还是三年前。那一次，郎朗跟他的父亲郎国任回北京演出。适逢中秋佳节，他们父子衣锦还乡，那是个热闹非凡而又令人激动的日子。一天的时间，郎朗马不停蹄地奔忙着，他要到母校宁山路小学，还要回到奶奶家去与亲人团聚，还要参加沈阳的一个欢度中秋佳节的大型宴会，还要与我们这些同龄朋友或琴童们聚会，郎朗忙得简直需要分身术了。他走到哪里都有媒体追随，在这些交错更替的场合，除了香港电视台的镜头一直跟随他之外，我应该是唯一一个对郎朗进行全程追踪的人了。我甚至还进到了中央电视台给郎朗做访谈节目的拍摄现场。我当时没有三脚架，也找不到一个合适的地方可以把胳膊靠在上面，我硬是端着摄像机拍了两个多小时。拍完以后，发现腰打不了弯儿了，胳膊也伸不直了。可是，我费了九牛二虎之力拍出的镜头却因为光线太强而变得发白了，这让我沮丧无比。我当时真是一点经验都没有，像那种拍摄现场，灯光都是特别强的，我应该用手动挡对 DV 机进行调节才对。这一失误给我后来的剪辑造成了很大麻烦，这种画面基本上就是不可救药了。剪辑时我调节亮度、对比度想了很多办法都行不通，这么难得的素材偏偏就是不能用。本来，我以为我的素材应该是足够了，可一整理才发现郎朗小时候在国外参加比赛，也就是我认为最珍贵的镜头，因为它是录在那种原始的大二一带子上的，再加上保护得也不好，这么长时间画质已经很差了。这也不行，那也不行，我需要的镜头现在根本就不够用了，最下策的办法就是我再出去补拍一些镜头。

我并不是一个好的摄像者，我的臂力不够，拍出的镜头也总是颤颤巍巍的。幸亏现在都流行个性流行原汁原味，因此，我就美其名曰地理解为：越"颤"就越真实。可是，出去拍什么呢，拍出的镜头怎么才能和我的这个片子联系起来呢？我想补拍一些能体现出沈阳这座城市的古老文化的镜头。这种文化有着一种深刻的传承性，是一种血脉相连的情感，而且根深蒂固。我觉得这个点，如果用好了，没准可以使我的片子变得不那么单薄。

我想拍一扇有种历史沧桑感的大门，伴随门被推开的缓缓的吱嘎声，我的镜头推进一个具有几千年文化的古老城市：墀头，是独有的古建筑的诗眼，而斗拱的作用则是

融贯千古。它是一个民族的符号，也是我们这座城市的符号。它默默承受着压力，承上启下，融今达古，是耐性与坚韧的城市性格的结晶。就像片子里所说的："郎朗似乎也是我们这座城市的符号，他从小成长在这里，与城市一同呼吸着，与城市一同经历着各种考验。城市的根系在几百年的岁月中变得越来越粗壮，它不仅深深地扎进了地下，也深深地埋在了郎朗的心里。这是一种心有灵犀的血脉的相连。郎朗就是从这里一步一个脚印地走向世界。"

说起来容易做起来难。拍摄那天风很大。北方的天气就是这样，想什么时候发作就什么时候发作。尤其是春天这个季节，天气变幻无常。风，胡乱地刮着，人也变得十分烦躁。我风尘仆仆地来到北陵。松树是北陵的一个象征。数百年来，它们一直矗立在这里、守护在这里。它们越长越高，根系越来越粗壮。最有意思的是听说这里的每棵树都有一个满族的名字，而郎朗恰好就是满族的后代，这似乎在冥冥之中给了我一种暗示。北陵的后陵很大，因为刮大风天阴沉沉的，周围一个人都没有。树长得都是一个模样的，越往里走我们俩越是觉得好像走迷路了。树丛里总像是躲着什么动物，突然就会飞出来一只大鸟之类的，吓你一跳。我们不知道绕了多久总算是走了出来，不过已经是腿脚发软了。

朋友们说我就是自找苦吃，本来可以很顺利拍下的镜头我非得绕个弯儿。我就是不喜欢那种千篇一律的镜头，我总是希望能有一些让人意想不到的变化。所以，我尽量不用三脚架，尽量不总是用端着机器这一种姿势拍摄。我有时拎着机器拍，好像是忘了盖镜头盖儿似的，实际上就要那种晃动的感觉。我爬上一个很陡的斜坡去拍一堵墙，为了要那种倾斜的纵深感。也许不该把手中拿的看成是DV机，而是当作一个皮球之类的东西，努力想出玩它的各种新花样。

我原来最担心的就是怕我的那块采集卡的画质不行。现在拿到这块贵重的采集卡，我比拿到一块金牌还爽。

后期剪辑是一个挺好玩的过程，就好像是拼拼图，每连上一块儿都有一种成就感，而且还有点上瘾，因为总是期待着能把一整片都连起来。看着自己对这个片子的设想一点点实现，觉得既兴奋又痒痒，甚至不想吃饭也不想睡觉，迫不及待想把片子做出来。

我做片子有个特点就是总想让片头有冲击力。上一次我做关于欧洲旅行的片子

的时候，一开始镜头里就出现了一双正在行走的脚。那是我突发奇想自己对着自己的脚拍摄的。然后，按照脚步的节奏配上鼓点儿，朋友看了以后都说好像一个恐怖大片要开始了。

这一次，我仍然想要一种冲击的感觉。我设想了很多种开头，可是都不理想。直到我想起了郎朗的那张大手的照片。那是八年前，我父亲给郎朗拍下的一张手的特写照片，背景红色的幕布是我的一件衣服。我把这张照片缓缓地向镜头推近，指纹越来越清楚，手掌也越来越大。当它即将充满整个屏幕的时候，柴可夫斯基《第一钢琴协奏曲》就从这掌心响起。我赶紧顺着这个思路把它剪辑出来，越剪越兴奋，当我马上就要把片头做好的时候，突然死机了，我想不会这么倒霉吧！虽然这个片头只有一分钟，可也是一帧一帧画面剪出来的。我在电脑前呆坐了半天，不忍心按下重启的按钮，还在期待着机器恢复正常。等了十分钟，我知道没戏了。

重新再做这个片头一点灵感都没有了，我只是尽量恢复之前的那遍是怎么做的。这是一种很煎熬很无奈的感觉。不过我想咬牙把这一段做过去就应该没事了。可谁知又死机了，又是什么操作都不灵了。估计谁也不会想到就这么一小段开头，我足足做了五遍，五次无法言说的折磨！我真想把这个电脑给砸了。问题到底出在哪里？我的电脑刚买不久，配置也都挺高的，可是为什么总是死机？我弄不明白，就给一些经常做片子的朋友打电话，他们有的说我采集卡没按好，有的说我什么驱动盘没装上，还有人说是这个软件和我的电脑不相容。怎么会不相容呢？

我在电脑方面本来就挺白痴的，平时插根线都得打电话向别人请教，这回我更是不知道该怎么办好了。我找了一堆人来帮我修，可是没一个弄好的，我到三好街专卖采集卡和软件的地方去咨询，我想他们一定比较明白。我挨家打听，可是真正懂技术的人却少之又少。最后总算是通过一个朋友打听到了一个搞技术的人。不过，这个人一天特别忙，白天一点时间都没有，而且听说他出动一次，就是 100 块。我已经顾不了那么多了，就是一次 1 000 块，如果能修好的话那我也心甘情愿了。我给这个技工打电话，开始他说没有时间，后来我使尽了各种招数，我说这个片子十万火急、时间紧迫什么的一大堆，嘴皮子都快磨破了，最后他总算是同意晚上九十点钟和我的那个朋友一起过来看看。

这个技工果真名不虚传，几下就搞明白了。他告诉我最好把这个片子分段做，做一段生成一段，别都放在一起做，那样很容易做坏。

这时候，我深深感受到，世上最遭罪的工作，就是剪辑师。他得有极大的耐心，就像是在移植汗毛一样地移植那些零碎的镜头。我的素材非常的凌乱，有郎朗小时候参加比赛的，有他中秋之行的，接受访谈的，演出的，讲大师课的。这些事情发生在不同的时间不同的地点，素材带加在一起要十多个小时，把这么长时间的带子剪辑成二十几分钟，而且还要把它们完全打乱按照一个主线贯穿下来，我一想到这个问题就烦躁得要命。但是不管怎么样，现在电脑修好了，我觉得我比任何时候都更强烈地感受到它的来之不易。我按照技工说的那样，做一小段就生成一小段，果真没出什么问题。我的心情渐渐好转起来。

郎朗接受央视访谈的那一段很长，而且剪辑也特别麻烦。我虽然拍了一大堆，但可用的也就那么几句对话，而且有的话还不连贯，我得把它们重新组接一下。更愁人的是有的时候声音很小，我都听不清说的是什么，另外，因为拍摄的失误，画面的颜色过亮，我还得尽量少用画面多用声音。这一系列的问题，每一个都够我受的了，没有任何人可以帮我。我只能一点一点去解决。我天生就不是个慢性子，最讨厌做什么事情磨磨叽叽的，可是现在眼前的事情根本没办法不磨叽。我有时候做着做着就觉得快要爆炸了，想摔东西，想打人。老妈那段时间不敢多说一句话，连走路脚步都放得极轻。即使她在叫我吃饭时，都不敢大声喊，简直如同在敌占区生活，也真够难为她老人家了。

片子最长的一段，是讲述郎朗怎样成功的。郎朗说，他第一次见到钢琴以为是个类似于变形金刚一样的大玩具，他很快就喜欢上了这个能发出声音的玩具。后来他开始学钢琴，参加各种比赛，从全国比赛到国际比赛，怎么样一步一步地走向世界的舞台。在剪辑的过程中，我似乎跟着他一起重新过了一次童年，一起经历了他的一次次成功和辉煌。我觉得我的情绪越来越激动，我甚至忘了时间忘了疲惫，完全地投入到了其中。尤其是当他在新年音乐会上弹奏起《黄河》的时候，那种恢弘而博大的气势，更是让我心潮澎湃。我的喘息跟着音乐的一点点加快而变得越来越急促，我的心跳也跟着声音的加大而变得越来越快，当它即将要到达一个顶点的时候，突然，一切都寂静了，只有电脑里发出的一种奇怪的声音，我知道这下彻底完了。就是那么一瞬间，如同山崩地裂，一切都完了。

毁灭性的打击令我号啕大哭。我的泪水像黄河之水，以自己的方式在咆哮着，呜咽着。这段时间的所有委屈全都一齐迸发出来。为什么要给我出这么多难题？难道这个片子我真的做不成了吗？

离出版社要求的截止日期越来越近，离考研的日子也越来越近。我知道同学们现在全都在玩命学习，而我呢？我都不知道我现在到底在干什么。我的生活，我的心情，我的一切全都被搅乱了，我知道我已是骑虎难下，收不回来了。如果停下来不干，半途而废了，我会闹心死，即使让我去复习我也不得安宁。可是，如果继续下去，现在这种情况应该怎么办呢？从头再来？这等于我一周的时间全泡汤了。

我突然想起一个在电视台工作的朋友。我的电脑已经不可救药了，也许他们台里的机器可以借我用一下。朋友有点为难。因为台里的工作实在是太忙了，机器好多人排队等着用，可是他还是努力争取到了。在最危急的时刻总会有朋友拔刀相助，这多少又给了我一点点安慰。

片子恐怕无法补救了，只能从头再来。我别无选择。

在台里做片子似乎又是另一种感觉，看着每天有那么多人和自己一样忙着做片儿，觉得心里平衡了许多。不过因为我不大会用这里的机器，所以就得不断地去请教别人。这倒是对我的社交能力进行了一次锻炼，怎么样让人家心甘情愿地无条件地帮助自己呢？开始我傻乎乎的说请大家吃饭，结果谁也不去，主要是谁也不好意思去，哪有没帮什么忙就去吃饭的呀。这个节目组里的人都很年轻，比我大不了多少。我努力让自己在短时间内和大家打成一片。这对我这个平时被人家说成是“孤芳自赏”的人来说，实在是有些难度。不过很巧的是，这里有一个我的学姐，比我大两届，这一下就有共同语言了。通过她，我和大家很快就混熟了。有几个男青年，总过来帮我。学姐开玩笑地说他们一看到美女就没完没了献殷勤。我觉得自己好像渐渐地喜欢上了这个地方，我每天早上第一个来最后一个走，和大家相处得也很好。最主要的是，我不觉得孤单了，也不觉得无助了。我终于感觉到，做电视真的是一项集体合作的事情。我原来什么都想一个人完成，我认为自己做得越多就是越有能力。于是摄像、文字、剪接、解说都让我一个人包了。其实不该这样，毕竟术业有专攻嘛。电视是人的各种才华和各种能力的汇聚，它涵盖的内容太多了。一个人在这里显得也太渺小了。

我继续顽强地做着我的片子，从片头做起，配音全都重新配，又是一个回合。但是

我觉得自己的声音好像更加沉稳了，心情也平静了很多。我对片子又有了一次重新的梳理，对镜头的衔接也有了新的想法。我想起郎朗在几十度的高温下练琴，身上的运动服都可以拧出水来，想起他每天十几个小时面对钢琴，数年如一日。他的成功不仅是因为他的天赋和机遇，而是他用辛苦换来的。他比别人多付出几十甚至上百倍的代价，他不成功谁成功呢？我遇到的这点困难跟他比起来也许真的不算什么了。

我很庆幸这里的机器和我的硬盘可以相容，所以好多素材不用重新往里采集，这样省去了很多时间。不过大二一带上的内容，就是郎朗在国外比赛的镜头还得重新采集。原来电脑里有的好像用不了。可是，奇怪的是怎么也采不进去，每一次都是“无法捕捉”。开始以为是线没插好，或是制式错了，可是调整了一下还是不行。这几盘录像带里的内容很重要，在片子中占有很大的篇幅。唯一的办法就是把原来电脑里的这段素材重新生成一下。可是两分钟的素材就得生成半个小时，那二十分钟呢，两个小时呢？那天已经很晚了，最后我就赌了一把，把需要生成的素材全都拽到时间线上，这些大概需要一宿的时间。我们没有关机器，如果幸运的话明天早晨就可以生成完，什么也不耽误。我说如果半夜真的出了什么问题我就该去买彩票了。

我回到家里，一夜都提心吊胆的。第二天我老早就过去。结果他们告诉我，我中了头等彩。

这下可怎么办？没有这段素材片子就做不下去了。大家都帮我出主意，可是还是没有一个合适的办法。他们以为我会哭，可是他们不知道我已经连难过的力气都没有了，也没有眼泪了。我觉得做片子的这段日子过得特别特别漫长，虽然只有两个星期可真的就像是两年。甚至我所经历的这些事情即使在两年当中也是遇不到的。我不知道经历了这次以后我到底会更坚强还是更脆弱。因为我已经被打击得一塌糊涂了。

也许真是天无绝人之路。我原来在家里做好的一大段又莫名其妙地回来了，简直太神了。有了这一段，大二一带的素材就不用采集了。大家都很惊讶，说我命好。我想我倒霉了这么长时间，也该幸运一次了吧！

把这一大段加进去，片子从 8 分钟一下子跳到了 18 分钟。那种幸福的感觉无法言说。就像是捡了一条命一样。这种意外的惊喜和意外的收获总会让人倍加珍惜。

眼看我的片子就要见曙光了，可是我不敢高兴。其实，我本来是个特别感性的人，爱哭也爱笑。然而，我这二十多年的秉性似乎在短短的两个星期中就改变了。我觉得

自己理性了，虽然这里面伴随着更多的无奈。

学姐说我片子抠得太细了，尤其是对音乐甚至到了一种苛求的态度。这可能是因为小时候学过钢琴的缘故，对音乐有着一种比一般人更多的敏感。片子里我主要用的是柴可夫斯基《第一钢琴协奏曲》的第一乐章和第二乐章，一个是恢弘壮阔的感觉，一个却是平静而舒缓的传递。这两种音乐与解说词之间的衔接是至关重要的，必须恰到好处，一个节拍都不能差。还有每个段落的起承转合，音乐甚至比解说词更加重要。

最紧张的时刻就是即将完工的那天晚上。突然刮起了不祥的大风，是沙尘暴。比我刚开始拍摄那天的风还要大。出去打个电话，就会满口沙土。

我跟节目组里的人已经都成哥们儿了，他们总会陪到我很晚然后再打车把我送回家，让我很是感激。尤其是最后那天晚上，大家和我一起忙活，也都很小心，尽量避免人为出现什么错误。我想这是最后一天了，到几点我也得给它做出来。除非……

还没等我想完就一片漆黑了。这回的漆黑不是我想象中的，而是真的黑了。因为停电了。我的点子真是太正了，这种百年不遇的事情也让我给碰上了。在一片黑暗中，我一点都不害怕。我的思维好像也随着这一黑也停滞了。我什么都没想，到了这个时候还能想什么呢？只能祈求上帝了。

重见光明时，东西丢失了一部分，但还没全丢。我想把那些丢了的尽快补回去。可是当时已经很晚了，字幕还没做。肯定是弄不完了。老妈在家焦急地等待着，她特别想知道我的片子到底做成什么样子的了。于是我就让他们帮我刻了一张盘，虽然还没完成，但是大概的样子已经有了，至少可以让老妈放心了。

回到家里已经是下半夜 1 点多了。我说带回了一张碟，老妈兴奋得马上就要看。结果这一看可好，我觉得我完全绝望了。原来不管发生什么事情，至少我坚信我的片子是好的，可是现在一看漏洞百出。一开始的音乐刺耳得连解说词都听不清，好像是采集的时候出了问题。题目的位置因为太靠上而显得特别难看。最致命的是，我原来的那个创想，就是在中间加一段二胡的音乐，因为我觉得这种传统的民族乐器是郎朗音乐生涯的启蒙。可是实践证明完全是失败的，不伦不类，把整个片子全都给破坏了。而且，后面因为停电也是剪得乱七八糟的。老妈看完就不吱声了。然后就开始抱怨当初不该接受做这个片子，现在可好，片子也砸了，考研也耽误了。我知道老妈是在为我着急，可是当时我的心情已经坏到极点了，我跟老妈大吵了一架，然后就躲回房间里大

哭起来。我哭了好长时间,好像要把前些天本该哭而没哭的眼泪都喷涌出来了。我感觉自己彻底崩溃了。我费了这么大劲儿,耽误了那么多的时间,结果做出了这么个糟糕的片子,我甚至开始怀疑自己的能力,开始怀疑我到底适不适合学这个专业,怀疑自己的一切。我曾经那么自信地觉得自己可以轻松搞定这个片子,那么自信自己一定能做好这个片子。因为我热爱我的专业,而且我觉得它也适合我。我意识到这个片子对我有多么的重要。这些天来,是它在支撑着我的自信心,如果它垮了,那我可能真的就一蹶不振了。

老爸这时给我打来了电话。我忘了他那天具体跟我说什么了,但是,他关键时刻的来电让我平静了许多。而且,令我自己都没想到的是,第二天我很早就爬起来了,把那盘光碟反复看了五遍,把出现的所有问题全都写在了一个本子上,然后又去台里了。

我一向都很脆弱,被爸妈呵护在蜜罐里,没经历过什么风雨。所以一遇到困难就坚持不下去,就想打退堂鼓。可是,这一次,我觉得自己开始变得坚强起来。尽管已经发生了这么多的事,我仍然不想放弃,只要有最后一线希望,我都会努力去争取。

我把我记下的问题一个一个的解决,音乐有杂音就重新铺音乐,题目的位置不恰当就重新修改,二胡用得不好就改成郎朗自己弹的《浏阳河》。从头至尾,我把能想到的问题全都改了一遍,然后开始一句句的铺字幕。我想好了,如果这一次效果还是那么差的话,那我也问心无愧了,因为已经尽力了。

当我完成最后一道工序的时候,我仍然不放心,因为生成以后就不能再改了。其实无论怎么改都仍然会留下很多遗憾……

唉,无穷无尽的感慨,说不清道不完的遗憾呀!

片子做好后的若干天，在我几乎不抱任何希望的时候，手机铃声突然响了，我当时正在图书馆里复习。我努力使自己回到那种紧张的考研复习状态中。

电话是老妈打来的，她说出版社来信了，我立刻心脏狂跳。她的声音有点小，听不出什么激动和兴奋，看来一定是没戏了。

妈妈停顿了片刻，我想她大概是不忍心把这个结果告诉我。我说没事，我有心理准备。嘴上虽这么说，心里却不是滋味。可是，随后老妈说出的那句话却完全在我的意料之外。她说："你的片子通过了！"

这突如其来的好消息让我不知如何是好。电话那边妈妈以为我没听到，又重复了一句："女儿！你的作品将与你爸爸的书一同在全国发行。"

因为是在图书馆里，我只能咬着嘴唇，全力克制着，但是，我的眼泪还是迅速地流了下来……事后我才意识到，在这段时间里，如果再算上这一回，我正好哭了五次……

回过头来看，经历这么一次折磨，真的是让我彻头彻尾地感受了一次苦难磨炼。我原以为，再回头写这篇文章的时候我会一挥而就，却没曾想写得十分艰难。每回想一个细节，我都备受煎熬。尽管我不得不承认这次经历使我变得从未有过的坚强和成熟，但是我仍然不愿意再去回忆它。因为，它把我折腾得太惨！甚至把我折磨得都不会感谢了。

我想感谢的人太多了。感谢出版社给了我这次"受苦受难"的机会，感谢我的哥们朋友跟我有福没同享，有难却同当。最后，我要感谢的是我的老爸对我的信任，还有我的老妈那永无止境的唠叨和抱怨。

刘　潇

2005 年 5 月 5 日深夜于沈阳